LOS CULPABLES

JUAN F. BENEMELIS
FRANK HERNANDEZ TRUJILLO

GAD

Grupo de Apoyo a la Democracia

Título Original : Los Culpables

© Juan F. Benemelis
   Frank Hernández Trujillo

Primera edición: Cuarto Trimestre del año 2003.

Derechos reservados conforme a la ley.
ISBN 1-890829-26-9

Impreso por Rodes Printing
8369 S.W., 40 Street
Miami, FL 33155
U.S.A.
Telf. (305) 559 5263

JUAN F. BENEMELIS. Manzanillo, Cuba, 1942. Historiador y ensayista. Colaborador de numerosas revistas y periódicos. Premio UNEAC 1978 por el ensayo *Africa, una reinterpretación histórica.* Premio Historia de la Sociedad Cubano-Árabe, 1979, con la obra *La Arabia Félix.* Ha publicado *Castro, subversión y terrorismo en Africa* (1988). *Juicio a Fidel* (1989). *El último comunista* (1992). *Las guerras secretas de Fidel Castro* (2002). *Las guerras de Saddam* (2003). Su ensayo filosófico *Al caos con la lógica* se halla en imprenta.

FRANK HERNÁNDEZ TRUJILLO. Cojímar, Cuba, 1942. Se graduó de Bachiller en el Instituto de La Habana. Abandonó en 1961 los estudios de medicina, al asilarse en la embajada de Argentina. Sirvió como voluntario en las unidades cubanas del ejército de los Estados Unidos durante la Crisis de los Cohetes, pasando a la Reserva y recibiendo la Medalla del Servicio Nacional por su contribución al esfuerzo militar de Estados Unidos. Se dedicó a la actividad financiera hasta 1979, cuando se trasladó a Miami.

Graduado *Summa Cum Laude* de la Universidad de Saint Thomas, con un título en Educación. Ha trabajado en el sistema escolar público del Condado Miami-Dade por los últimos 14 años. Es director de varias organizaciones tales como la Cuban-American Veterans Association (CAVA); el Cuban-American Military Council (CAMCO); el Centro de Estudios Militares Cubanos; el Instituto para la Democracia en Cuba; y actualmente funge como director ejecutivo del Grupo de Apoyo a la Democracia, desde su creación a finales de 1994 hasta el presente.

AGRADECIMIENTOS
Y
DEDICATORIAS

Agradecemos a todos aquellos que, de una manera u otra, han colaborado en la conformación de este libro. En especial nuestro reconocimiento a Alcibíades Hidalgo, Joel Brito y Manuel Tamargo.

Este libro se dedica a quienes en el futuro, ya en plena transición del actual régimen hacia una sociedad libre, necesiten reconocer a los principales culpables y colaboradores de la tragedia que hoy embarga al pueblo cubano.

ÍNDICE DE MATERIAS

INTRODUCCIÓN

Con una masa de 600,000 militantes, 60,000 funcionarios profesionales, y 600 altos dirigentes provinciales y nacionales, y estructurado desde las fábricas, oficinas públicas, granjas y tiendas, el Partido Comunista de Cuba es la fuerza rectora incuestionable de todas las actividades de la nación.

Su hegemonía tiene como base de sustento la aprobación de todos los cuadros dirigentes del Gobierno y la economía y la obediencia absoluta de sus militantes, así como el cumplimiento sin objeciones de todas sus directivas. Su estructura llega a todos los niveles, y es la máxima instancia de aprobación de todas las medidas sociales, económicas y, por supuesto, políticas. Es por ello que todo miembro de la nomenclatura milita en el PCC.

El Buró Político, el Comité Central y sus departamentos, los comités provinciales y secretarios municipales del PCC, los generales del MINFAR y del MININT, los diputados a la Asamblea Nacional del Poder Popular, el Consejo de Estado y de Ministros, los ministros, viceministros y directores ministeriales, constituyen la élite rectora, la nomenclatura del régimen, el primer nivel de dirección, la polea transmisora del Máximo Líder para el control y la supervisión del país. Todas las demás instancias del país, sean organizaciones de masas, instituciones, etcétera, no tienen independencia y están directamente subordinadas a esta élite del poder.

Bajo el régimen de Fidel Castro las instituciones no se han consolidado. Las únicas efectivas son el MININT, que cuenta con sus 90,000 empleados, y el MINFAR con una constelación de generales y 250,000 soldados. La razón estriba en que el objetivo principal de este fabuloso aparato represivo-militar no es la defensa contra un enemigo externo, sino la destrucción de la oposición interna contra Fidel Castro. Las decisiones importantes las toma Fidel Castro con sus asesores; las que luego se asumen por el Ejecutivo del Buró Político, del Consejo de Estado y por el equipo de vicepresidentes del Consejo de Ministro. En los territorios y provincias los secretarios del PCC son los verdaderos jefes, por encima incluso de los delegados ministeriales y de los poderes

Este primer nivel de la nomenclatura, de 2,000 a 2,500 individuos, es el sostén del régimen totalitario cubano, del decrépito autoritarismo de Fidel Castro y, hasta el presente, ha sido insensible a las necesidades y sufrimientos de la población. Por eso, son los responsables de la tragedia de la nación cubana. Ellos son culpables de lo siguiente, entre otras cosas:

♣ De mantener en el poder por más de cuarenta años al mandatario más incapaz que halla tenido la nación cubana.

♣ De haber transformado a Cuba, de ser el país más próspero y avanzado del continente latinoamericano, en el más pobre y atrasado, junto a Haití.

♣ De haber destruído la producción agropecuaria

♣ De la falta de viviendas, de transporte, de electricidad, de acueductos y alcantarillados, de teléfonos, de efectos electrodomésticos, de muebles y colchones, de ropa y calzado, de vasos y cubiertos, de lápices y libretas.

♣ Del presidio político y común más extenso del Hemisferio Occidental

♣ De fusilar sólo para dar escarmientos.

♣ De encarcelar por delitos que sólo existen en Cuba, como criticar, opinar, discrepar.

♣ De parmitir el abuso y el atropello de las instituciones del MININT contra los ciudadanos.

♣ Del exilio de 2 millones de sus habitantes.

♣ De prohibir a los cubanos la entrada y salida a su propia nación.

♣ De los desalojos que se cometen contra la familia cubana

♣ De haber perseguido a los homosexuales.

INTRODUCCIÓN

♣ De no cumplir con los tratados suscritos en la ONU sobre los Derechos Humanos.

♣ De la subversión y el terrorismo estatal contra otras naciones del planeta.

♣ De haber ubicado a la humanidad al borde del holocausto con la Crisis de los Cohetes.

♣ De poner a trabajar a menores de edad.

♣ De establecer el *"apartheid"* entre los cubanos y los extran jeros.

♣ De culpar al "imperialismo" de todos los errores y desaciertos que e cometen.

♣ De la vasta prostitución económica de mujeres, hombres y menores.

♣ De apropiarse y distribuir como prebenda la propiedad pública de la nación.

♣ De haber comerciado o regalado el patrimonio cultural de la nación.

♣ De prohibir a los cubanos que decidan en referendo, mediante el Proyecto Varela, reformar la Constitución.

♣ De haber arruinado el medioambiente, transformando a Cuba en el país más contaminado de todo el Hemisferio.

♣ De haber destruído la flora y fauna del Archipiélago, y aniquilando prácticamente a sus especies nativas.

♣ De imponer qué libros pueden leerse, qué películas se pueden ver, qué programas de radio oir, qué música escuchar, qué cantidad de alimentos ingerir, qué hoteles y playas visitar, quíen puede entrar o salir del país, con quién se puede hablar en el extranjero, quién puede tener computadora, o videocastera, o televisores a colores, en qué tiendas se puede comprar...

♣ De todo esto y de mucho más son culpables los que a continuación relacionamos.

LOS CULPABLES

DE CUBA

LA ELITE DEL PODER

Fidel A. Castro Ruz.
Castro Ruz, Raúl
Abelardo Colomé Ibarra
Julio Casas Regueiro.
Carlos A. Lage Dávila.
Carlos Fernández Gondín.
José R. Machado Ventura.
Marcos Javier Portal León.
Leopoldo Cintras Frías
Álvaro V. López Miera.
Ramón Espinosa Martín
Ricardo Alarcón Quesada.
Juan E. Lazo Hernández.
Pedro Ross Leal
Felipe R. Pérez Roque
Eduardo Delgado
Joaquín Quintas Sola.
Ramiro Valdés Menéndez
José L. Rodríguez García
José R. Fernández Álvarez
Ernesto López Domínguez
Francisco Soberón Valdés.
Ulises Rosales del Toro.
Juan Almeida Bosque
Wilfredo López Rodríguez
Juan A. Escalona Reguera
Roberto T. Díaz Sotolongo

José M. Miyar Barruecos
José R. Balaguer Cabrera,
Otto Rivero Torres
Hassan Pérez Casabona
Carlos M. Valenciaga Díaz
Luis Rodríguez López-Calleja
Roberto Fernández Retamar
Vilma L. Espín Guillois
Julio César Gandarilla
Pedro Sáez Montejo
Randy Alonso Falcón
Jaime Crombet Hernández
Jesús Bermúdez Cutiño.
José Solar Hernández
Antonio Lussón Battle
Luis S. Herrera Martínez
Orlando Lugo Fonte.
Alfredo Jordán Morales.
Fernando Vecino Alegret
Abel E. Prieto Jiménez
Rogelio Acevedo González
Álvaro Pérez Morales
Roberto I. González Planas
Juan Contino Aslán
Misael Enamorado Dáger
Jorge Luis Sierra López
Ricardo Cabrisas Ruiz

Fidel Castro Ruz

Fidel Alejandro Castro Ruz.
Nació en Birán, Municipio de Mayarí, 13 de agosto de 1926. Hijo de terrateniente. Su padre, Ángel Castro y Argiz, procedía de un pueblo en la provincia de Lugo, España. En 1956, cuando Don Ángel murió a la edad de 86 años, dejó una finca que valía más de medio millón de dólares. Fidel Castro se educó en escuelas jesuitas en Santiago de Cuba y luego en el Colegio Belén, de La Habana en 1945. Se graduó de Doctor en Leyes en 1950.
Se unió en 1946 a las filas de la Unión Insurreccional Revolucionaria (UIR) del conocido gángster-trotskista Emilio Trot. Aunque se le implicó en la muerte del líder estudiantil Manolo Castro y del policía universitario Caral, sin embargo no se le pudo procesar. Nunca llegó a ser un líder estudiantil importante. En 1947 se enrola en una expedición armada para derrocar al dictador dominicano Rafael Trujillo, que abortaría en Cayo Confite.
En 1948, a instancias del dictador argentino Juan Domingo Perón, participó con otros 4 cubanos en el famoso "bogotazo", en Colombia, en el cual la policía le consideró sospechoso del asesinato del líder del Partido

Liberal Jorge E. Gaitán. Perseguido por la policía colombiana, Castro se refugió en la embajada cubana y luego salió para La Habana.

En 1947 ingresa en el Partido del Pueblo Cubano, conocido como Partido Ortodoxo, liderado por Eduardo Chibás. En octubre de 1948 contrajo nupcias con Mirta Díaz-Balart, con la cual tuvo un hijo, Fidel Castro Díaz-Balart. El matrimonio se disolvió en 1955.

Desde 1950 a 1952 ejerció de abogado, y en las elecciones de 1952 se postuló como candidato para la Cámara de Representantes, y se ofreció al PAU, el partido de Fulgencio Batista, pero éste lo rechazó. Las elecciones fueron canceladas el 10 de marzo de ese año, por un golpe de estado del general Batista, que derrocó al presidente Carlos Prío Socarrás.

Castro organizó un grupo de jóvenes procedentes de la Juventud Ortodoxa y, el 26 de julio de 1953, atacó los cuarteles Moncada en Santiago de Cuba y el de Bayamo. La derrota fue aplastante y las bajas numerosas. Por mediación del Obispo de Santiago de Cuba, Castro se entregó y fue sentenciado a prisión hasta 1955, cuando fue amnistiado por orden presidencial. Se marchó a México, armando una expedición de 81 hombres que desembarcó en el sur de Oriente el 2 de diciembre de 1956. El desembarco fue otro desastre militar. Castro sobrevivió en la Sierra Maestra con un pequeño grupo, iniciando una guerra de guerrillas que culminaría el 31 de diciembre de 1958 con la huída de Batista.

Fue criticado acerbamente por su tendencia autocrática por miembros de su movimiento, (Frank País, René Ramos Latour, Armando Hart), y por otros grupos: el Directorio Estudiantil, la Triple A, el Segundo Frente del Escambray.

El 1ro. de enero de 1959 Castro y sus guerrilleros proclaman un gobierno provisional e implantaron los juicios públicos y los fusilamientos de partidarios de Batista. Prometió un gobierno democrático negando que fuese comunista. Confiscó los bienes de los seguidores de Batista; redujo los alquileres de las viviendas; aprobó una ley de reforma agraria mediante la cual estatalizó tierras y creó cooperativas, administradas por el Instituto Nacional de la Reforma Agraria (INRA).

En 1960 recibe en La Habana el vicepremier soviético Anastas Mikoyán. En 1960 asiste a la Asamblea General de la ONU en Nueva York donde abraza públicamente a Nikita Jruschov. A su regreso estatalizó las grandes propiedades industriales y agrícolas, de nacionales y extranjeros. En enero de 1961 rompe relaciones con Estados Unidos, derrota en abril de ese año una invasión de cubanos exilados apoyados por Washington; se declara marxista-leninista y eventualmente acepta que su territorio se transforme en una base de cohetes atómicos soviéticos que provoca la Crisis de los Cohetes en

Octubre de 1962. Aumenta la centralización económica, confisca las escuelas privadas y expulsa a gran parte del clero católico. La enorme oposición se transforma en levantamientos armados en las zonas montañosas centrales del país. La campaña militar envolvió a 60,000 soldados y duró de 1960 a 1965. A mediados de 1961 crea las Organizaciones Revolucionarias Integradas, que puso bajo la dirección de los comunistas. En 1963 liquidó a las ORI, expulsó a los viejos comunistas y conformó con los guerrilleros más leales el Partido Unido de la Revolución Socialista de Cuba (PURSC); y en 1965, lo transformó el en Partido Comunista de Cuba.

Su relación con la ex Unión Soviética tuvo períodos de roces y discrepancias tácticas y otros de plena luna de miel. Viajó a la URSS varias veces, siempre con el objetivo de buscar ventajas económicas y consolidar su aparato militar y de seguridad. Se enfrentó a Mao Tse Tung, apoyó la invasión soviética de Checoslovaquia en 1968, envió tropas a Argelia, Angola, Etiopía, y envió misiones militares a incontables países del África y del Medio Oriente. Fue gestor de las luchas guerrilleras, del terrorismo urbano y de todo mecanismo de violencia antigubernamental.

Ha sido un gobernante implacable con sus oponentes, que ha centralizado en extremo el proceso de decisión en todas las esferas de la nación. Mantiene como estrategia la no institucionalización del régimen, con vistas a actuar con la libertad del poder unipersonal. Cuenta con un equipo de dirección mediocre, constituido en lo fundamental con elementos que lo deben todo a su persona. Si bien ha logrado una estatura internacional superior a cualquier otro gobernante cubano, su gestión económica y social ha resultado un desastre para la nación.

Ha provocado uno de los exilios más voluminosos del siglo y en la actualidad es rechazado por el grueso de la población. Su poder descansa en una efectiva policía política. Es odiado y repudiado por el pueblo cubano, más que a cualquier otro de los gobernantes autoritarios de la historia del país (Mario García Menocal, Gerardo Machado o Fulgencio Batista).

Raúl Castro Ruz
Ministro de las FAR

Castro Ruz, Raúl, alias Juan Carlos; el chino
Nació en Birán, Municipio de Mayarí, provincia de Oriente, el 3 de junio de 1931. Hijo de hacendado. Asistió a las escuelas jesuitas Colegio de Dolores, en Santiago de Cuba y Colegio Belén en La Habana. Matriculó en la Universidad de La Habana sin terminar la carrera. Cursó estudios en la Escuela Superior de Guerra de la ex URSS. Estuvo casado con Vilma Espín, con la cual tuvo 4 hijos. Segunda autoridad en el gobierno y designado como el heredero del poder. Es actualmente segundo secretario del Buró Político, miembro del CC, primer vicepresidente del Consejo de Estado y del Consejo de Ministros, ministro del MINFAR con el rango de General de Ejército. Es presidente de la comisión de educación patriótico militar del MINFAR y diputado a la Asamblea Nacional del Poder Popular representando al municipio de Segundo Frente, provincia de Santiago de Cuba.
    Fue miembro de la juventud del Partido Socialista Popular. En 1953 asistió como delegado al congreso mundial de las juventudes, visitando Hungría,

Rumania y Checoslovaquia. Al regreso fue detenido. Se integró al MR-26-7 días antes del asalto al Moncada. Se entregó y fue condenado a 13 años de prisión, siendo liberado por amnistía general en mayo de 1955.

Acompañó a Fidel a México para recibir entrenamiento guerrillero del general español Armando Bayo, e integró la expedición del Granma de diciembre de 1956, siendo uno de los tres jefes de pelotón en que se dividió la fuerza. Logró sobrevivir al enfrentamiento con el ejército y fue uno de los míticos "Doce" que se internó con su hermano en La Sierra Maestra.

Aunque perdió su arma en La Sierra, lo que constituía un delito mayor (expulsión de la fuerza rebelde o fusilamiento) fue uno de los primeros capitanes del Ejército Rebelde y tuvo una actuación destacada en El Uvero. En febrero de 1958 fue ascendido a comandante y comisionado para abrir el II Frente Oriental en La Sierra del Cristal donde merodeaban grupos armados alzados, con la misión de unificarles bajo su mando.

Al Segundo Frente se incorporaron muchos miembros del partido y de la juventud comunista, a los que Raúl concedió grados y responsabilidades. Allí formó un territorio administrativo, y adquirió fama de "duro" fusilando a los "escopeteros" que no se integraban y a sospechoso de colaboración con Batista.

En el verano de 1958, ante una situación logística difícil en vísperas de una ofensiva del ejército, secuestró a 51 norteamericanos en Yateras para detener la ofensiva y como punto de negociación con el gobierno. El incidente llenó los titulares de los periódicos del mundo entero acusándole de comunista.

Al triunfo de la revolución, asumió el mando militar en Oriente, y fueron notorios los fusilamientos masivos sin juicio que realizó en Santiago de Cuba. Conjuntamente con el Che Guevara y con Ramiro Valdés formaría la "troika" que con Fidel Castro transformó la revolución en un régimen comunista. Raúl fue el artífice de la incorporación de los comunistas.

En octubre de 1959 fue nombrado ministro de las FAR cargo que ocupa hasta el día de hoy. Estuvo al mando de las tropas terrestres contra la Brigada 2506 en Bahía de Cochinos en abril de 1961. Ha encabezado varias purgas internas a nombre de su hermano, como la reorientación ideológica a partir de los "70" que lo enfrentó violentamente a José Llanusa; el caso Padilla y la depuración del Departamento de filosofía de la Universidad de La Habana.

Ha sostenido controversias en distintos periodos con Raúl Roa García, Efigenio Ameijeiras, Carlos Franqui, Raúl Curbelo Morales, Manuel Piñeiro Losada, Osmani Cienfuegos, Julio Camacho Aguilera, Faustino Pérez, Haydee Santamaría, Marcelo Fernández, José Llanusa, Víctor Mora, Ramiro Valdés, e incluso con el Che Guevara al que tildaba de pro chino y trotskista.

En 1969 termino un curso avanzado de estudios militares dirigido por expertos soviéticos en la URSS. Planeó, con el mando soviético, las campañas militares en Angola y Etiopía, donde resulto herido. En las décadas de los 70 y los 80 visitó en numerosas ocasiones a la ex Unión soviética y los países del bloque soviético, y fue invitado a maniobras del Pacto de Varsovia. Era visto por la dirigencia soviética como el hombre de confianza, preferido por encima de Fidel Castro. En 1985 Raúl cobró tal visibilidad que se especuló el que asumiese las riendas del Estado, dejando a Fidel Castro el Partido.

Como ministro de las FAR, organizó uno de los ejércitos más modernos y fogueados de América Latina, aplicando una política de selección y promoción de altos oficiales, a partir de la calificación personal. Organizó un eficiente Servicio Militar, fuerzas para-militares como el Ejército Juvenil del Trabajo, y el encuadramiento de la población en estructuras militares de reservas, como las Milicias Territoriales.

Es frecuente que Raúl provea cuadros militares para las labores del partido y la administración. En la actualidad ejerce la supervisión sobre el Ministerio del Interior. Alrededor de su figura se nuclea un grupo de personas fieles, fundamentalmente militares, que se supone podrían asumir junto a él, el poder en una crisis o en la anunciada sucesión. Es partidario de la institucionalización del sistema. No tiene los sueños de grandeza de su hermano y se conformaría con ser un leal mandatario de un pequeño país comunista.

Ha recibido las medallas conmemorativas XX Aniversario del Moncada, XX Aniversario de las FAR, Fundador de las FAR, XX Aniversario del MININT y la Orden Nacional José Martí. además, ha recibido diferentes condecoraciones de los países del antiguo bloque soviético.

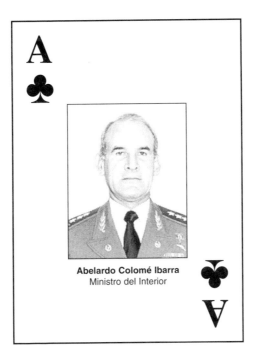

Abelardo Colomé Ibarra
Ministro del Interior

Abelardo Colomé Ibarra, alias "Furry".
Nació en Santiago de Cuba, Oriente, en 1940. Divorciado de Minerva Barbosa Martín. Procede de una familia obrera. Universitario. Graduado en cursos de inteligencia y contrainteligencia militar en la ex URSS, así como en la Escuela Militar Frunze de Moscú. Ingresó en el Movimiento 26 de Julio en 1955 y participó en el alzamiento del 30 de Noviembre en Santiago de Cuba, con Frank País, quien lo designó para apoyar el desembarco de Fidel Castro. Formó parte del refuerzo enviado a La Sierra en 1957 por Frank País. Participó en la apertura del Segundo Frente Oriental Frank País en 1958.

En la Sierra Maestra se mostró como uno de los elementos más leales a Fidel Castro, lealtad que luego transfirió a Raúl Castro. Estuvo bajo las órdenes de Efigenio Ameijeiras, con los grados de capitán.

En 1959 era comandante del Ejército, en el Departamento de Inteligencia Militar, organismo que dirigió luego al sustituir al comandante Rene de los Santos. En Julio de 1961, Efigenio Ameijeiras lo solicitó como jefe de la

Policía Motorizada. Formó parte de la columna de la PNR dirigida por Efigenio Ameijeiras que luchó en Playa Girón. Al separarse del cargo a Efigenio Ameijeiras, Furry asumió la jefatura de la Policía Nacional. Luego retornó al DIER. Tuvo roces con Sergio del Valle y Ramiro Valdés, del MININT. No se tiene conocimiento de que haya pertenecido a las ORI o al PURSC. En el año 1965 fue elegido miembro del Comité Central del Partido Comunista de Cuba.

Participó en la organización y fomento de actividades guerrilleras en América Latina y África. Estuvo en México, Venezuela, Ecuador, Guinea, Congo Brazzaville y Tanzania. Con frecuencia visitaba Checoslovaquia. Participó bajo el mando de Efigenio Ameijeiras en la Brigada militar cubana que luchó al lado de Argelia a inicios de 1964 contra Marruecos.

En el año 1971, luego de asistir a extensos cursos militares en la ex URSS, fue nombrado jefe del cuerpo de ejército del norte de Oriente y posteriormente jefe del Ejército de Oriente. En 1972, acompañó a Fidel Castro al África y al bloque soviético. Fue comisionado por Fidel Castro para organizar en Sierra Leona, en 1973, una misión militar y una guardia personal de 500 militares cubanos. Acompañó la brigada de tanques cubana que luchó en las Alturas de Golán, durante la guerra del Yom Kippur, al lado Sirio. Después, organizó la contrainteligencia militar de los dispositivos militares cubanos dislocados en Yemen del Sur y Somalia a partir de 1973.

En abril de 1973 fue nombrado Viceministro del MINFAR, jefe de la Dirección de Inteligencia Militar (DIM) y la Dirección General de Contra Inteligencia Militar (DGCI). En septiembre de 1975, junto a Raúl Castro, Arnaldo Ochoa, Senén Casas Regueiro, el "gallego" Fernández, visitó Congo Brazzaville para organizar el envío de tropas a Angola. Sustituyó en el mando de las fuerzas angoleñas al general Raúl Díaz Arguelles, a la vez que organizaba los servicios de inteligencia y contrainteligencia militar en ese país.

En 1977, acompañó a Raúl Castro a la ex URSS, para organizar la invasión a Etiopía. Desde Angola organizo el traslado de logística y tropas. Es Ministro del Interior desde 1988, con el rango de General de Cuerpo de Ejército.

Ha sido delegado a los cinco Congresos del Partido. Miembro del Comité Central desde su constitución. Miembro del Buró Político del PCC, Vicepresidente del Consejo de Estado y diputado a la Asamblea Nacional del Poder Popular por Contramaestre. Condecorado "Héroe de la República de Cuba" y la Orden "Máximo Gómez" de 1ro. y 2do. grados. En un fiel seguidor de Raúl Castro.

Julio Casas Regueiro
Viceministro Primero del MINFAR

Julio Casas Regueiro.
Nació en Alto Songo, provincia de Oriente, en 1930. Blanco, casado y de extracción social de clase media. Universitario.
Antes de la revolución cursó la educación primaria y secundaria. Graduado de la Escuela Superior de Guerra en la URSS. Licenciado en Ciencias Políticas en la Universidad de La Habana. Su padre era un comerciante de la región. Proviene de las filas del Movimiento 26 de Julio. Ex combatiente del Ejército Rebelde, del Segundo Frente Frank País, en la Sierra Cristal, con un grupo donde figuraban su hermano Senén Casas, Samuel Rodiles Planas, Abelardo Colomé Ibarra, Jorge Sergera Riverí, Roberto Castilla (Betón), José "Pepe" Ramírez, etcétera. Al concluir la lucha, en el año 1959, Julio Casas Regueiro era capitán del Ejército Rebelde. Durante los primeros años de la revolución, participó en la organización del Ejército de Oriente y, posteriormente, pasó a trabajar en la defensa antiaérea, las DAAFAR.
Ingresó en el Partido Comunista de Cuba en el año 1965. En el año 1966

trabajó en la organización de las DAAFAR. Entre 1966-1969 estudió en la Unión Soviética en la Escuela Superior de Guerra "Frunze". En el año 1969 es nombrado Viceministro del MINFAR al frente de los Servicios Generales. En 1972, acompañó a Fidel Castro en su viaje por África, junto a varios altos militares. Entre 1973 y 1974 visitó con su hermano varias veces a la fuerza de tanquistas cubanos emplazada en Siria, y se desplazó secretamente a Yemen del Sur y Somalia.

En el año 1975 fue elegido miembro suplente del Comité Central del Partido y en el año 1980 miembro pleno, así como diputado a la Asamblea Nacional, representando al municipio Songo La Maya de la provincia de Santiago de Cuba.

Entre los años 1974-1975, participó junto a Raúl Castro y a su hermano Senén Casas Regueiro en varias entrevistas secretas en Portugal, Luanda y La Habana, con vistas a preparar la asistencia militar y el envío de tropas que ayudarían al MPLA a ascender al poder en noviembre de 1975. Fue el hombre clave en la organización del transporte, la logística y la defensa antiaérea para la fuerza expedicionaria cubana que luchó junto al MPLA en Angola y luego en Etiopía, desplazándose varias veces entre esos países, la Unión Soviética y Cuba.

En el año 1979 fue ascendido al rango de General de División de las FAR Al regresar fue designado jefe del Ejército Oriental, responsabilidad que desempeñó hasta 1981 en el que fue nombrado sustituto del Ministro de las FAR, Jefe de las tropas de la DAAFAR. En el III Congreso del PCC fue ratificado como miembro del Comité Central.

En 1988 pasó a ocupar el cargo de Sustituto del Ministro de las FAR para la Actividad Económica. En enero de 1990 fue promovido al cargo de Primer Sustituto del Ministro de las FAR. Actualmente se desempeña como Viceministro Primero de las FAR. Es actualmente General de Cuerpo de Ejército. Ha recibido la medalla XX Aniversario del Moncada y la de Fundador de las FAR. Ha sido delegado al III, IV y V Congresos del PCC. Es miembro del Comité Central y del Buró Político. Ostenta el título de Héroe de la República de Cuba. Es Diputado a la Asamblea Nacional del Poder Popular. Municipio: Manzanillo. Es uno de los "favoritos" de Raúl Castro.

Carlos Lage Dávila
Secretario ejecutivo del
Consejo de Ministros

Carlos A. Lage Dávila.

Nació el 15 de Octubre de 1951, en Marianao, La Habana. Casado. Graduado en el año 1975 como doctor en medicina. Al cursar la enseñanza secundaria fue monitor, estudiante ejemplar y miembro del Secretariado de la Unión de Estudiantes Secundarios (UES). Ingresó en el Preuniversitario Raúl Cepero Bonilla. Participó en todas las movilizaciones de la Escuela al Campo, y en otras que con carácter permanente se realizaron.

Durante la enseñanza preuniversitaria fue monitor, jefe de Brigada Estudiantil, y Secretario General del Comité de Base de la UJC, organización en la que ingreso en 1965. Al año siguiente se incorporó a las milicias universitarias, pasando un curso de entrenamiento de 45 días.

En 1969 matriculó en el Instituto de Ciencias Básicas y Pre-Clínicas, Victoria de Girón, en el Vedado, donde ocupó las responsabilidades de delegado de la Unión de Jóvenes Comunistas (UJC) y de la Federación Estudiantil Universitaria en su aula, presidente de la FEU de su año y de la Escuela. Además, fue miembro del comité y del buró seccional de la UJC.

Posteriormente, desempeñó los cargos de vicepresidente de la FEU y miembro del comité de la UJC en la facultad universitaria de ciencias médicas, integrante del secretariado de la FEU. Por esa época, comenzó a discutirse la disolución de la FEU en las universidades, por considerarlas una duplicidad con la UJC. Sin embargo, Fidel Castro decidió revitalizar la FEU como un organismo estudiantil menos supeditado a la UJC y que tuviese vigencia propia.

Carlos Lage, que a la sazón pertenecía al secretariado de la FEU y había concluido sus estudios de medicina, fue ascendido a presidente de ese organismo en 1975, en una asamblea presidida por Fidel Castro, quien en lo adelante mostraría inclinación personal por Lage, determinando ello la suerte futura del mismo dentro de los niveles políticos del sistema. La dirección ejecutiva de la FEU quedaría en manos de individuos profesionalizados en tal actividad, y estarían atendidos por la dirección nacional de la UJC, y por el Comité Central directamente.

En 1976 fue elegido miembro del Partido Comunista de Cuba. Por decisión del buró nacional de la UJC, en abril de 1978, Lage pasó a ejercer su profesión de pediatra en el Hospital Pediátrico de Centro Habana, donde permaneció hasta septiembre de ese año, en que fue seleccionado por el MINSAP para dirigir los servicios médicos en Etiopía.

En abril de 1980, en una asamblea nuevamente dirigida por Fidel Castro, fue elegido segundo secretario del comité nacional de la UJC y posteriormente primer secretario. Asimismo, en el II Congreso del PCC, en ese año, fue elegido como suplente del Comité Central y en el III Congreso fue elegido miembro pleno del Comité Central.

Es, además, diputado a la Asamblea Nacional del Poder Popular por el municipio de San Juan y Martínez (Pinar del Río). Hasta 1981 lo había sido del municipio de Diez de Octubre (Ciudad Habana). Es vicepresidente del Comité de Jóvenes, Niños y Derechos de igualdad de la Mujer en la Asamblea Nacional. La conexión con Fidel Castro le posibilita ascender a primer secretario de la UJC, cargo que le concede automáticamente la membresía del Comité Central. La nueva política de incorporar al Estado y partido elementos de la nueva generación trabajó en favor de Lage, militante disciplinado y poco contestatario.

Ha viajado a varios países, integrando delegaciones de la UJC. Fue delegado al X y XI Festival Mundial de la Juventud y los Estudiantes. Obtuvo todos los sellos y distinciones otorgados por la organización política de la juventud.

En 1986 fue designado como miembro del Equipo de Coordinación y Apoyo del Comandante en Jefe. En la actualidad es secretario del Comité Ejecutivo del Consejo de Ministros y vicepresidente del Consejo de Estado. Miembro del Buró Político del Partido, y delegado a la Asamblea Nacional del Poder Popular por el municipio Plaza de la Revolución.

Carlos Fernández Gondín
Viceministro Primero
del Interior

Carlos Fernández Gondín.
Nació en Oriente, en 1930. Licenciado en Ciencias Políticas. Graduado de la Escuela Superior de Guerra de Matanzas y de la Escuela Militar Frunze, en la antigua URSS.

En abril de 1958 se incorporó al Ejército Rebelde, teniendo participación en diversas acciones combativas en el Segundo Frente Oriental Frank País, donde ostentó los grados de capitán.

Después del triunfo de la Revolución en 1959, desempeñó cargos de responsabilidad dentro de las FAR. Al triunfo de la revolución, estuvo destacado en el Cuartel Moncada durante 1959 y luego es trasladado a los mandos militares de Guantánamo y Holguín. Participó en la Lucha Contra Bandidos en la región oriental. Durante las crisis de Playa Girón, en 1962, y la Crisis de Octubre, en 1963, estuvo acuartelado en los puestos militares del Ejército de Oriente.

Entre 1965-1967 pasó la Escuela de Guerra de Matanzas, a la vez que era seleccionado como miembro del partido en las FAR, con los grados de primer capitán. Desde esa fecha hasta 1970, fue nominado jefe del Estado Mayor del

Cuerpo de Ejército del Norte de Oriente. (La antigua provincia de Oriente estaba dividida en dos cuerpos de ejércitos por aquella época). Además, alternó esta tarea militar con la responsabilidad de apoyar con unidades militares las zafras orientales, bajo la dirección de Guillermo García y Juan Almeida, siendo nominado miembro del buró ejecutivo del comité provincial del Partido Comunista, en Oriente.

A partir de la reorganización y tecnificación que los soviéticos introducen en el Ejército cubano entre 1970-1973, Fernández Gondín es seleccionado por Raúl Castro para pasar la escuela militar de guerra "Frunze" en la URSS, en el segundo grupo. Después del Primer Congreso del PCC en 1975, al introducirse los grados militares del Pacto de Varsovia, debido a sus estudios y su buena hoja de servicio, Gondín es ascendido al grado de Brigadier General y adjunto al Estado Mayor de las FAR.

Entre los años 1978-80 el general Fernández Gondín realiza cortas misiones internacionalistas en Angola y Etiopía. En Angola donde fue designado Segundo Jefe de la Misión Militar cubana. A partir de 1980 es designado para ocupar funciones políticas como miembro del Comité del Partido adjunto a la dirección Político Administrativa del MINFAR. En 1978 pasó a ocupar el cargo de Jefe de la Dirección de Contra Inteligencia de las FAR, bajo las órdenes del general Abelardo Colomé Ibarra, responsabilidad que desempeñó hasta 1989 en que fue designado Viceministro primero del MININT el cual desempeña en la actualidad.

En el Congreso del PCC en 1980, cuando se introduce a un número elevado de militares en el Comité Central, Fernández Gondín es seleccionado como miembro del mismo. Luego, fue ascendido al rango militar de General de División del MINFAR en 1981 y hasta fines de esa década se mantiene realizando tareas políticas dentro del Ejército.

En el III Congreso del PCC fue ratificado como miembro del Comité Central. Es un militar calificado, de escuela, que responde a la línea "raulista", y personalmente es íntimo de Colomé Ibarra, ostentando la confianza política de Fidel Castro. El general Gondín llevó personalmente todo el interrogatorio y el caso contra el general Ochoa y los altos oficiales del MININT Antonio y Patricio de La Guardia.

Es fundador del Partido Comunista de Cuba. Integra el Comité Central desde 1980. Participó en el II, III, IV y V Congresos. Le han sido otorgadas varias condecoraciones. Recibió la medalla Conmemorativa XX Aniversario del Moncada y Fundador de las FAR. En la actualidad es Viceministro Primero del MININT, y tiene la reputación de ser un personaje "duro" y represivo. Es diputado a la Asamblea Nacional del Poder Popular por el municipio Rafael Freyre. Es un personaje leal totalmente al general Abelardo Colomé, y a Raúl Castro.

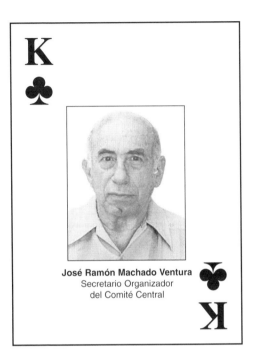

José Ramón Machado Ventura
Secretario Organizador
del Comité Central

José Ramón Machado Ventura.
Nació en 1930, en San Antonio de Vueltas; antigua provincia de Las Villas.
Cursó sus estudios primarios y secundarios en Camajuaní y Remedios, provincia Las Villas. A los 23 años, en 1953, se graduó de doctor en medicina en la Universidad de La Habana. Inició sus actividades revolucionarias desde el 10 de marzo de 1952, cuando era estudiante de Medicina de la Universidad de La Habana. En 1954 se incorporó al M-26-7 y luego a la lucha guerrillera en la Sierra Maestra. Integró la columna No. 4 bajo las órdenes del Comandante Ernesto Guevara y posteriormente la columna No. 1 al mando del Comandante en Jefe Fidel Castro Ruz. Formó parte de la Columna que, a las órdenes del Comandante Raúl Castro Ruz, organizó el Segundo Frente Oriental, donde obtuvo el grado de comandante desempeñando el cargo de jefe de sanidad militar de ese frente guerrillero.

En el año 1959 fue nombrado director de servicios médicos de la ciudad de La Habana. En el año1960, a propuestas del comandante René Vallejo, fue nombrado Ministro de Salud Pública, resultando uno de los artífices principales del programa de salud desarrollado por el sistema.

Fue militante de las ORI y del PURSC. Fue elegido miembro del Comité Central del Partido Comunista de Cuba en el año 1965. Incorporó el sistema de policlínicos de barrios, que tomó de los modelos soviéticos. Durante muchos años, trató de que el MINSAP incorporara en su estructura la docencia médica universitaria lo que constituyó una constante batalla con los ministros de educación y decanos universitarios correspondientes. Logró sin embargo que Fidel Castro le permitiese organizar un viceministerio de docencia médica que supervisase los planes de estudio y materias de esta especialidad.

Asimismo, organizaría institucionalmente cursos de enfermería y técnicos medios en la esfera de la Salud. Todo ello le transformaría en un ministro problemático que chocaría constantemente con muchas esferas ejecutivas, e incluso con Fidel Castro a lo largo de la década del sesenta. Machado, sin embargo, estructura un eficiente ministerio de Salud Pública, donde los cargos administrativos serían ocupados por especialistas en la rama.

Por la época, sus diferencias con el comandante Ordaz Ducungue, protegido de Celia Sánchez y Juan Almeida, en relación con la jurisdicción sobre el Hospital de Dementes de Mazorra, creó una fuerte fricción con Fidel Castro, quien determinó que tal institución se mantuviese independiente a Salud Pública, como un feudo de Ordaz. En el año1968, luego de una agria discusión con Fidel Castro, debido a su queja de la constante intervención personal del "Máximo Líder" en el sector de la medicina, fue sustituido de su cargo, y sólo debido a la intervención de Raúl Castro no fue eliminado totalmente de la cúpula de dirección. Fue enviado como delegado del Buró Político del PCC a la provincia de Matanzas, responsabilidad que desempeñó hasta mediados de 1971.

Como primer secretario del PCC en Matanzas, realiza una labor que puede calificarse de buena, comparado con otras provincias, especialmente en la zafra azucarera, los planes de cítricos y el mejoramiento de la cuota alimenticia. Machado revitaliza las zonas turísticas y los hoteles de la provincia y asimismo mejora visiblemente el transporte público y los servicios gastronómicos. Durante toda su estancia en Matanzas, Fidel Castro no visita esa provincia, pues no le perdonaba el choque personal de 1968. Otro de los puntos positivos en su gestión provincial fue la disminución de la mortalidad infantil y el mejoramiento de las salas de primeros auxilios en los hospitales.

Hay quien opina que Raúl Castro le ayudó en su labor en la provincia de Matanzas, propiciándole volúmenes no asignados de abastecimientos. Presionado por la situación de crisis en la provincia de La Habana tras el fracaso del plan "cordón de La Habana", y las constantes epidemias infectocontagiosas en la población y en la masa porcina, Fidel Castro, a instancias de Raúl, reconoció la labor organizativa de Machado Ventura y le trasladó como primer secretario del Partido a la provincia de La Habana en junio de 1971, cargo que desempeñó hasta 1976.

Pero, pese a que logró la recuperación de la producción agrícola en la provincia habanera, especialmente en viandas y vegetales, la zafra azucarera, y el área administrativa, Machado chocaría con viejos enemigos, tanto en el ministerio de Educación, de Salud Pública, y con otros organismos nacionales. En su carácter de primer secretario en La Habana, Machado tendría que lidiar con los organismos nacionales radicados en La Habana, muchos de los cuales ostentaban una superior jerarquía política y de relación con Fidel Castro.

Fue notorio nuevamente su desacuerdo con Fidel Castro respecto a los planes de salud en la provincia y al estatus de provincia que Fidel Castro buscaba conceder al núcleo del Partido en la Universidad de La Habana, encabezado por su amigo personal Miyar Barruecos (Chomi). Machado, también, chocó con Fidel Castro cuando éste concedía una atención especial (autónoma) a la Isla de la Juventud, que dirigía Arturo Lince, el cual no respondía a las directivas de Machado Ventura.

Nuevamente la mano de Raúl Castro le sostendría en estas intensas pugnas. En el 1er Congreso del Partido celebrado en diciembre de 1975, fue ratificado en el Comité Central y elegido miembro del Buró Político, cargo ratificado en los Congresos siguientes. En 1976 fue nominado al secretariado del Partido; en ambas ocasiones, Raúl Castro se impuso a los criterios adversos de Fidel, intercediendo a favor de Machado, aduciendo que poseía la mejor hoja de resultados administrativos y políticos en todo el equipo de gobierno.

A partir de 1976, sus tensiones con Fidel Castro comenzaron a zanjarse y ya a fines de la década se le veía con mayor frecuencia al lado del Líder Máximo, al punto que Fidel decidió que Machado, desde el Buró Político, además de sus funciones en la secretaria de organización, supervisase la provincia de La Habana, que es considerada de primera importancia política y económica. Ello no significa que Machado continuase chocando con los partidos provinciales de la ciudad y la provincia de La Habana, con el Ministerio de la Agricultura, y con el entonces jefe del sector agropecuario Diocles Torralba, hombre de Almeida, debido a los planes vianderos, así como con el MINSAP y el MINED, con la diferencia de que Fidel Castro observaría de lejos tales pugnas.

Realizó múltiples viajes a la ex Unión Soviética, y a otros países del extinto bloque socialista. Ha representado a Cuba en conferencias internacionales relacionadas con la Salud Pública y ha representado al Buró

Político del PCC en Congresos de partidos comunistas en el bloque soviético.

Fue ratificado en el Buró Político durante el III Congreso del PCC en febrero de 1986, donde incluso su orden de precedencia dentro del Buró Político ascendió del número 6 en 1981 detrás de Fidel Castro, Raúl Castro, Juan Almeida, Ramiro Valdés y Guillermo García, al número 4, detrás de Fidel, Raúl y Almeida.

Desde noviembre de 1976 ha sido diputado a la Asamblea Nacional del Poder Popular. Es miembro del Consejo de Estado. Oficial presidente de la Comisión Electoral de la Asamblea Nacional del Poder Popular y diputado a ese organismo por el Municipio de Guantánamo, en la provincia del mismo nombre.

Machado Ventura se destaca por ser un funcionario organizador, exigente y que busca resultados. Sin dudas es uno de los pocos capaces de sostener criterios personales; tiene un carácter difícil y trata de proyectar una personalidad incorruptible y ascética. Posee gran cantidad de enemigos en todos los escalones del poder administrativo y partidista, así como en las provincias; sin embargo, goza de autoridad y sus orientaciones son bastante respetadas.

Es, además, uno de los más poderosos miembros del Buró Político y del Comité Central del PCC. Machado supervisa varios departamentos vitales del CC, como el de Organización, el de Asuntos Generales, el de los Órganos Estatales y Judiciales, el de Organizaciones de Masas y el de Administración y Finanzas.

Es el miembro del Buró Político más dedicado a las labores del Partido. Sin dudas, el dirigente civil más apoyado y cultivado por Raúl Castro, mientras Fidel descansaba en Osmani Cienfuegos y Jorge Risquet. Formaría parte por mucho tiempo, junto con Osmani Cienfuegos, Jorge Risquet, Julián Rizo y Carlos Aldana, del pequeño grupo que mayor visibilidad disponía después de Fidel y Raúl Castro en las décadas de los ochenta y parte de los noventa.

Siempre fue un dirigente públicamente comprometido con el marxismo dogmático que laboró a favor de mantener los vínculos más estrechos con la otrora Unión Soviética. Está llamado a jugar un rol decisivo en el futuro, en cualquier combinación política dentro de los actuales esquemas del poder.

Miembro del Buró Político. Miembro del Comité Central. Jefe del Departamento de organización del CC. Delegado a la Asamblea Nacional del Poder Popular desde 1976 por el municipio de Guantánamo. Vicepresidente del Consejo de Estado.

Marcos Portal León
Ministro de la Industria Básica

Marcos Javier Portal León.
Nació en Santa Clara, antigua provincia de Las Villas, 7 de octubre, 1945. Casado con tres hijos. Graduado de Ingeniero Químico en 1970. No tuvo participación en la lucha antibatistiana, debido a su corta edad. En 1960, a los 15 años, se incorporó a las Milicias Estudiantiles en la secundaria Felipe Poey. Al año siguiente participó en la campaña de alfabetización en Baracoa, Oriente. Al finalizar esta tarea, pasó a integrar una comisión de la Asociación de Jóvenes Rebeldes en la secundaria donde estudiaba, y en abril de 1962, fue elegido secretario general del comité de base de la UJC en ese plantel.

En 1962 pasó a ser miembro del comité seccional de la UJC en Príncipe, y del comité regional y de su buró ejecutivo en Cerro-Tejas, así como integrante de la comisión provincial de educación obrero campesina, de la UJC en La Habana. En noviembre de 1962, pasó a estudiar como becado en el preuniversitario Ciro Redondo de Tarará, donde resultó electo secretario general de la UJC. Al año siguiente fue promovido al seccional de la UJC de Ciudad Escolar, como secretario organizador y posteriormente, al comité regional de becas de esa organización.

Ingresó en 1965 en el curso preparatorio de la Facultad de Tecnología de la Universidad de La Habana, en el cual lo eligieron secretario general de la UJC. Aquí, Marcos Portal comienza a ser conocido y llama la atención de la dirección nacional de la UJC y de algunos dirigentes del PCC. Durante 1966 y 1967 desempeñó distintas responsabilidades en el buró de la UJC en su facultad universitaria, entre ellas, la de secretario general. Desde ese último año hasta 1969, fungió como secretario organizador del buró universitario de la UJC-FEU. Entre 1968-1969, el buró universitario llevó a cabo una fuerte depuración de los estudiantes no revolucionarios, homosexuales, hijos de pequeños negociantes caídos en la Ofensiva Revolucionaria, e incluso de profesores, y el nombre de Marcos Portal era temido en las aulas universitarias.

Marcos Portal se mostraría como un incondicional de la política que implementaba el entonces rector de la universidad José Miyar Barruecos. En agosto de 1970, ingresó en el PCC y fue designado miembro del buró del Partido en la Facultad de Tecnología. Ese propio año, se graduó como Ingeniero Químico y se decidió que se quedara como cuadro profesional para atender el trabajo de la UJC en la referida facultad. En junio del siguiente año se le designó secretario general de la UJC en la Universidad de La Habana y, a mediados de 1972, fue promovido a miembro del comité universitario del PCC, que estaba dirigido personalmente por el entonces politburó Antonio Pérez Herrero.

Fue elegido en abril de 1972, al Comité Nacional de la UJC, y en abril de 1973 nombrado director de la empresa de Fertilizantes Nitrogenados de Nuevitas, un proyecto personal de Fidel Castro, suministrado por los soviéticos. Portal desempeñó esta responsabilidad hasta principios de 1980. En 1974 resultó electo miembro suplente del comité regional del PCC en Nuevitas y al año siguiente fue elegido miembro efectivo.

En el II Congreso del PCC, en 1980 fue elegido miembro suplente del Comité Central, y entre 1980-1983 fue miembro del Equipo de Coordinación y Apoyo a Fidel Castro, que dirigía Miyar Barruecos, con quien estuvo ligado en sus años universitarios. Su presencia en el Equipo de Apoyo le valió para ser nominado Ministro de Industria Básica y en el III Congreso, en febrero de 1986, para ser elevado a miembro pleno del Comité Central.

Es una persona organizada con cierta tendencia reformista, aunque su posición es totalmente en favor de las orientaciones de Fidel Castro. Ascendió por sus relaciones con Miyar Barruecos y el buen trabajo en la misión asignada al frente de la Empresa de Nuevitas. Su posterior relación directa con Fidel y Raúl Castro, ha sido el factor esencial de sus actuales posiciones.

Casado con Tania Fraga, sobrina de Fidel y Raúl Castro. En su carácter de miembro del Consejo de Estado ha sido el principal negociador del Gobierno para las esferas de la prospección y extracción de petróleo, la producción de níquel, y todo lo relacionado con la actividad minerometalúrgica. Además es responsable de todas las negociaciones con la empresa canadiense Sherritt, y mantiene vínculos contractuales con más de 40 empresas extranjeras radicadas en Cuba. También ejerce como director del Grupo Cementos Cubanos.

Se le considera como un dirigente calificado, acaso el ministro de mayor influencia en el Gobierno, y se caracteriza por utilizar en su gestión empresarial, algunos instrumentos de la relación empresarial mercantil, algo no común en Cuba. Ha sido instrumental en el nombramiento como ministros a antiguos subordinados suyos, ejemplo: Jesús Pérez Othón Ministro Industria ligera (ex viceministro de la Industria Básica), Alfredo Valdés, Ministro de la Industria Pesquera y Marina Mercante, y ex director de la empresa eléctrica, Raúl de la Nuez, ministro de Comercio Exterior, y ex representante de la Industria Básica en Canadá.

En 1995, logró convencer a Fidel Castro para que le permitiese incorporar a su ministerio como asesor especial a Fidel Castro Díaz-Balart, quien había sido destituido en 1995 de su cargo de Secretario de la Comisión de Energía Nuclear, por instrucciones expresas de Raúl Castro, en atención a que había contactado con la disidencia interna; y el haber diseñado una policía nuclear para la custodia y preservación de las plantas de energía atómica, nutriéndose de ex oficiales del MININT y del MINFAR sancionados por las causas de Ochoa y de Abrantes.

Marcos Portal es una figura muy controvertida que se encuentra inmersa en la lucha del poder, y tiene sus miras en la sucesión al lado de Raúl Castro. Ha sido objeto de serias críticas por auditorias a su sistema empresarial, como resultado de las purgas que aplicó en los ministerios de Marina Mercante y Puerto (coronel Orlando Rodríguez Romay), el Ministerio de Comercio Exterior (Ricardo Cabrisas), y la sustitución de Osmani Cienfuegos como Ministro de Turismo, llenando luego tales posiciones con personal de su entera confianza.

Es diputado a la Asamblea Nacional del Poder Popular desde 1976, por el municipio de Mayarí. Ostenta la medalla conmemorativa XX Aniversario del Moncada y la Orden de la Amistad con los Pueblos, otorgada por el ex Soviet Supremo de la URSS. Miembro del Buró Político del Partido Comunista de Cuba desde el V Congreso. Miembro del Consejo de Estado. Ministro de Industria Básica.

Leopoldo Cintras Frías
Jefe del Ejército Occidental

Leopoldo Cintras Frías.
Nació en Holguín, en 1941. Universitario. Miembro del Buró Político. Se graduó de la Academia Militar "Frunze", y en 1982 se graduó de la Academia de Estado Mayor "Voroshilov", ambas en la URSS. General de Cuerpo de Ejército. Jefe del Ejército de Occidente. Héroe de la República de Cuba. Miembro del Comité Central y del Buró Político del Partido Comunista de Cuba. Miembro del Consejo Nacional de la Defensa. Diputado a la Asamblea Nacional del Poder Popular por el municipio de Arroyo Naranjo, La Habana.
  De joven perteneció a la AJEF, juventud masónica. Comenzó su lucha contra Batista a instancia de sus compañeros masones. Perteneció al Movimiento "26 de Julio", y a las guerrillas de la Sierra Maestra, bajo el mando directo de Fidel Castro. Al triunfo de la revolución se mantuvo en el ejército, donde adquirió la militancia del Partido.
  En los primeros años de la Revolución fue jefe de una Columna de Artillería. Estudió en Checoslovaquia técnicas artilleras de los cañones autopropulsados SAU-100 y el manejo de tanques. Fue Jefe de la Brigada de Artillería # 1900 (cohetes tierra-aire) de Caimito. Luego Jefe de la División

de Infantería # 1270 del Ejército de La Habana. En 1969 se graduó de la Escuela Superior de Guerra. Hasta 1975 ocupó indistintamente la jefatura de Artillería y de Tropas de Misiles Terrestres, así como la jefatura de la División Blindada del Ejército Occidental. Ha encabezado varios desfiles militares en la Plaza de la revolución. Cintras Frías sería el general que más tiempo ha estado destacado en Angola.

Fue nombrado Jefe del Frente Sur en Angola. Bajo instrucciones de La Habana y Moscú, el Estado Mayor que dirige Cintra Frías se mantiene cauteloso en todo el frente sur durante enero de 1976, avanzando en la medida que la columna sudafricana se va retirando, hasta llegar al borde mismo de la cerca de alambre de gallinero de la frontera, firmando el armisticio con los generales sudafricanos.

Fue ascendido al rango de Brigadier General de las FAR. En 1977-78, bajo el mando del general Arnaldo T. Ochoa estuvo al mando de una Gran Unidad de Tanques en el frente de Ogadén, en Etiopía. A fines de los años 70 fue también miembro del Comité Central del Partido adjunto a la dirección política Central; Jefe de la Unidad militar No. 3234 del Ejército de Occidente (división de infantería) y miembro del Comité de defensa de la Asamblea Nacional del Poder Popular.

Desde 1982 hasta 1989 alternó la jefatura de las tropas cubanas en el Sur de Angola, y de la Misión Militar en ese país. El general Cintras Frías, asume nuevamente el mando del cuerpo expedicionario cubano en Angola entre 1982-1987. A principios de 1987 es llamado a La Habana y relevado de su mando. El gobierno de Luanda se quejó a La Habana del envolvimiento de Cintras Frías en el tráfico ilegal de diamantes. Pero a su arribo a Cuba fue condecorado por Fidel Castro. Estuvo bajo el mando del general Arnaldo T. Ochoa, en la defensa de Cuito Cuanavale en 1988, y después se hizo cargo, como jefe operacional, de la apertura del Frente Sur. Formó parte de la delegación que negoció el tratado Cuatripartita en Nueva York, en 1988.

Cintras Frías participó con Ochoa en el manejo de las finanzas en Angola, y la compra de avituallamiento en el mercado negro. En el mencionado juicio acusó a Ochoa de tales actividades. Formó parte del Tribunal de Honor en 1988, y pidió la pena de muerte para Ochoa. Después del arresto del general Ochoa, fue nombrado jefe del Ejército Occidental, cargo que ocupa actualmente.

Miembro del Comité Central desde el I Congreso. Ha recibido las medallas conmemorativas por el XX Aniversario del Moncada y Fundador de las FAR. La medalla de Héroe de Cuba y la Orden "Máximo Gómez" de 1er. grado Cumplió 4 misiones en el exterior, 3 en Angola y 1 en Etiopía.

Álvaro López Miera
Jefe del Estado Mayor General

Álvaro V. López Miera.
Nació en 1944
Extracción social clase media.
Casado.
Graduado en Ciencias Militares.
Se incorporó a las guerrillas de la Sierra Maestra en el año de 1958. Participó en las movilizaciones militares de 1960 y 1961, y cuando Playa Girón y la Crisis de Octubre. Estudió en escuelas militares de guerra.

Fue militante del PCC, y seleccionado miembro del Comité Central del Partido Comunista de Cuba en el IV Congreso celebrado en 1991. Hasta ese momento ostentaba los grados de coronel de las FAR.

Ascendido a General de División, segundo jefe del Estado Mayor Conjunto, y Jefe de Operaciones de las FAR. Luego ascendido a General de Cuerpo de Ejército y nombrado el 31 de octubre de 1997 como Jefe del Estado Mayor Conjunto de las Fuerzas Armadas. Viceministro Primero del MINFAR y primer sustituto del Ministro.

Q ♣

Ramón Espinosa Martin
Jefe del Ejército Oriental

♣

Ramón Espinosa Martín.
Nació en 1932. Casado. Universitario. Graduado de las escuelas superiores de guerra en Cuba y en la URSS. Participó en varios combates de la lucha guerrillera en el Segundo Frente Oriental Frank País. Después de 1959 se mantuvo en las filas del Ejército Rebelde, cursando escuelas militares, y desempeñándose como Jefe en diferentes instituciones de las FAR.

Durante la reorganización del Ejército 1970-72 se mantuvo en el mismo y posteriormente, tras haberse graduado en las escuelas de guerra de la URSS fue uno de los primeros en recibir el rango militar de Brigadier General del MINFAR.

Fue el segundo jefe del contingente militar en Angola, en época de Raúl Díaz Arguelles, y luego pasó al frente de guerra de Cabinda. Su participación, allí fue destacada, lo que permitió preservar esa estratégica posición. Allí fue gravemente herido y pudo ser evacuado a Cuba. Viajó en varias oportunidades a los países del antiguo bloque socialista en misiones militares. Cursó estudios en la Academia del Estado Mayor General de las Fuerzas Armadas de URSS "K. E. Voroshilov", los que concluyó satisfactoriamente en 1979. Fue Jefe de la Misión Militar de Cuba en Etiopía.

En 1980 fue elegido miembro del Comité Central del PCC y luego ascendido al grado de general de división y jefe del Ejército de Oriente. Fue ratificado en el Comité Central del PCC, en el III Congreso de febrero de 1986, y luego ascendido a general de cuerpo de ejército.

Pertenece a la ola de militares que ascendió a primeros planos militares por su experiencia en el campo de batalla, por encima de los históricos comandantes guerrilleros. En los últimos años ha acaparado mucha atención en los medios de difusión nacional, tanto civiles como militares.

Es diputado a la Asamblea Nacional del Poder Popular por el Municipio de Holguín, y actualmente dirige el Ejército Oriental. Por sus servicios recibió el título honorífico de Héroe de la República de Cuba y las Órdenes "Máximo Gómez" y "Ernesto Che Guevara". Es miembro del Buró Político del PCC.

Ricardo Alarcón
Presidente de la Asamblea
Nacional

Ricardo Alarcón de Quesada.
Nació en la ciudad de La Habana, el 21 de mayo de 1937, hijo de una familia de clase media; su padre trabajaba en la compañía norteamericana Western Unión y sus primeros estudios los cursó en escuelas religiosas. Comenzó a participar en actividades revolucionarias desde el golpe del 10 de marzo de 1952, como estudiante del Instituto de La Víbora.

Desde 1955 militaba en el M-26-7. Colaboró en las actividades organizativas del Directorio Revolucionario. Trabajó con la FEU y participó en las luchas universitarias desde 1954 hasta el cierre de la Universidad en 1956. Fue coordinador provincial de la sección estudiantil del M-26-7, y dirigente del Frente Estudiantil Nacional (FEN). Participó en la huelga estudiantil de 1958 y en la del 9 de abril.

En los años 1959 a 1961 participó en el proceso de depuración y reforma de la Universidad de La Habana junto a Rolando Cubelas, y en el cual estableció relación con Raúl Roa García, a la sazón decano de la facultad de Ciencias Sociales. Fue fundador de las milicias universitarias y estuvo movilizado en 1960 cuando el cambio de poderes en los Estados Unidos, al igual que durante Playa Girón y la Crisis de Octubre.

En 1959 fue Vicepresidente de la FEU y en los años 1961 y 1962 reemplazó a Rolando Cubelas en esas funciones. Fue fundador y dirigente del Movimiento Juvenil Cubano y de la Asociación de Jóvenes Rebeldes (AJR). También integró la dirección de la revista Mella, y fue electo en 1962 miembro del buró nacional de la UJC y designado secretario de Relaciones Exteriores.

Su participación en el programa televisivo "Ante la Prensa", le posibilitó establecer relaciones con Fidel Castro, el Che Guevara, Raúl Castro y Osvaldo Dorticós quienes utilizaban el mismo para hacer públicos los pasos y medidas que el gobierno asumía. Alarcón se unió al ala profidelista del Directorio Revolucionario Estudiantil, en momentos de la pugna con el M-26-7, y fue eje en la anulación del periódico del Directorio La Calle. Asimismo criticó la renuncia "en masa" de un grupo del Directorio, encabezado por el comandante Guillermo Jiménez (jimenito), en el MINREX, a raíz de un choque con los comunistas y los raulistas encabezados por el entonces Viceministro Carlos Olivares Sánchez.

Desde 1962 a 1966 ocupó primero la Dirección de América Latina (DALA), y luego de Estados Unidos y Canadá, en el Ministerio de Relaciones Exteriores. Fue parte de la delegación cubana a los No Alineados de El Cairo en 1964, como asesor del presidente Osvaldo Dorticós. Alarcón se transformó en el experto de la política norteamericana. En 1966, organizó, junto a Osmani Cienfuegos, todo el trabajo organizativo para la Conferencia Tricontinental y luego de la OLAS. Para fines de 1966, fue designado embajador de Cuba ante la ONU, Trinidad y Tobago, y Bahamas, permitiéndole despachar, en lo adelante, con Fidel Castro y con Celia Sánchez. Integró las filas del Partido Comunista en 1971.

Fue eje en las relaciones de Cuba con el Perú de Velasco Alvarado, con Omar Torrijos en Panamá, Eric Williams en Trinidad Tobago y Michael Manley en Jamaica. Estuvo muy activo en los países caribeños de habla inglesa, y consumó el ingresó de Cuba al CARICOM.

A fines de 1975, Alarcón informó oficialmente la presencia de cubanos en Angola en marzo de 1975, seis meses antes que las de África del Sur. Alarcón asesoró a Fidel Castro en el acercamiento a la "comunidad cubana en el exilio".

En abril de 1978 fue promovido a Viceministro primero del Minrex. Alarcón ha negociado la mayoría de los acuerdos internacionales respecto a las aguas jurisdiccionales, el espacio aéreo, los acuerdos de pesca y derecho al uso de aeropuerto con diversos países del Hemisferio Occidental. Organizó todo el aspecto "legal" alrededor de los sucesos de la Embajada del Perú y el éxodo del Mariel en 1980, supervisó los centros de procesamientos y de emisión de "salvoconductos", y negoció con el gobierno de Costa Rica el puente aéreo.

Ha realizado numerosos viajes al extranjero, en especial a América Latina y Europa Occidental. Ha formado parte de las delegaciones oficiales en los No-alineados, en las conferencias internacionales de la ONU, visitando numerosos países en América Latina y Europa occidental. Es el representante del gobierno ante el Grupo de Parlamentarios.

Calificado en el área de las Convenciones de Tratados y Acuerdos Internacionales, Alarcón es conocedor de la política internacional, en especial la norteamericana de la cual es principal consejero de Fidel Castro. Desde mediados de los setenta ha negociado de manera pública y secreta con el Departamento de Estado de EE.UU. como los acuerdos sobre piratería aérea, los pedidos de suspensión de las transmisiones de Radio Martí.

Es promotor de las relaciones diplomáticas con Washington, y fue centro de las campañas políticas de Fidel Castro para el rechazo de la deuda externa latinoamericana, y la apertura del gobierno hacia instituciones religiosas (especialmente católicas) de América Latina.

Ricardo Alarcón sería un marxista de corte pragmático que jamás se inclinó públicamente a los soviéticos, al punto que el ex funcionario soviético en la ONU, Anatoli Shevchenko, se quejaba de la actitud poco comunicativa y evasiva de Alarcón para con los soviéticos.

No ha sido favorito de Raúl Castro, aunque no ha sido su enemigo. Estuvo muy ligado con Pepín Naranjo (†), cuando éste ejercía como secretario de Fidel Castro, así también con José Miyar Barruecos (Chomi) y Jesús Montané (†).

Ha sido recipiente de medallas y conmemoraciones. Fue delegado al I Congreso del PCC, elegido en el II Congreso como miembro del Comité Central y ratificado en el III Congreso del PCC. En el IV Congreso es electo al Buró Político. Ejerció como consejero del grupo interparlamentario de amistad de la Asamblea Nacional del Poder Popular. Es delegado a la Asamblea Nacional del Poder Popular por el municipio Plaza de la Revolución y es su actual presidente desde 1993.

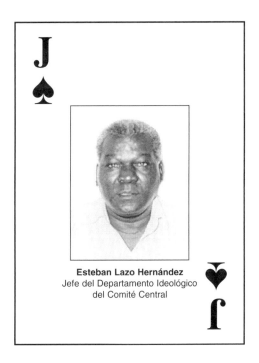

Esteban Lazo Hernández
Jefe del Departamento Ideológico
del Comité Central

Juan Esteban Lazo Hernández.
Nació en Jovellanos, Matanzas.
Clase social campesino.
Casado.
Graduado en Licenciatura en Economía.
No tuvo ninguna participación en la lucha insurreccional contra Fulgencio Batista. Comenzó a trabajar en el año1959 como obrero agrícola, alternando este trabajo con el de obrero de un secadero de arroz, y luego laboró en un molino arrocero hasta el año1963.

Después del triunfo de la revolución en 1959 participó en la campaña de Alfabetización, como alfabetizador y activista en la zona de La Isabel, en Jovellanos. Perteneció a la Asociación de Jóvenes Rebeldes (AJR), desde su creación, siendo responsable de ésta, en el barrio donde residía. Como miembro de la misma ascendió 5 veces el Pico Turquino.

Fue miembro fundador de las Milicias Nacionales Revolucionarias, participando en las movilizaciones militares de 1960 y 1961, y cuando Playa Girón y la Crisis de Octubre. Lazo ingresa en la Unión de Jóvenes

Comunistas en el año1962, hasta que en 1963 se incorporó al Partido Unido de la revolución Socialista de Cuba (PURSC).

Trabajó como activista del Partido desde 1963 y ocupó diferentes responsabilidades en Jovellanos, San Pedro de Mayabón, Colón y Matanzas en las instancias de municipio y provincia. Lazo pasa las escuelas de Instrucción Revolucionaria en 1963 y al culminar sus estudios fue designado para estudiar en la Escuela Provincial del Partido. En enero de 1964, ocupó la responsabilidad de secretario de educación del comité municipal del PCC en Jovellanos. Posteriormente pasó a ser su Secretario de organización.

Ingresó en el Partido Comunista de Cuba en el año 1965. Fue seleccionado en febrero de 1966 para cursar la Escuela Nacional del Partido Ñico López, la cual concluyó en 1967. En 1968, fue designado primer secretario del Comité Municipal del Partido, en San Pedro de Mayabón; de donde fue promovido a principios de 1969 a Secretario de organización del buró regional del partido en Colon, con vistas a impulsar los preparativos para la zafra azucarera de 1970; responsabilidad que desempeñó hasta agosto de ese año, en que pasó a primer secretario del comité regional del PCC en Cárdenas, cargo que le concedió relacionarse con figuras nacionales, al controlar la Playa de Varadero con sus hoteles.

En abril de 1971 es nombrado secretario de la construcción del Comité Provincial del Partido en Matanzas, con vistas a impulsar el plan de construcción de secundarias básicas en el campo y de apoyar la ampliación del plan de cítricos en Jagüey Grande.

En marzo de 1974, Julián Rizo lo propone como miembro del Buró Ejecutivo del Comité Provincial del Partido, para atender los departamentos de la Construcción, Transporte y Comunicaciones; es decir, el control de la infraestructura socio-económica de la provincia, cargo en que fue ratificado en el año1975.

De 1976 a 1977 cursó la Escuela del Partido Socialista Unificado Alemán, en la Alemania del Este. A su regreso continuó como miembro del Buró Ejecutivo en Matanzas, atendiendo los departamentos agropecuario y producción azucarera, actividades en las que mostró efectividad y que desempeñó hasta 1979, cuando Julián Rizo lo propuso a Fidel Castro como delegado provincial del Ministerio de la Agricultura.

En el año 1980, durante la celebración del II Congreso del Partido Comunista de Cuba fue elegido como miembro suplente del Comité Central y promovido por Fidel Castro, a pedidos de Machado Ventura y Julián Rizo, a Segundo Secretario del Comité Provincial del Partido en Matanzas. Luego sustituyó a Julián Rizo como primer secretario del Buró Ejecutivo del Comité Provincial del Partido Comunista de Cuba, en la provincia de Matanzas.

En febrero de 1986, durante el III Congreso es elegido como miembro del Buró Político del PCC. En 1987 sustituyó a Julio Camacho Aguilera como primer secretario del PCC en la provincia de Santiago de Cuba. Ha sido oficial de la Reserva Militar y últimamente tuvo que ver con la organización de las Milicias de Tropas Territoriales. Además, ha integrado delegaciones del Partido que han viajado al exterior. Le fue otorgada la medalla conmemorativa XX Aniversario del Moncada. Asistió como delegado al I, II, y III Congreso del Partido Comunista de Cuba. Esteban Lazo fue captado por la dirección del Partido desde el año 1963. Ha sido un cuadro político protegido primero por José Ramón Machado Ventura y después por Julián Rizo. En las actividades del Partido se especializó primero en las ramas de la agricultura cañera y en la construcción. Su conocimiento del marxismo sería rudimentario y existen evidencias de que su inclinación por la santería la mantiene extraoficialmente. Puede considerarse un elemento fidelista, y que debe su ascenso al Buró Político por razones étnicas.

Fue Primer Secretario del Partido en Matanzas y Santiago de Cuba desde 1986 hasta 1994, y Primer Secretario del Comité Provincial del PCC en Ciudad de La Habana hasta el año 2003. Delegado a los cinco congresos del Partido y desde el III elegido miembro del Buró Político.

Diputado a la Asamblea Nacional del poder Popular por el municipio de Arroyo Naranjo desde 1981 y desde 1992 Vicepresidente del Consejo de Estado. Ha recibido numerosos reconocimientos y condecoraciones. En la actualidad es jefe del Departamento Ideológico del Comité Central.

Pedro Ross Leal
Primer Secretario de la CTC

Pedro Ross Leal.
Nació el 19 de octubre de 1939 en Santiago de Cuba. Casado. Miembro del Buró Político, de su Comité Central. Secretario General de la Central de Trabajadores de Cuba (CTC). Delegado a la Asamblea Nacional del Poder Popular por el municipio de San Miguel del Padrón.
Se trasladó joven a La Habana, donde se relacionó con la Juventud Socialista, en la que ingresó en 1959. Se incorporó a las Milicias Nacionales Revolucionarias y pasó la prueba de los 62 kilómetros, recibiendo instrucción artillera en la base Granma. Estuvo movilizado en 1960, en una batería de morteros de 120 milímetros. Ese mismo año ingresó en el contingente de Maestros Voluntarios en La Sierra Maestra. De éste contingente Fidel Castro utilizó a muchos como administradores de centrales azucareros, administración agrícola y diplomáticos.
En 1961 fue designado en el INRA para la creación y organización de escuelas en la Sierra Maestra. En 1962 cursó la Escuela de Instrucción Revolucionaria en Guantánamo, e integró las comisiones de construcción del Partido en Guantánamo y Santiago de Cuba. Entre 1962 y 1963 fue secretario

general del PURSC en el municipio de Gibara y en las regiones de Banes-Antillas, Palma Soriano-San Luis, Bayamo-Jiguaní y Tunas, Puerto Padre.

En 1969, fue designado director del INRA en Holguín y miembro del buró regional del Partido. Para el cargo del INRA, fue propuesto por Raúl Curbelo Morales y aprobado por Fidel Castro. De 1971 a 1975 fue jefe de zafra y de mecanización del INRA en Oriente, entrando en contacto con Rafael Francia Mestre, viejo militante del PSP, a cargo del sector cañero. Como jefe de zafra en Oriente, Ross acudió a las asambleas anuales con Fidel Castro y Francia Mestre, en las que se determinaba la estrategia azucarera. Fue electo en la asamblea de balance de 1974 como miembro suplente del Comité Provincial del PCC en Oriente. En 1975 trabajó como jefe de sección en el Departamento Agropecuario del CC, dirigido por otro viejo comunista, Arnaldo Milián. En julio de 1976, Jorge Risquet lo envió a Angola para organizar todo lo concerniente a la producción azucarera, y la construcción de un nuevo central. En 1978 resultó electo secretario general del PCC en dicha misión, atendido directamente por el Comité Central. Estuvo en Angola hasta 1979, y a su regreso fue enviado a la escuela del PCC, Ñico López.

Tras la destitución de Faure Chomón como primer secretario del PCC en Las Tunas, Ross fue enviado a esa provincia con el cargo de "colaborador" del Primer Secretario, con vistas a preparar la zafra de 1981. En octubre de 1980, es promovido a jefe del departamento de Transporte y Comunicaciones del Comité Central. En el II Congreso del PCC en 1980 es elegido suplente del Comité Central y en el III Congreso, en 1986 fue elegido miembro del Comité Central. Posteriormente, en diciembre de 1986 fue elevado al Secretariado del Comité Central, para atender los trabajos y asambleas de balances de los partidos provinciales durante todo el año 1987.

En 1989 fue designado presidente de la Comisión Organizadora del XVI Congreso de la CTC, resultando elegido Secretario General, y reelecto en los XVII y XVIII congresos de la organización. Ross se benefició al inicio de su carrera de la protección de los viejos comunistas como Francia Mestre y Arnaldo Milián. Su ascenso al Secretariado y luego al Buró Político, se debe a ser el Secretario de la CTC, y a la necesidad por elevar la composición negra de las altas esferas. Recibió la medalla XX Aniversario del Moncada y certificados de por su trabajo en Angola. En la actualidad es miembro del Buró Político y del Consejo de Estado desde 1993.

Felipe Pérez Roque
Ministro de Relaciones Exteriores

Felipe Ramón Pérez Roque
Nivel Escolar: Universitario. Ministro de Relaciones Exteriores.
Diputado a la Asamblea Nacional del Poder Popular del municipio Arroyo
Naranjo desde 1986.
     Es miembro del Consejo de Estado desde 1993. Mantuvo una intensa
participación en las distintas organizaciones juveniles. Vanguardia Nacional
de los Pioneros y la FEEM, de la cual fue su Presidente desde 1982. Asistió
como delegado al XII Festival de la Juventud y los Estudiantes. Ocupó varias
responsabilidades en la FEU hasta ser su Presidente Nacional. Integró también
el Buró Nacional de la Unión de Jóvenes Comunistas.
     Es miembro del Comité Central desde 1991, fecha en que pasó al Grupo
de Coordinación y Apoyo del Comandante en Jefe. En mayo de 1999 fue
designado Ministro de Relaciones Exteriores. Ha sido condecorado con la
medalla " José A. Echeverría", otorgada por el Consejo de Estado.

Eduardo Delgado
Jefe de la Dirección General
de Inteligencia del MININT

Eduardo Delgado

Nivel Escolar: Universitario.
Casado.
General de Brigada.
Sustituyó al General de División Jesús Bermúdez Cutiño como director de la Dirección General de Inteligencia del Ministerio del Interior.
Miembro del Estado Mayor del MININT.
Delegado a la Asamblea Nacional de Circunscripción. Perteneció a la UJC y es actualmente miembro del Partido Comunista de Cuba, con cargos de dirección en su núcleo.
Miembro de los CDR, participó en Zafras del Pueblo. Ha recibido Condecoraciones y Medallas por su labor en el Ministerio del Interior y en las FAR.

10
♠

Joaquín Quintas Solá
Jefe del Ejército del Centro

Joaquín Quintas Sola.
Nació en 1932. Casado. Universitario.
   Graduado de escuelas de guerra en Cuba y de la Escuela Superior de Guerra de la ex URSS. Se incorporó al Movimiento 26 de Julio a finales de 1956 e integró las Milicias santiagueras en los grupos de Acción y Sabotaje. Participó en varias acciones combativas, traslado de armas, explosivos y otros. Fue perseguido por los órganos policiales de Batista, por lo que tuvo que pasar a la clandestinidad. En abril de 1958 se incorporó al Ejército Rebelde, primero en la Columna José Tey y posteriormente en la Columna 20 Gustavo Fraga, ambas del Segundo Frente Oriental Frank País, y participó en varios combates, como Ocujal, La Inagua, Caimanera, etc., alcanzando el grado de capitán.
   Desde 1959 se ha mantenido dentro de las filas del Ejército. Estuvo movilizado en el Ejército del Centro en ocasión de Playa Girón y cuando la Crisis de los Cohetes. Posterior a ello es que recibió los cursos militares en Cuba y en la ex URSS.
   En el año 1974, fue ascendido a mayor y nominado jefe del Estado

Mayor del Ejército del Centro. Fue enviado con el contingente militar internacionalista a Angola, donde estuvo hasta mediados de 1976. Posteriormente, estuvo en Etiopía acompañando al general Arnaldo Ochoa con el grado de coronel. A su regreso pasó al mando militar del Ejército de Occidente, donde ostentaba el cargo de segundo Jefe.

En 1980 fue seleccionado como miembro del Comité Central del Partido Comunista de Cuba cuando las altas instancias del partido se llenaron de militares. En 1982 fue uno de los seleccionados para el grado de general de división, y fue nombrado jefe del Ejército de Occidente. Durante el III Congreso del PCC en febrero de 1986, fue ratificado como miembro del Comité Central del PCC y miembro del comité ejecutivo del PCC en la provincia Ciudad de La Habana.

Fue ascendido a general de cuerpo de ejército. Es uno de los jefes militares más prominentes y de más alta graduación. Es uno de los favoritos de Fidel Castro y tiene su plena confianza; y todo parece indicar que es un militar calificado, y en varias ocasiones ha encabezado los desfiles militares en la Plaza de la Revolución. Asimismo, ha hecho el discurso de clausura del 7 de Diciembre en El Cacahual, en las conmemoraciones de la caída en combate del Lugarteniente General Antonio Maceo y Grajales.

Ha cumplido misiones internacionalistas en la República Popular de Angola y en Etiopía. Ha acompañado misiones militares oficiales a Siria y Argelia. Ha visitado los antiguos países socialistas en misiones militares y como estudiante. Ha recibido las medallas conmemorativas XX Aniversario del Moncada; Fundador de las FAR y la orden de Combatiente Internacionalista. En la actualidad funge como jefe del Ejército Central. Es delegado a la Asamblea Nacional del Poder Popular por el municipio de Matanzas. Es miembro del Comité Central del Partido y del Buró Político, e integra además el Consejo Nacional de la Defensa.

10 ♦

Ramiro Valdés Menéndez
Jefe del Grupo de Electrónica

Ramiro Valdés Menéndez, aliases "el cosaco" "ramirito"
Nació en Artemisa el 20 de junio de 1932. Obrero asalariado y trabajador marginal. Fue zapatero, carpintero, obrero tabacalero y tuvo una "vidriera" de apuntación de bolita en Artemisa. Se ha divorciado en tres ocasiones y tiene 4 hijos y 1 hija. Recibió cursos especiales para elevar su nivel cultural. En los años anteriores a 1965, participó en cursos militares y de inteligencia en la ex URSS. Se graduó en la Universidad.
      Fue miembro del partido Ortodoxo, luego del 26 de Julio. Ramiro participaría en todas las acciones "clásicas" de la mitología revolucionaria; desde el ataque al Moncada hasta la invasión a Las Villas. Se unió a Fidel Castro cuando tenía 21 años, tomando parte en el ataque al Cuartel Moncada, el 26 de Julio de 1953. Fue hecho prisionero y enviado a la prisión de Isla de Pinos, donde permaneció hasta la amnistía concedida por Batista en 1955. siguió a Fidel Castro a México, tomando parte en la expedición del "Granma". Fue uno de los pocos que escapó al cerco del ejército, escondiéndose en la Sierra Maestra, formando el famoso grupo de "los doce". El Che Guevara lo hizo capitán de la Columna 8.

Se destacó en el ataque a Bueycito, la defensa en La Plata contra la ofensiva del Ejército, y las acciones en la carretera central. Tras la muerte de Frank País, fue propuesto por Che Guevara para dirigir el M-26-7 en las ciudades, idea que Fidel no valorizó. En la campaña de Las Villas, Ramiro sería el jefe operativo en el Escambray.

En la Revolución, perteneció a las ORI, luego al PURSC y fue elegido en 1965 como miembro del Buró Político y del CC del nuevo Partido Comunista Cubano. Hay quienes señalan que anterior a 1959 mantenía contactos con células juveniles del Partido Comunista. A raíz del triunfo de la Revolución se le solía llamar "el cosaco" por llevar siempre botas altas, cinto ancho y gorro de piel estilo ruso. Puede clasificársele como un incondicional de Fidel Castro.

En los primeros meses del Gobierno Revolucionario, ocupó la Jefatura Militar del Tercer Distrito, en la Provincia de las Villas. En abril de 1959, fue nombrado jefe de la Dirección de Inteligencia del Ejército Rebelde (DIER). Conjuntamente con Che Guevara, Raúl Castro y Manuel Piñeiro, formó durante todo el año 1959 el grupo íntimo a Fidel Castro que ayudó a introducir el marxismo y eliminar los opositores a la alianza con el PSP.

En septiembre de 1959 efectuó un viaje secreto a México, donde se entrevistó con altos oficiales de la KGB, y concluyó un acuerdo de intercambio de información de inteligencia y de futura ayuda de los soviéticos a la organización de inteligencia de Fidel Castro. En 1961 fue nombrado Ministro del Interior, en el que favoreció la introducción de viejos militantes comunistas como altos jefes (Isidoro Malmierca, Aníbal Escalante, Ramón Calcines, etc.), los cuales organizaron este aparato. Durante la lucha contra el sectarismo, en 1963, el prestigio político de Ramiro Valdés se resintió, debido a su estrecha colaboración con Aníbal Escalante y a su propensión a enrolar en la DSE a viejos militantes del PSP.

Al ser nominado Ministro del Interior, quiso absorber la Policía Nacional Revolucionaria que en ese momento estaba al mando de Efigenio Ameijeiras, Abelardo Colomé Ibarra y Samuel Rodiles Planas. Ello llevó a una lucha entre ambos grupos, que ha derivado en un profundo odio personal entre Ameijeiras y Ramiro; este último trató de involucrar, sin lograrlo, a Ameijeiras en el atentado personal que Rolando Cubelas estaba fraguando contra Fidel.

La campaña que personalmente llevó Ramiro sobre la "dolce vita" en los años 1965-66, fue dirigida contra muchos miembros de la DGI, viejos combatientes del Ejército Rebelde y del Directorio Revolucionario, como Ameijeiras, Raúl Díaz Arguelles, Lino Carreras, Samuel Rodiles, Raúl Roa Kourí, lo que le valió la oposición de comandantes históricos y el inicio de su pugna con Raúl Castro, pues muchos de los "caídos" eran protegidos de Raúl,

Celia Sánchez y Juan Almeida. Algunos de los acusados por Ramiro, como Osmani Cienfuegos, Fernández Mell, etc. pudieron escapar del castigo.

También fueron notorias sus pugnas con Manuel Piñeiro (Barbarroja), debido que a medida que la actividad de subversión e inteligencia cobraba importancia, y que Piñeiro despachaba con Fidel directamente; Ramiro fue perdiendo su control sobre la Dirección General de Inteligencia, que a la larga estaba ubicada "formalmente" dentro del MININT. Por otra parte, el hecho de que la Seguridad del Estado efectuaba trabajos hacia el exilio y que la DGI de Piñeiro también lo hacia provocaría un sinnúmero de "roces" entre Piñeiro y Ramiro.

Otra de las famosas disputas de Ramiro lo sería con Abelardo Colomé Ibarra, jefe de la Inteligencia (DIM) y de la contrainteligencia militar (CIM); pugna también por esferas de trabajo. La Seguridad del Estado, bajo Ramiro, solicitaba constantemente a Fidel Castro jurisdicción para conducir investigaciones dentro de las Fuerzas Armadas, debido a que muchos "casos" tenían ramificaciones dentro del MINFAR. El choque de la contrainteligencia militar y de la Seguridad del Estado de Ramiro nunca llegó a ser profundo puesto que Raúl Castro mantenía un balance entre Furry y Ramiro.

En 1968 fue sustituido por Sergio del Valle en el Ministerio del Interior, por sus fracasos en los planes de rehabilitación y la necesidad de introducir una figura menos represiva; y ante la necesidad de reorganizar los órganos de la Seguridad e Inteligencia en cooperación con la KGB a partir de 1968.

Ramiro pasa a las funciones de viceministro del MINFAR 1970-1971. De ahí sustituye a Juan Almeida como jefe del Sector de la Construcción, dirigiendo los siguientes ministerios: Industria de Materiales de Construcción, Departamento de Desarrollo Agropecuario, Departamento de Desarrollo Social, y la Dirección de Montaje Industrial, cargo que desempeñó con eficiencia hasta 1978. En 1972 fue nominado, además Vicepresidente del Consejo de Estado y uno de los viceprimeros ministros.

En 1978 Fidel Castro designó a varios miembros del Buró Político en ministerios claves. En el MININT se necesitaba una figura capaz de aplicar un mayor control interno. Ramiro es nominado, nuevamente en diciembre de 1978, inaugurando una ola de detenciones. Instaura la Policía económica para fiscalizar la gestión administrativa de los órganos estatales y económicos. Estuvo en Angola en repetidas ocasiones, al frente de altas delegaciones cubanas, discutiendo convenios oficiales.

Hasta 1985 era Vicepresidente del Consejo de Estado y de Ministros; Ministro del Interior; Diputado a la Asamblea Nacional del Poder Popular por el Municipio de Artemisa. Miembro del Buró Político y del Comité Central del PCC. Ramiro perdió una larga lucha de poder con Raúl Castro, y Abelardo

Colomé Ibarra, por el control del área de la policía política y la inteligencia, y en 1985 fue sustituido del MININT por el general José Abrantes Fernández, y en el III Congreso del PCC fue removido del Buró Político. Se le nominó responsable de la esfera electrónica.

Desde los inicios de la Revolución ha seleccionado la escolta personal de Fidel Castro, así como su itinerario y casas de seguridad. Ha acompañado a Fidel Castro en viajes al extranjero, visitando en repetidas ocasiones el ex bloque soviético y China, tanto en misiones oficiales, secretas como de vacaciones. Su influencia personal sobre Fidel Castro siempre ha sido enorme. Ramiro se ha mantenido siempre como una de las figuras más poderosas del régimen, y a la vez uno de los dirigentes envueltos en mayor número de disputas y luchas intestinas.

Durante la "limpieza" masiva del MININT en 1968-1972, Ramiro Valdés se llevó consigo al sector de la construcción muchos ex miembros de ambos cuerpos y luego de que el MINFAR "interviniese" el MININT tras la defenestración de José Abrantes, muchos de los cuadros de la seguridad pasaron a la esfera empresarial dirigida por Ramiro.

Ha recibido las medallas XX Aniversario del Moncada; XX Aniversario del MININT; XX Aniversario de las FAR. En abril del 2001 fue condecorado con la Orden Héroe de la República de Cuba. Conjuntamente con Juan Almeida y Guillermo García posee el grado de "Comandante de la Revolución".

Actualmente es Miembro del Comité Central. Es Diputado a la Asamblea Nacional del Poder Popular por el municipio de Artemisa, desde su fundación en 1976. Es presidente del Grupo de la Electrónica del MIC, y en el año 2003 fue ascendido nuevamente al Consejo de Estado.

José Luis Rodríguez García
Vicepresidente del
Consejo de Ministros

José Luis Rodríguez García
   Nació en la provincia de la Habana en 1946. Extracción social clase media. Licenciado en Economía en la Universidad de la Habana en 1969, y más tarde graduado en Doctor en Ciencias Económicas. Casado.
   A partir de 1959 se incorporó a las tareas de la Revolución. Inició su vida laboral en 1962, ocupando diferentes responsabilidades
   Miembro de los CDR. En su época estudiantil fue dirigente de la Federación Estudiantil de Estudiantes Medios, y también de la Federación Estudiantil Universitaria. Ingresó al Partido Comunista de Cuba y ocupó responsabilidades sindicales mientras laboraba como auxiliar de contabilidad y subcontador en varias empresas estatales.
   Fue analista del Centro de Investigaciones de la Economía Mundial (CIEM) en La Habana, publicando ensayos sobre la economía internacional. Entre los años 1967 y 1980 trabajó como profesor de Economía Política y Relaciones Económicas Internacionales de la Facultad de Economía de la Universidad de La Habana. Ocupó también cargos de jefatura de varios departamentos y fue Director del Centro de Investigaciones de la Economía

Internacional. En 1978 se diplomó de Doctor en Ciencias Económicas y en 1980 pasó a trabajar al Centro de Investigaciones de la Economía Mundial siendo promovido como subdirector del centro y jefe del Departamento de Países Socialistas, desde 1983 hasta 1993, en que fue nombrado Ministro-Presidente del Comité Estatal de Finanzas, en 1994 fue designado Ministro de Finanzas y Precios. En 1995 fue designado Ministro de Economía y Planificación y vicepresidente del Comité Ejecutivo del Consejo de Ministros.

En el V Congreso del Partido Comunista de Cuba, celebrado en octubre de 1997, fue seleccionado al Comité Central. En enero de 1998, como diputado a la Asamblea Nacional del Poder Popular fue ratificado para el cargo de Ministro de Economía y Planificación y miembro del Consejo de Estado y Vicepresidente del Comité Ejecutivo del Consejo de Ministros, cargos que ocupó hasta el año 2003.

Es miembro del Consejo Científico Superior de la Academia de Ciencias de Cuba. Es Diputado a la Asamblea Nacional del Poder Popular y miembro del Consejo de Estado. Municipio: Bayamo.

José Ramón Fernández Álvarez
Vicepresidente del
Consejo de Ministros

José Ramón Fernández Álvarez, alias el gallego Fernández. Nació en la ciudad de La Habana en 1927. Casado. Hijo de padres asturianos. Militar de carrera en el ejército de la República. Se graduó en la escuela de artillería del ejército norteamericano, en Fort Still, Oklahoma. Estudió en el colegio jesuita de La Salle, en Santiago de Cuba. En 1977 se graduó en Ciencias Políticas en la Universidad de La Habana, y de la escuela superior del partido.

A finales de 1957, cuando fue encarcelado por la protesta de los "militares puros" contra Fulgencio Batista. En 1959, al ser liberado de la prisión de Isla de Pinos, asumió el mando de la misma. A pedidos de Fidel Castro se incorporó al Ejército Rebelde.

El gallego Fernández se dedicó entre 1959 y 1960 en transformar al Ejército Rebelde en una fuerza eficiente y disciplinada. Fue encargado de la compra de armamentos en Europa (los fusiles belgas FAL). Desde el año 1959 hasta 1971 ocupó diferentes responsabilidades en el MINFAR, formando cuadros de mando militares. Entre de 1960-1961 fue director de la Escuela de Tenientes de Milicias de Matanzas. En Playa Girón, Fidel le concedió el mando operativo, donde hizo uso efectivo de la artillería. Durante la Crisis de los Cohetes, estuvo incorporado al Estado Mayor de las FAR y hasta que se graduaron los generales en academias soviéticas era considerado el militar mejor preparado.

No integró las filas de las ORI, incorporándose en el año 1962 al PURSC y en el año 1965 al partido comunista. Dentro del MINFAR ocupó el cargo de viceministro para la preparación militar, desde 1965 hasta 1970, sirviendo bajo las órdenes de Belarmino Castilla. Fue uno de los cuadros militares trasladados a la administración estatal en el año 1971.

En el año 1971, el "gallego" es designado viceministro de educación. Al crearse el sector de educación, cultura y deportes. En 1972 pasa a ocupar la plaza de Ministro de Educación en 1972. En ese año, encabezó la ofensiva contra los intelectuales cubanos dirigiendo el Congreso de Educación y Cultura. Allí defendió la tesis de que los intelectuales deben tener una función educadora. En 1975-76 fue uno de los jefes militares del cuerpo expedicionario de Angola, pero fue retirado del campo de batalla y sustituido por generales de carrera. En 1978 es nominado vicepresidente del Consejo de Estado. En el año 1980-1981 es nominado presidente de la Comisión Coordinadora de Vuelos Cósmicos.

Es un hombre inclinado a los deportes y poco aficionado a las actividades culturales, autoritario y eficiente. El gallego Fernández ha sido utilizado por Fidel Castro para establecer relaciones diplomáticas y políticas con los países de América Latina, y para cultivar las relaciones políticas y con personalidades en España. Ha recibido las medallas XX Aniversario del Moncada, Fundación del MINFAR y Héroe de Playa Girón.

Desempeñó los cargos de vicepresidente del Consejo de Estado y de Ministros, supervisando los Ministerios de educación, el Ministerio de educación Superior, el INDER y la Academia de Ciencias. Fue además, ministro de educación, presidente del Consejo Nacional de Universidades del Ministerio de Educación Superior, miembro del Comité Nacional de Utilización Pacífica de Energía Atómica, presidente de la Asociación de Amistad cubano-nórdica del ICAP.

Desde 1975 es miembro del Comité Central, y en el III Congreso de 1986 fue ascendido a suplente del Buró Político. En la actualidad es Vicepresidente del Consejo de Ministros y Presidente del Comité Olímpico Cubano. Delegado a la Asamblea Nacional del Poder Popular desde 1976 por el municipio de Jagüey Grande. Miembro de Honor de la Organización Deportiva Panamericana. Presidió el Comité Organizador de la Conferencia Científico Académica "Girón 40 años después" y la Conferencia Internacional La crisis de Octubre. Es profesor Emérito del ISP "Enrique José Varona".

9
♠

Ernesto López Domínguez
Presidente del ICRT

♥
6

Ernesto López Domínguez.
Nivel Escolar: Universitario. Presidente del Instituto Cubano de Radio y
Televisión (ICRT). Miembro del Consejo de Ministros. Diputado a la Asamblea
Nacional del Poder Popular por el municipio de Baraguá. Es fundador de la AJR
y MNR. Participó en las movilizaciones militares de Playa Girón y Crisis de
Octubre. Comenzó a trabajar en las terminales mambisas en el puerto de Júcaro.
De 1963 a 1965 ocupó el cargo de jefe de la Junta de Abastecimiento de la
región Ciego de Ávila. Fue organizador del Comité Provincial de la UJC de
Camagüey-Ciego de Ávila, miembro del Comité Nacional.
     En 1972 fue jefe del Estado Mayor de la Columna Juvenil del Centenario
en la provincia Camagüey-Ciego de Ávila. De 1973 a 1976 ocupó diferentes
responsabilidades en el EJT en Camagüey-Ciego de Ávila, y a nivel nacional.
En 1981 cumplió misión internacionalista en Etiopía y en 1987 en la República
Popular de Angola. De 1983 a 1984 fue jefe de la Sección Política de una
unidad militar en el Ejército Occidental, posteriormente director de los ECITV-
FAR. Fue Vicepresidente del ICRT y designado como Presidente, cargo que
ocupa actualmente. Ha recibido numerosas condecoraciones y distinciones.

Francisco Soberón Valdés
Presidente del Banco Central

Francisco Soberón Valdés.
Nivel Escolar Universitario. Ministro Presidente del Banco Central de Cuba. Diputado a la Asamblea Nacional del Poder Popular por el municipio de Sancti Spíritus. En 1961 ingresó en la Asociación de Jóvenes Rebeldes (AJR) y comenzó a trabajar en el Ministerio de Comercio Exterior como mensajero. En 1961 estuvo movilizado durante la Crisis de Octubre. Entre los años 1962 y 1964 ocupó varios cargos y participó en varias Zafras del Pueblo. En el período comprendido entre 1964 y 1968 ocupó diversas responsabilidades relacionadas con la actividad comercial, representando al MINCEX en Canadá, Holanda e Inglaterra.

En 1970 ingresó en el Partido Comunista de Cuba, donde ocupó cargos de dirección en el núcleo. De 1968 a 1978 desempeñó diversos cargos en la empresa Cuba-Fletes. Entre 1978 y 1994 volvió a desempeñar diversas responsabilidades en la actividad comercial y financiera en el exterior del país. En 1995 fue promovido a Ministro Presidente del Banco Nacional de Cuba. Realizó estudios de Licenciatura en Ciencias Sociales, cursó postgrado de Sistemas Computacionales Multiusuarios y curso de Dirección de la Economía. Ha recibido diferentes distinciones, condecoraciones y reconocimientos.

Ulises Rosales del Toro
Ministro del Azúcar

Ulises Rosales del Toro.
Nació en la provincia de Holguín. Casado. Universitario. Graduado de la Academia de las FAR General Máximo Gómez y de la Kliment E. Voroshilov de la ex URSS Ex miembro del Buró Político. Miembro del Comité Central. Delegado a la Asamblea Nacional del Poder Popular. Ex viceministro primero de las Fuerzas Armadas. Ex jefe del Estado Mayor General. General de División. Ministro del Azúcar.
Cursó la primaria y secundaria. Se graduó en la Escuela Superior de Guerra. Procede del Movimiento 26 de Julio y del Ejército Rebelde en el segundo frente oriental Frank País, en la Sierra de Cristal, al mando de Raúl Castro Ruz. Al triunfar la revolución, se mantuvo en el Ejército. Estuvo movilizado en 1960, en ocasión de Playa Girón y cuando la crisis de los cohetes en 1962. Fue militante del Partido Unido de la Revolución Socialista (PURSC) y desde el año 1975 es miembro del Comité Central del Partido Comunista de Cuba. Ha realizado diferentes viajes al extranjero, en

delegaciones del Ministerio de las Fuerzas Armadas Revolucionarias.
En 1971 es promovido a Jefe del Estado Mayor del Ejército Occidental y más tarde a Jefe de ese mando, siendo reemplazado en este cargo por Arnaldo T. Ochoa. En 1975 es elegido como miembro del Comité Central del Partido Comunista de Cuba. A fines de 1976 y principios de 1977 arriba a Etiopía junto al general Arnaldo T. Ochoa, en una misión secreta, para iniciar la ayuda cubana al ejército de Mengistu Haile Marian. En 1977-78, participa bajo las órdenes del general Arnaldo T. Ochoa, como jefe operacional en la guerra relámpago del Ogadén, entre Somalia y Etiopía. En el año 1979, cumplió misiones internacionalistas en la República Popular de Angola.
Es ascendido al grado de General de Brigada y Jefe del Estado Mayor de las tropas cubanas en Etiopía, sustituyendo al general Arnaldo T. Ochoa, en momentos que el ejército etíope preparaba una operación para invadir territorio somalí, donde estaba involucrado el mando cubano. La operación se conoció públicamente abortándose en sus inicios. Asimismo, en Etiopía, Rosales del Toro diseñó una operación de apoyo por parte de los cubanos, en el área de la aviación y artillería, en la ofensiva que Mengistu desataría sobre Eritrea.
En 1981, Ulises Rosales es ascendido a General de División y jefe del Ejército de Occidente. En 1981 fue nominado también jefe de la comisión de defensa de la Asamblea Nacional del Poder Popular. En 1982 es nombrado primer viceministro del MINFAR, Primer Sustituto del Ministro de las FAR y Jefe del Estado Mayor General, suplantando al general Senén Casas Regueiro.
En el III Congreso del PCC en febrero de 1986, fue elegido miembro suplente del Buró Político y ratificado como miembro del Comité Central. Sus resultados académicos en la Escuela de Guerra de la ex URSS le valieron para lograr los rápidos ascensos en los altos mandos cubanos, donde es considerado un militar capaz, especialmente en tácticas y maniobras de combate. Su ascenso ha sido resultado además de la inclinación y amistad que Raúl Castro siente por su persona.
Conjuntamente con Abelardo Colomé Ibarra, Ulises Rosales del Toro conformaría por mucho tiempo el grupo de confianza de Raúl y Fidel Castro en el MINFAR. Presidió el Tribunal Militar de Honor que juzgó al general Arnaldo Ochoa y otros encartados. Ha recibido las medallas conmemorativas XX Aniversario del Moncada y XX Aniversario de las FAR. Posee el título honorífico de Héroe de la República de Cuba y la Orden "Máximo Gómez" de 1er. grado. Desde 1981 es diputado a la Asamblea Nacional del Poder Popular por el municipio de Centro Habana, en la capital y Ministro del Azúcar.

Juan Almeida Bosque
Vicepresidente del
Consejo de Estado

Juan Almeida Bosque

Nació en La Habana, 1927. Casado y licenciado en Periodismo. Cursó la escuela primaria. Posteriormente estudió en la Escuela de Artes y Oficios. Comenzó a trabajar en la construcción. Tuvo un percance al ser acusado de robo a una turista. Fue miembro del Partido Ortodoxo, donde conoció a Fidel Castro. Se dedicó a luchar contra Fulgencio Batista desde el golpe del 10 de marzo. Fundador del Mr-26-7, participó en el ataque al Cuartel Moncada y fue hecho prisionero; su grupo fue el único que ofreció resistencia al ejército en la retirada del Moncada. En 1955, Almeida y los otros miembros de este grupo fueron liberados bajo una amnistía otorgada por Batista, y marcharon a México.

Jefe de uno de los 3 pelotones en que se dividió la expedición del Granma, que desembarcó en Oriente el 2 de diciembre de 1956. Fue uno de los míticos "doce", y su frase de "aquí no se rinde nadie, carajo" hoy es un lema de la revolución. Defendió la retirada de Fidel Castro de Alegría del Pío. Su grupo fue el único que combatió en el desembarco.

Dirigió uno de los tres pelotones en el ataque de El Uvero, la primera victoria rebelde. Fue el segundo comandante de La Sierra después del Che y fue puesto al mando del III Frente Oriental que operaba en el área de Bayamo a Santiago de Cuba. En diciembre de 1958, junto a Huber Matos, desató la ofensiva del frente sur que concluyó con el cerco a Santiago de Cuba. Después del triunfo de la revolución, fue designado como viceministro de las FAR. Sustituyó a Pedro Luis Díaz Lanz en la Fuerza aérea. En 1960 fue ascendido a jefe del Estado Mayor y ocupó el mando de la provincia de Villa Clara en ocasión de la invasión a Playa Girón. Fue el único que pronosticó la invasión por Bahía de Cochinos, pero Fidel no le hizo caso. Dirigió las operaciones contra los alzados del Escambray. Fue sustituido por el comandante Dermidio Escalona, al negarse a torturar a los prisioneros.

Fue miembro fundador de las Organizaciones Revolucionarias Integradas, las ORI, pero sus críticas al comunismo y a la URSS lo mantuvieron alejado de los altos cargos. Integró la dirección nacional del PURSC, y a partir de 1965, sería miembro del Buró Político del PCC. Fue delegado del Buró Político en el Partido de La Habana, en 1967 sustituyó a Raúl Castro como Ministro de las Fuerzas Armadas. En 1970 asumió la dirección del Sector de la Construcción.

Sustituyó a Armando Acosta como primer secretario del Partido en Oriente, (1970-1976) ante la crítica situación de esa provincia, expulsando a más de 2,000 dirigentes y permitiendo por primera y última vez en al Cuba de Castro, la crítica abierta, consiguiendo resultados materiales para la población, lo que le granjeó el prestigio del pueblo santiaguero.

Desde diciembre de 1976 es Vicepresidente del Consejo de Estado. Fue jefe del departamento de Control y Revisión del PCC, que investigaba las quejas de los militantes. Ha realizado numerosos viajes al exterior, y en Cuba, asume funciones de vicepresidente del Estado.

Alrededor de su persona se nuclea un amplio grupo de dirigentes y militares, y tiene a su cargo la atención de los viejos guerrilleros y ex combatientes de la clandestinidad, protegiendo a los viejos revolucionarios que caen bajo la ira de Fidel o Raúl Castro. Muchas veces se encaró a la Seguridad por el maltrato a los prisioneros políticos. No ha participado en fusilamientos y al parecer ha facilitado a algunos la salida de Cuba.

Condecorado con las medallas XX Aniversario del Moncada y de las FAR, Lenin de la Paz, Héroe de la República de Cuba y la Orden "Máximo Gómez" de 1er. grado. Ha representado a Cuba en numerosos eventos internacionales, a los cuales ha participado, presidiendo delegaciones de alto nivel. Es presidente de la Asociación de Combatientes de la Revolución Cubana.

Delegado a la Asamblea Nacional del Poder Popular por el municipio de Santiago de Cuba, es uno de los tres "comandantes de la revolución" junto a Ramiro Valdés y Guillermo García, rango que lo pone al mismo nivel oficial con Raúl Castro y sólo por debajo de Fidel Castro.

Wilfredo López Vázquez
Ministro, Jefe del Grupo de
Coordinación y Apoyo del
Comandante en Jefe

Wilfredo López Rodríguez
Nivel Escolar: Universitario.
Casado.
    Pertenece a los CDR. Es militante del Partido Comunista de Cuba y fue seleccionado miembro del Comité Central en el IV Congreso en octubre de 1991.
    Trabajó como parte del Equipo de Coordinación y Apoyo del Comandante en Jefe, sustituyendo luego a Miyar Barruecos como Jefe del mismo posteriormente, y designado Ministro del gobierno sin cartera, y miembro del Consejo de Ministros.
    Delegado a la Asamblea Provincial del Poder Popular en Ciudad de La Habana. Forma parte de la última oleada de dirigentes que han sido ubicados en posiciones influyentes por Fidel Castro.

Juan Aníbal Escalona Reguera
Fiscal General de la República

Juan Aníbal Escalona Reguera. Fiscal General de la República de Cuba. Nació en Oriente en 1922. Casado, de extracción social clase media. Graduado en derecho.

Procede de una familia de viejos comunistas. Su tío, Escalona, fue junto a Aníbal Escalante, eje en la política del "sectarismo" y fue acusado de ser la conexión con la embajada soviética y con el asesor de la KGB de Manuel Piñeiro, durante el proceso llamado de "microfracción".

Antes del triunfo de la revolución militó en la Juventud Socialista Popular, incorporándose a la lucha insurreccional a mediados del año 1957, en la Sierra Maestra y en el Segundo Frente Oriental Frank País, bajo las órdenes de Raúl Castro Ruz. Realizó tareas como auditor de la comandancia, profesor de la escuela de capacitación de Tumba Siete y participó en la organización del poder revolucionario en los territorios liberados.

Alcanzó el grado de capitán del Ejército Rebelde, siendo ascendido a mediados del año 1959 a comandante. Entre 1959-1960 fue profesor de escuelas de instrucción revolucionaria, jefe de los tribunales revolucionarios del sur de Oriente y ayudante del ministro de las FAR. En 1961-1962 fue jefe de Estado Mayor del Ejército Occidental, sustituido de ese cargo y castigado al Caney de Las Mercedes, en la Sierra Maestra. En el año 1963 fue adjunto del jefe de la sección de operaciones de la región militar de Isla de Pinos. Fue miembro de las ORI. Se integró al PURSC y en 1965 pasó a formar parte del PCC. Durante 1963-1969 fue Jefe de sección de completamiento y movilización del comité militar de La Habana. Entre 1970-1972 pasa el curso básico superior de guerra y es designado secretario de la comisión de recursos humanos; un año después será ayudante y subjefe del Estado Mayor General.

En el año1974, fue enviado a la Unión Soviética, a la escuela superior de guerra, y nombrado en 1975, subdirector del Estado Mayor del MINFAR, con grados de coronel, cargo que desempeñó hasta 1980 cuando fue nombrado viceministro del MINFAR, con el grado de brigadier general y sustituto del ministro para la Defensa Civil y las Milicias de Tropas Territoriales.

En ocasión de los problemas afrontados por el Ministerio de Justicia, en 1983, con los disidentes que intentaban formar un sindicato independiente en Artemisa, así como el caso del juicio de los abogados, que llevan al suicidio de Osvaldo Dorticós (el anterior ministro) y la sustitución de Ladrón de Guevara como Fiscal General de la República, se decide que Escalona ocupe el cargo de Ministro de Justicia. Fue el fiscal acusador en los procesos contra el general Arnaldo Ochoa, y contra el general José Abrantes. Ha ofrecido entrevistas a la prensa extranjera donde ha negado la existencia de violaciones de los derechos humanos en Cuba. Escalona es uno de los protegidos de Raúl Castro y también de Machado Ventura. Es una persona de alta confianza.

Ha sido elegido como miembro del Comité Central del PCC, durante el 2do. Congreso del PCC en 1980 y el 3er Congreso del PCC, de febrero de 1986. Fue elegido en 1990 Presidente de la Asamblea Nacional del Poder Popular, recesando sus funciones en 1993, en que pasa a ocupar la responsabilidad de Fiscal General de la República. Ha recibido las medallas conmemorativas XX Aniversario del Moncada y la de Fundador de las FAR. Ha viajado al extranjero en diferentes ocasiones, integrando delegaciones del MINFAR y del MINSAP. Es diputado a la Asamblea Nacional del Poder Popular por el municipio de Pinar del Río.

Roberto Díaz Sotolongo
Ministro de Justicia

Roberto Tomás Díaz Sotolongo
Nivel Escolar: Universitario.
Ocupación: Ministro de Justicia. Delegado a la Asamblea Nacional del Poder Popular por el municipio: Jovellanos.
Durante sus estudios de Derecho en la Universidad de La Habana fue dirigente de la Unión de Jóvenes Comunistas (UJC) y de la Federación de Estudiantes Universitarios (FEU).
En su vida laboral ha sido Presidente del Tribunal Municipal y Provincial de Matanzas, entre otras responsabilidades. Integró la comisión redactora del Código de la Niñez y la Juventud en la Asamblea Nacional del Poder Popular. En 1999 integró la comisión rectora de las modificaciones al Código Penal y la Ley de Protección de la Independencia y la Soberanía del Pueblo de Cuba en el 2002.
Ha presidido la Comisión Electoral Nacional en los procesos de elección de delegados a las Asambleas Municipales del Poder Popular en los años 1995, 1997 y 2002. Actualmente preside la Comisión Nacional de Drogas. Es miembro del Comité Central del Partido y del Consejo de Estado.

José M. Miyar Barruecos
Secretario Ejecutivo del
Consejo de Estado

José M. Miyar Barruecos (chomi).
Nació en Santiago de Cuba, antigua provincia de Oriente, el 3 de agosto de 1932. De clase social media, casado.
    Graduado de Doctor en medicinas, en el primer semestre del año 1959, en la Universidad de La Habana. Domina perfectamente el inglés y el francés.
Ingresó en el año1956, por oposición, como alumno interno del hospital Calixto García, en la Universidad de La Habana, donde inició su carrera de medicina. Durante su permanencia en ese centro de estudios participó en diversas actividades estudiantiles antibatistianas.
    Como miembro del M-26-7, atendió a los insurrectos enfermos. Fue movilizado junto a otros, en la huelga del 9 de abril de 1958. Transportó y guardó armas después del alzamiento militar de la ciudad de Cienfuegos y envió materiales médicos a la Sierra Maestra. Aunque formó parte de los combatientes del Ejército Rebelde que pelearon en La Sierra Maestra, su incorporación fue prácticamente al fin de la lucha armada y su participación fue como medico del hospital rebelde de Charco Redondo.
    Ingresó en las Milicias Nacionales en el año 1959. Fue nombrado

Secretario de la Junta de Gobierno del hospital docente Calixto García, e integró la Comisión Nacional para el establecimiento del Servicio Medico Rural en todo el país, tarea que impulsaba directamente Fidel Castro. Fue ubicado posteriormente en Imías, municipio de Baracoa, en la antigua provincia de Oriente, formando parte del primer contingente de médicos rurales en todo el país. Participó en Playa Girón, al frente de equipos médicos, para la atención de las tropas, y en la persecución de los brigadistas. Asimismo, participó en la "Limpia del Escambray".

En el año1961 fue designado director interino de Salud Pública en la provincia de Oriente y en el año 1964, nombrado viceministro de Asistencia Medica de Salud Pública, a petición del comandante Rene Vallejo, por entonces asistente personal de Fidel Castro, con quien había desarrollado una estrecha relación personal. Muchos han afirmado que por esta época, Chomi tenía creencias religiosas afrocubanas. Asimismo, Chomi desarrollaría estrechas relaciones personales con Celia Sánchez, y ambos íntimos de Fidel Castro propiciarían el estrechamiento de relaciones entre Fidel y Chomi.

No perteneció a las ORI o al PURSC. Ingresó al Partido Comunista de Cuba en el año 1967. Fue una de las personas que se opuso abiertamente a la participación de los viejos comunistas dentro del gobierno revolucionario.

Desde el año1966 hasta 1972 fue rector de la Universidad de La Habana. En ese periodo integró la comisión para la estructuración del Partido en dicha Universidad. Allí, desde 1968 hasta 1970 ocupó simultáneamente con su responsabilidad administrativa, el cargo de secretario general del comité del PCC. Como rector de la Universidad de La Habana, llevó a cabo con éxito varios pedidos personales de Fidel Castro, como los planes especiales de frutales en Camagüey, la producción experimental de helados y yogurt. Durante su estancia como rector, Fidel era un visitante asiduo a la Plaza Cadenas donde expresaba sus criterios extraoficiales, que en general contradecían la política oficial impresa o radiada. Estas conversaciones de Fidel en la Plaza Cadenas se esparcían como reguero de pólvora al día siguiente por toda la Ciudad de La Habana.

A pedidos de Fidel Castro, Chomi suprimió como textos de estudio los manuales académicos de la URSS; impulsó los estudios pedagógicos de los contingentes "Makarenko"; creó un potente departamento de Filosofía, integrado por un grupo de jóvenes donde se estudiaba y enseñaba un marxismo no ortodoxo. Los libros polémicos fueron impresos en la Universidad por órdenes de Chomi. Asimismo, estableció la facultad de sociología, a contrapelo de los marxistas ortodoxos cubanos. La Universidad bajo Chomi se convirtió en un centro de pensamiento y posiciones antisoviéticas.

A su vez, Chomi brindó santuario en la Universidad de La Habana, a muchos elementos que en los sesenta habían sido blanco de los raulistas y del viejo partido comunista. Por otra parte, Chomi invitaría una serie de personalidades e intelectuales europeos, de izquierda, pero no muy bien recibidos en el círculo de los pro-soviéticos, donde destacarían Regis Debray y Ernest Mandel. Como rector Universitario, trató de mantener la autonomía docente de la Universidad contra el Ministerio de Educación de José Llanusa; asimismo tuvo fuertes controversias contra el Ministerio de Salud Pública que quería absorber la facultad de medicina.

Luego del giro pro-soviético que se inició en 1970, la posición de Chomi se hizo precaria. La Universidad fue atacada por Raúl Castro y por el entonces presidente Dorticós, quienes liquidaron a los departamentos de filosofía y sociología, anularon los textos anti-soviéticos, introdujeron nuevamente los manuales soviéticos, purgaron los profesores, remodelaron el Partido introduciendo viejos militantes del PSP, etc.

A comienzos del año 1971, Chomi fue nombrado viceministro de Relaciones Exteriores, cargo del que fue sustituido en 1972, por discrepancias políticas con Carlos Rafael Rodríguez y otros viejos militantes del Partido Socialista Popular en ese organismo, en el cual fue acusado de diversionismo ideológico y de anti-sovietismo. Su salida del MINREX estuvo acompañada de un escándalo al criticar en una Asamblea conmemorativa del asalto al Moncada, la posición oportunista del antiguo Partido Comunista (PSP) a los que calificó de traidores y vendidos al gobierno de Fulgencio Batista.

En el año 1972, fue enviado al sector agrícola, siendo nombrado director de la empresa de Cítricos y Frutales, cargo que desempeñó hasta finales de 1976. Allí se destacó al desarrollar el plan Jagüey Grande e introducir los envasaderos y centros de mejoramiento. Asimismo, logró abrir algunos mercados en Europa e Israel para esa producción. Durante 1975-1976, Fidel Castro aceptó la idea de Chomi de crear un Instituto del Cítrico, con autonomía del Ministerio de la Agricultura, lo que prácticamente lo elevaba al rango de Ministro. Pero esta idea contó con una inusitada y férrea oposición por parte de Arnaldo Milián, Raúl Castro, Carlos Rafael Rodríguez y Osmani Cienfuegos.

En el año 1977 fue nombrado Jefe de las oficinas de la presidencia del Consejo de Estado, labor que realizó hasta el año1980, en que fue promovido a raíz de la muerte de Celia Sánchez Manduley, secretario del Consejo de Estado y de Ministros (asistente personal de Fidel Castro). Ha formado parte, irónicamente, de la junta directiva de la Asociación de Amistad Cubano Soviética del ICAP. Es diputado a la Asamblea Nacional del Poder Popular por el municipio de Diez de Octubre, en la Ciudad de La Habana y miembro del Comité Central del PCC desde el año 1980.

Ha participado en diferentes delegaciones que han viajado al exterior, en representación del gobierno, entre las que se destacan su viaje con Fidel Castro a Chile, después de la toma de poder de Salvador Allende. Viajó en el año 1975 al Estado de California, en Estados Unidos. Ha visitado diversos países del mundo, en misiones personales de Fidel Castro, arreglando entrevistas con personalidades del exterior.

Puede ser calificado como un elemento leal a Fidel Castro y que goza de todo su apoyo personal y amistad. Constantemente le acompañaba a los cayos adyacentes para realizar pesca submarina o deportes juntos, para ver películas juntos y porque le arreglaba a Fidel los asuntos relacionados con el sexo opuesto. Chomi ha sido un elemento necesario para Fidel Castro, fuera de las estructuras, con vistas a representarle o gestionar proyectos y negociaciones fuera de la línea oficial del Partido.

Chomi ha estado acumulando, desde mediados de la década de los sesenta, y a pedidos de Celia Sánchez, un extraordinario archivo sobre Fidel Castro, que incluye películas, fotografías y grabaciones de conversaciones extraoficiales. Durante años, Chomi ha acompañado a Fidel Castro por toda la Isla y en el exterior, y personalmente ha tomado las fotos, y lo ha estado grabando constantemente. Los que han podido ver los depósitos de este archivo, hablan de cuartos llenos de cajas de grabaciones, fotos y películas, a los cuales nadie ha tenido acceso hasta ahora.

Desde 1976 ha ejercido la jefatura de la presidencia del Consejo de Estado, del cual es su Secretario, y fue elegido ese mismo año, y es hasta hoy día, diputado a la Asamblea Nacional del Poder Popular por el municipio de 10 de Octubre. Ha sido delegado a todos los congresos del Partido Comunista de Cuba, de cuyo Comité Central es miembro. Tiene a su cargo responsabilidades relacionadas con el desarrollo de la biotecnología, la creación y el funcionamiento de la Escuela Latinoamericana de Ciencias Médicas y la Internacional de Educación Física y Deportes. Por su labor y trayectoria revolucionaria ha recibido diferentes reconocimientos y condecoraciones como las medallas conmemorativas XX Aniversario del Moncada, así como la medalla 250 Aniversario de la Universidad de La Habana.

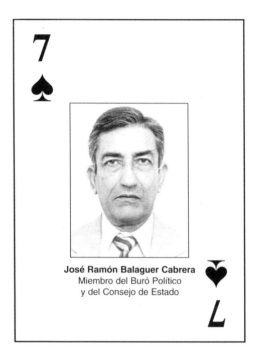

José Ramón Balaguer Cabrera
Miembro del Buró Político
y del Consejo de Estado

José Ramón Balaguer Cabrera.
Nació en la provincia de Oriente, en 1930.
Estado civil: casado.
Graduado de la Escuela Superior de Guerra de las FAR; graduado en la URSS de estudios superiores de marxismo; Licenciado en Ciencias Políticas. Procede del Ejército Rebelde, y formó parte del Segundo Frente Oriental "Frank País", donde combatió bajo las órdenes de Raúl Castro Ruz, a quien se le considera su protector. Al triunfo de la revolución fue ascendido a mayor del Ejército Rebelde. Durante los primeros años de la revolución, ocupó diferentes cargos en el Quinto Distrito Militar de La Habana y en La Cabaña. Fue miembro de las ORI y en 1963 ingresó en el PURSC.

Más tarde fue designado Director General ejecutivo y Viceministro de Higiene y Epidemiología del Ministerio de Salud Pública. Desde el año 1965 es miembro del PCC y en ese año fue nombrado Jefe de Sanidad Militar del MINFAR.

Durante los primeros años de la década de los 70 tenía aún el rango de mayor y era Jefe de Servicios Generales del Ejército de La Habana. Estuvo vinculado hasta el año 1975 con diferentes responsabilidades militares, fundamentalmente en las relacionadas a los servicios de retaguardia; pero no tuvo ninguna responsabilidad relevante en el MINFAR.

Debido a su condición de viejo guerrillero y por no haber cursado estudios superiores de guerra, fue enviado a la vida civil, como primer secretario del PCC en la provincia de Santiago de Cuba, a propuesta de Raúl Castro. En ese mismo año de 1975 fue elegido miembro del Comité Central y delegado del Poder Popular por el municipio de Santiago de Cuba, cargos que desempeñó hasta finales de 1984. Fue delegado del Buró Político en Granma, y ostentaba, además, el cargo de coronel de la Reserva Militar.

Debido a los problemas críticos que presentaba la provincia de Santiago de Cuba en la producción de café, azúcar, el alto desempleo y el deficiente servicio gastronómico así como los problemas de abastecimientos, fue relevado en febrero de 1985, de su cargo como primer secretario del PCC en Santiago, siendo sustituido por Julio Camacho Aguilera. Balaguer, sin embargo, fue promovido a miembro del Secretariado del PCC y ratificado en el III Congreso de febrero de 1986 en ese cargo y como miembro del Comité Central. Fue ascendido a miembro del Buró Político del PCC y del Consejo de Estado. Fue Embajador de Cuba en la URSS

Su capacidad como dirigente político ha probado ser muy limitada. Es una persona poco dinámica y no muestra un historial de relevancia para ser el jefe del Departamento Ideológico del Comité Central, pero cuenta con la extrema confianza de Raúl Castro, y de Vilma Espín, y la aceptación de Fidel Castro. Visitó varios países del antiguo bloque soviético en delegaciones militares y políticas. Ha recibido la medalla conmemorativa XX Aniversario del Moncada y Fundador de las FAR.

Otto Rivero Torres
Secretario General de la UJC

Otto Rivero Torres
Universitario. Primer Secretario del Comité Nacional de la UJC. Diputado a la Asamblea Nacional del Poder Popular por el Municipio de Marianao desde 1993.
　　Su vida estudiantil transcurrió en su ciudad natal, Cienfuegos. Estudió en la Escuela Vocacional Ernesto Guevara. Trabajó en la Empresa de Ómnibus Urbanos de Santa Clara como recopilador de datos y alternó con estudios en la licenciatura en Economía. Ocupó diferentes responsabilidades en la FEU hasta ser elegido su Presidente.
　　Desde el año 1995 es miembro del Buró Nacional de la UJC y en 1997 fue promovido a Primer Secretario de la Organización Juvenil. Es miembro del Consejo de Estado. Participó como delegado al V Congreso del Partido y resultó electo miembro de su Comité Central. Al frente de la Organización que dirige ha tenido una activa participación en los programas llamados Batalla de Ideas. Es el organizador de la Mesa Redonda, que es utilizado por Fidel Castro para exponer sus puntos de vista.

Hassan Pérez Casabona
Presidente de la FEU

Hassan Pérez Casabona
Nivel Escolar: Universitario.
Presidente de la FEU Nacional. Diputado a la Asamblea Nacional del Poder
Popular por el municipio La Habana de Este
    Graduado de Licenciatura en Historia con Título de Oro. Medallista
pioneril y medallista municipal en judo, además de Vanguardia de la
organización de Pioneros. Fue miembro del secretariado provincial de la
FEEM y Presidente Nacional de esa organización hasta 1995. Pasó el Servicio
Militar en la Brigada de la Frontera en Guantánamo, donde recibió la Medalla
del Servicio Distinguido de las FAR. Militante del Partido desde los 18 años.
En abril del 2002 recibió la Medalla "José Antonio Echeverría" del Consejo
de Estado.
    Forma parte de la última oleada de jóvenes que han sido ubicados en
posiciones influyentes por Fidel Castro.

Carlos Manuel Valenciaga
Secretario Personal de
Fidel Castro y Miembro
del Consejo de Estado

Carlos Manuel Valenciaga Díaz
Nivel escolar universitario.
Ayudante personal de Fidel Castro.
Miembro del Consejo de Estado.
Diputado a la Asamblea Nacional del Poder Popular por el municipio de San José, en La Habana.
Desde que inició sus estudios primarios ocupó diferentes responsabilidades en la Organización de Pioneros, en la Unión de Jóvenes Comunistas, (UJC), la Federación Estudiantil de la Enseñanza Media (FEEM) y la Federación Estudiantil Universitaria (FEU) de la que fue su Presidente. Estudió la especialidad de Marxismo-Leninismo e Historia en el Instituto Superior Pedagógico (ISP) "Enrique José Varona" formando parte de la Reserva Especial Pedagógica. Fue miembro del Comité Organizador del XIV Festival Mundial de la Juventud y los Estudiantes. Invitado al V Congreso del Partido.

Coronel Luis A. Rodríguez
Director Ejecutivo
Grupo de Administración
Empresarial

Luis Alberto Rodríguez López-Calleja

Nivel Escolar: Universitario. Casado con Deborah Castro Espín, hija mayor de Raúl Castro y Vilma Espín, y miembro del Grupo de Apoyo al Comandante en Jefe.

López-Calleja es Coronel del MINFAR. Director Ejecutivo del Grupo de Administración Empresarial, S. A. (GAESA) que es presidido por el General de Cuerpo de Ejército Julio Casas Regueiro. El Grupo GAESA incluye empresas como Gaviota, Aerogaviota, Sermar, Transgaviota, Almest, Tecnotex, Antes, TecnoImport, Sasa, TRD, Agrotex, y la Empresa de Servicios La Marina, que en realidad se halla bajo la Contrainteligencia Militar, y es el apoyo personal de López-Calleja.

Perteneció a la UJC y es actualmente miembro del Partido Comunista de Cuba, con cargos de dirección en su núcleo. Miembro de los CDR, participó en Zafras del Pueblo. Ha recibido Condecoraciones y Medallas por su labor en el MINFAR.

6 ♦

Roberto Fernández Retamar
Presidente de la Casa de las
Américas, Miembro del
Consejo de Estado

♦
9

Roberto Fernández Retamar. Escritor. Universitario. Presidente de la Casa de las Américas. Delegado a la Asamblea Nacional del Poder Popular por el municipio Playa. Colaboró en la lucha contra Fulgencio Batista en publicaciones clandestinas e integró la resistencia cívica. Residió en los Estados Unidos en la década de los cincuenta y era un defensor acérrimo de lo "hispano", desconociendo el aporte de las culturas africanas a la nacionalidad cubana.

Estuvo acuartelado cuando Playa Girón y la Crisis de Octubre. Es un escritor oficial del régimen, con todas las ventajas que otorga defender las instituciones y la política cultural de la Revolución. Ha ejercido la enseñanza universitaria, y su obra, si bien no muy extensa, se refleja en diversas manifestaciones de la "cultura revolucionaria".

Fue director de la Nueva Revista Cubana, Consejero Cultural de Cuba en Francia, Secretario Coordinador de la UNEAC. Fundador y director de la Revista Unión hasta1995, órgano oficial de la Casa de las Américas. Fundador y director del Centro de Estudios Martianos hasta 1986. Doctor Honoris Causa de las universidades de Sofía y Buenos Aires, Investigador Emérito y Profesor Emérito de la Universidad de La Habana. En 1998 fue electo Diputado a la Asamblea Nacional y miembro del Consejo de Estado.

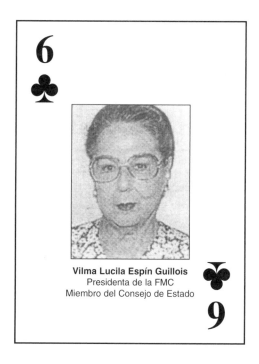

Vilma Lucila Espín Guillois
Presidenta de la FMC
Miembro del Consejo de Estado

Vilma Lucila Espín Guillois (Déborah).
Nació en Santiago de Cuba, provincia de Oriente, en 1934. Graduada de Ingeniera Química en los EEUU en el Massachusets Institute of Technology (MIT). Fue una de las primeras mujeres que se graduó como Ingeniera Química Industrial. Divorciada de Raúl Castro, con cuatro hijos. Por muchos años, ya divorciados, Vilma tuvo que aparentar su matrimonio con Raúl, por órdenes de Fidel Castro. De extracción social clase media, su padre era el abogado de la firma Bacardí y propietario de una destilería de ron en la ciudad de Santiago de Cuba.

Vilma perteneció al Movimiento Nacional Revolucionario del profesor universitario Rafael García Bárcenas, integrado por liberales de la clase media que proponía una acción violenta, el golpe de estado, para derribar a Fulgencio Batista. En el movimiento, figuraban además, Armando Hart, Faustino Pérez, Frank País y Juan Manuel Márquez.

Se unió al Movimiento 26 de Julio después y fue una de sus líderes principales, bajo las órdenes de Frank País en Santiago de Cuba. Miembro de la Dirección Nacional del 26 de Julio y Coordinadora Provincial de Oriente, hasta que pasó al II Frente Oriental "Frank País". Eran conocidas sus ideas marxistas desde aquellos primeros momentos. Visitó a Fidel Castro en México y lo ayudó a coordinar su desembarco en la provincia de Oriente, en diciembre de 1956. Sirvió de interprete a Fidel Castro en la famosa entrevista con el periodista Herbert Matthews del *The New York Times*. Vilma organizó el famoso desfile de las madres en Santiago de Cuba, ante el embajador norteamericano.

La familia País ha apuntado su dedo hacia Vilma como eje en la muerte de Frank, debido a las pugnas de éste con Fidel. Aunque otras versiones la presentan como un elemento que defendió las posiciones de El Llano frente a Fidel Castro y La Sierra Maestra, y que se mostraba como "anti fidelista".

Tras la muerte de Frank País, Vilma se autopropuso para ocupar su cargo. En ocasión del juicio al comandante rebelde Lalo Sardiñas, quien dio muerte a uno de sus subalternos por no cumplir una orden, Vilma se enfrenta violentamente a Fidel Castro pidiendo su ejecución, mientras Fidel ordena que le absuelvan.

Mas tarde se incorporó a La Sierra Cristal con Raúl Castro en abril de 1958, y con éste planeó el secuestro de los 51 norteamericanos en Yateras, una decisión que se tomó sin consultar con Fidel Castro y provocó las iras del mismo, debido al impacto negativo que tuvo en la opinión pública norteamericana. Vilma, personalmente, fue quien los sometió a interrogatorios.

Fue una de las mujeres comandantes al principio de la revolución. Se casó con Raúl Castro, en la Iglesia Católica, el 26 de enero de 1959, y Fidel Castro no asistió a la boda. Integró el pequeño número de íntimos de Fidel (junto a Raúl Castro, el Che Guevara y Ramiro Valdés) que discutía con los viejos comunistas, durante el año 1959, la forma de llevar la revolución hacia rumbos marxistas.

Desde principios de la revolución ocupó la presidencia de la Federación de Mujeres Cubanas. Formó parte de la dirección nacional de las ORI; posteriormente del PURSC, y en el año 1965, al constituirse el PCC, fue elegida como miembro del Comité Central y ratificada en 1975. Durante el II Congreso del PCC, en 1980, fue elevada a miembro suplente del Buró Político, y en el III Congreso, a miembro pleno.

Una gran rivalidad entre Vilma por un lado y Celia Sánchez, Haydee Santamaría y Melba Hernández por otro envolvería las décadas de los sesenta y setenta. Desde la enfermedad de Celia Sánchez, a mediados de 1976, Vilma comenzó a ganar mayor ascendiente en los planos políticos del país.

Es una persona extremadamente influyente y ha propuesto a varias mujeres para formar parte del Comité Central de los comités provinciales del

PCC. Gusta de la buena vida, de los perfumes franceses, de ropas extranjeras y vive con lujo comparado con el ciudadano cubano promedio. Ha viajado al exterior al frente de varias delegaciones de alto nivel del Gobierno de Cuba. Ha presidido las delegaciones de mujeres cubanas a congresos internacionales. Es actualmente miembro del Consejo de Estado, desde 1976. Ha sido elegida, congreso tras congreso, como Presidenta de la FMC. Es miembro del Comité Central del Partido desde 1965. Fue elegida suplente del Buró Político en el II Congreso y efectivo en el III, y ratificada como miembro del Comité Central en todos los Congresos, y fue representante del Buró Político en el Comité Provincial de Oriente.

Actualmente es presidenta honoraria de la Unión de Pioneros de Cuba, vicepresidenta de la Federación Democrática Internacional de Mujeres. Preside la Comisión Nacional de Prevención y Atención Social; la Comisión Permanente de Atención a la Niñez, la Juventud y la Igualdad de Derechos de la Mujer y orienta el Grupo de Educación Sexual. Es Diputada a la Asamblea Nacional por el municipio Santiago de Cuba.

Se le otorgó el título de Heroína de la República de Cuba, la Orden "Mariana Grajales", y la medalla conmemorativa XX Aniversario del Moncada.

**Vicealmirante Julio César
Gandarilla**
Jefe de la Contrainteligencia
Militar

Julio César Gandarilla

Nivel Escolar: Universitario.

Casado.

Vicealmirante de la Marina de Guerra.

Pasó cursos de la Marina de Guerra en la ex URSS.

Sustituyó al General de División Carlos Fernández Gondín como Director de la Dirección de Contra-Inteligencia Militar del MINFAR.

Perteneció a la UJC y es actualmente miembro del Partido Comunista de Cuba, con cargos de dirección en su núcleo.

Miembro de los CDR, participó en Zafras del Pueblo. Ha recibido Condecoraciones y Medallas por su labor en el MINFAR.

Pedro Sáez Montejo
Primer Secretario del PCC
provincia La Habana
Miembro del Buró Político

Pedro Sáez Montejo.
Nivel Escolar Universitario.
Primer Secretario PCC Provincial La Habana.
Delegado a la Asamblea Nacional del Poder Popular por el municipio de Artemisa.
Comenzó su vida laboral en la Escuela Militar "Camilo Cienfuegos", de Santa Clara. Ocupó importantes responsabilidades en la Unión de Jóvenes Comunistas, entre ellas miembro del Buró Nacional y segundo secretario del Comité Nacional, hasta el año 1988 en que fue seleccionado para cumplir misión internacionalista en la República Popular de Angola. Ingresó a las filas del PCC por un proceso especial en 1975, cuando tenía 22 años de edad, organización en la que ha cumplido diversas responsabilidades desde el nivel de base. En 1994 fue promovido a Primer Secretario en la provincia de Sancti Spíritus hasta 1997 en que fue designado Primer Secretario del PCC en La Habana. Bajo su dirección la provincia fue sede en el año 2000, del Acto Central Nacional por el 26 de Julio. Asistió como Delegado al III, IV y V Congresos del PCC. En este último fue electo miembro del Buró Político.

Randy Alonso Falcón
Locutor jefe del programa
La Mesa Redonda

Randy Alonso Falcón
Nivel Escolar: Universitario.
Ocupación: Miembro del Comité Nacional de la UJC.
Delegado a la Asamblea Nacional del Poder Popular por el municipio La Habana del Este.

Culminó sus estudios de Periodismo en 1992, recibiendo el titulo de Graduado más integral de la Universidad de La Habana. Fue Presidente de la FEU de esta Facultad, Vicepresidente de la FEU de la Universidad de La Habana y en 1990 fue electo miembro del Secretariado Nacional. A fines de 1996 pasó a ocupar la responsabilidad de subdirector editorial de la *Casa Editora Abril*, de la UJC y director de las revistas *Alma Mater, Somos Jóvenes* y *Juventud Técnica*.

Es militante de la UJC desde 1984 y cuadro profesional de la organización desde 1990. Fue representante de la FEU ante la UIE y presidente de la OCLAE. Desde 1995 es militante del Partido Comunista de Cuba. En la actualidad se desempeña como jefe del programa de la Mesa Redonda, que es utilizado por Fidel Castro para sus campañas políticas. Por estar relacionado directamente al "Máximo Líder" Randy ha adquirido gran influencia.

Jaime Crombet Hernández
Vicepresidente de la
Asamblea Nacional

Jaime Alberto Crombet Hernández-Baquero.
Nació en Santiago de Cuba, en 1940. Casado, de extracción social clase media. Graduado en Ingeniería Eléctrica, en el año 1967. Antes del triunfo de la revolución, colaboró con una cédula del MR-27-7 en Santiago de Cuba. Su padre, Alberto Crombet, había sido miembro del Partido Ortodoxo en la provincia de Oriente. Al triunfo de la revolución, Jaime Crombet se incorporó a las Milicias Nacionales Estudiantiles. Ingresó en la Unión de Jóvenes Comunistas en el año 1964. En 1965 es nombrado Presidente del Comité Provincial de Oriente, de la Federación Estudiantil Universitaria (FEU), y Secretario del Buró Ejecutivo de la UJC.

Ingresó en las filas del Partido Comunista de Cuba en 1966. También en este año fue nombrado Secretario General del Comité Nacional de la UJC en la provincia de La Habana y miembro del Comité Nacional de la UJC, siendo la máxima autoridad de dicho organismo y jefe de la Columna Juvenil del Centenario, una organización paramilitar que se organizó para secundar las labores de la zafra azucarera.

Durante la llamada "zafra de los 10 millones" fue responsable del corte de caña y la producción de azúcar, del central Pedrín Troya, en el municipio de San Nicolás de Bari, provincia de La Habana. Durante el periodo de 1967-1970, en ocasión de la campaña sobre el "hombre nuevo" trabó estrecha amistad con José Llanusa, a la sazón uno de los hombres más poderosos del sistema. Crombet, en una asamblea de la UJC, dio su apoyo para que todos los militantes no fumaran, no tomaran y no frecuentaran las casas de cita.

El 17 de octubre de 1972, es nombrado segundo secretario del comité provincial del PCC en Camagüey, bajo las órdenes de Raúl Curbelo Morales, por entonces Primer Secretario e íntimo de Fidel Castro. En 1975 pasa a ser el primer secretario del PCC en Ciudad de La Habana, y diputado a la Asamblea Nacional del Poder Popular, por el municipio de Boyeros.

En 1979 es nombrado Primer Secretario del PCC en Pinar del Rió, en sustitución de Julio Camacho Aguilera. Meses después fue enviado como delegado del Buró Político y jefe de la Colaboración Civil en Angola, hasta 1980. Posteriormente fue nominado al Secretariado del Comité Central del PCC, y ratificado en el III Congreso del PCC, en 1986.

Su madre, Hortensia Hernández de Crombet, murió en el exilio, en la ciudad de Miami, el 22 de septiembre de 1985. Fue detenida junto a su esposo, Alberto Crombet, en 1963 en Oriente. Acusada de ser agente de la CIA y condenada a 15 años de prisión y su esposo a 6 años. Su hijo trató de persuadirla a que se integrara al plan de rehabilitación, pero ella siempre se negó. Salió de Cuba en 1982.

Durante su ascenso estuvo asociado con Osmani Cienfuegos, José Llanusa Gobel, Raúl Curbelo Morales y Jesús Montané Oropesa. El ascenso de Crombet, se debe a decisiones personales de Fidel Castro. Es una persona con capacidad organizativa, ambicioso y que ha evitado los problemas personales, consultando siempre con las altas esferas cualquier medida controversial. Le gusta el buen vestir y la buena mesa, los automóviles y vive en una residencia en el área exclusiva de Miramar en la Ciudad de La Habana. Sólo cultiva amistades que le puedan traer provecho a su carrera política. Es leal a Fidel Castro primordialmente, y su formación teórica en el marxismo es superficial.

Representó a la UJC en actividades internacionales, como el VI y VII Festival Internacional de la Juventud y los Estudiantes, la Federación Mundial de Juventudes Democráticas, en congresos de las organizaciones comunistas en los antiguos países socialistas. También ha representado al PCC en diferentes actividades internacionales. Ha recibido diferentes condecoraciones de varios países socialistas. Recibió la medalla conmemorativa XX Aniversario del Moncada. Es Vicepresidente de la Asamblea Nacional del Poder Popular desde 1993, y diputado a la misma por el municipio de San Cristóbal. Es Vicepresidente del Consejo de Ministros, y coronel de las reservas de las FAR.

**General de División (r)
Jesús Bermúdez Cutiño**
Ex Jefe de la DGI y de la DIM
director del Centro de Estudios
de la Defensa.

Jesús Bermúdez Cutiño.
Nació en 1934.
    Graduado de escuelas de guerra en Cuba y la URSS. Participó en el MR-26-7 y estuvo alzado en La Sierra Maestra. Al triunfo de la revolución se mantuvo en el MINFAR donde desarrolló su carrera militar. Fue jefe de la dirección de Inteligencia Militar del MINFAR y fue uno de los primeros en ser ascendido al rango de Brigadier General en 1978, cuando se estableció la nueva nomenclatura militar.
    En el año 1980 fue seleccionado para formar parte del Comité Central, cuando al mismo fue incorporado un grupo de miembros del MINFAR y del MININT. En el III Congreso del PCC en febrero de 1986, fue ratificado como miembro del CC.
    Después del caso Ochoa fue transferido al MININT como jefe de la DGI, pero por su mal trabajo retornó al MINFAR. En la actualidad dirige un instituto de estudios políticos sobre Estados Unidos. Es uno de los generales leales a Abelardo Colomé Ibarra y a Raúl Castro.

**General de Brigada
José Solar Hernández**
Segundo jefe del
Ejército de Oriente

José Solar Hernández
Nivel Escolar: Universitario.
Nació en Guantánamo.
Graduado en escuelas militares del MINFAR.
Pertenece a los CDR y al Partido Comunista de Cuba.

Participó en el IV Congreso del Partido Comunista de Cuba en 1991, como delegado de la provincia de Guantánamo y fue seleccionado miembro del Comité Central.

Fue coronel de las Fuerzas Armadas Revolucionarias y luego ascendido a General de Brigada, y Jefe de la Sección Política del Ejército de Oriente.

Ha recibido varias condecoraciones y órdenes. Es diputado a la Asamblea Provincial del Poder Popular.

General de División
Antonio Lussón Battle
Jefe de Tropas Especiales

Antonio Lussón Battle
Nivel Escolar: Universitario.
Casado.
General de División.
Fue miembro del Directorio Revolucionario Estudiantil, y de la FEU.
Estuvo alzado en el Escambray y bajó con los grados de comandante. Al triunfo de la revolución ocupó cargos importantes, incluido el de Ministro de Transporte. Fue Diputado a la Asamblea Nacional del Poder Popular y miembro del Consejo de Ministros. Pasó al MINFAR. Recientemente fue asignado como Jefe de Tropas Especiales. Fue Miembro del Comité Central del Partido Comunista de Cuba. Ha recibido Condecoraciones y Medallas por su labor en las FAR.

Luis S. Herrera Martínez
Miembro del Consejo de Estado
Director del Centro de Ingeniería
Genética y Biotecnología

Luis Saturnino Herrera Martínez
Nivel Escolar: Universitario.
Ocupación: Director de Ingeniería Genética y Biotecnología.
Diputado a la Asamblea Nacional del Poder Popular por el municipio de Santa Clara
    Se graduó de Medicina en 1966. En el CENIC trabajó desde 1975 como colaborador de la Sección de Ciencias del Comité Central del PCC. Ha ocupado diferentes responsabilidades en las filas del PCC. En 1970 fundó el Laboratorio de Genética Microbiana del CENIC y en 1977 inició trabajos relacionados con la tecnología del ADN recombinante.
    En 1981 dirigió al grupo de investigadores cubanos que inició el proyecto de producir Interferón Humano. Fue Director de investigaciones del Centro de Investigaciones Biológicas y del Centro de la Ingeniería Genética y Biotecnología (CIGB), así como Director de Producción, en 1999 pasó a ocupar la Dirección General del Centro de Ingeniería Genética y Biotecnología hasta la fecha. Ha recibido reconocimientos, distinciones y condecoraciones.

Orlando Lugo Fonte
Miembro del Consejo de Estado
Presidente de la ANAP

Orlando Lugo Fonte.
Nació el 12 de enero de 1935 en el municipio de San Luis, provincia de Pinar del Río. Campesino. Casado. Licenciado en Historia. En 1960-61 pasó escuelas de entrenamiento de milicias y las Escuelas Básicas de Instrucción Revolucionaria. De enero 1966 a marzo 1967 cursó la Escuela Nacional del Partido Ñico López.

A partir de 1956 comenzó a trabajar como obrero agrícola y en escogidas de tabaco en Mántua. Se incorporó a la lucha contra el gobierno de Fulgencio Batista en el año1956, militando en el M-26-7, con el cual realizó acciones de sabotaje y sostuvo encuentros armados con el Ejército de la República.

El primero de enero de 1959 participa en la toma del cuartel del Municipio de San Luis, Pinar del Río, incorporándose a partir de esa fecha al Ejército Rebelde, en el cual permaneció hasta fines de 1961. Participó en las movilizaciones militares de los años 1960 y 1961, estando movilizado cuando Girón y en la Crisis de Octubre. Asimismo, fue activado en tiempos que se desarrolló en Pinar del Río la campaña de "lucha contra bandidos" en la Sierra del Rosario.

Perteneció a las Organizaciones Revolucionarias Integradas (ORI) con responsabilidad a nivel seccional, y luego al Partido Unido de la Revolución Socialista de Cuba (PURSC), como secretario general del comité seccional en Isabel Rubio, responsabilidad que desempeñó hasta 1964, cuando fue enviado a cursar la Escuela Provincial del PURSC en Pinar del Río. En el año1965, ingresó a las filas del Partido Comunista de Cuba donde fue asignado como secretario Económico y Organizador en el regional Guane. Allí tuvo como función principal impulsar los planes de reforestación.

Desde enero de 1966 hasta marzo de 1967 cursó la escuela nacional del partido Ñico López. Antes de concluir el curso fue solicitado por Julio Camacho Aguilera, que había asumido la dirección política de la provincia, para ocupar la responsabilidad de primer secretario del Partido en el Municipio de Sandino.

En el año 1967 fue designado delegado del buró provincial del Partido en Pinar del Río, para atender los municipios de Guane, Pinar del Río y Consolación del Sur. En enero del año siguiente se le nombró segundo secretario del comité regional del Partido en Guane. Ese propio año, con vistas a fortalecer el trabajo de la agricultura, fue designado administrado de la granja "Emiliano Zapata" de Mántua. Poco tiempo después paso a atender tres granjas en el Municipio de Guane.

A mediados de 1969, lo designaron primer secretario del Comité Municipal del partido en Mántua, a la vez que fungía como delegado del INRA en ese Municipio. Entre sus funciones estuvo el impulso de los cordones hortícolas urbanos y los trabajos de preparación para la zafra de 1970 en la cual estuvo movilizado como cuadro provincial.

Fue electo miembro del comité provincial del Partido en Pinar del Río en marzo de 1974, y se mantenía como oficial de la Reserva Militar en la provincia, prestando funciones en los planes de movilización que tuvieron lugar cuando el envío de tropas hacia Angola y Etiopía. En la asamblea del año siguiente fue elegido, además, miembro del Buró Ejecutivo, cargos para los cuales resultó ratificado en los procesos de 1977 y 1980.

Lugo Fonte fue eje central en la política de recuperación tabacalera a partir de 1971; en especial estableciéndose una política de precios al pequeño productor y luchando por establecer los medios materiales para mejorar tal producción. Asimismo, fue el organizador principal en la provincia del plan "estudio-trabajo" de los estudiantes de primaria y secundaria a las zafras tabacaleras. Lugo Fonte fue un destacado defensor del Sistema de Dirección y Planificación de la Economía.

En el año1976 fue designado presidente de la Asamblea Provincial del Poder Popular en Pinar del Río y en diciembre de ese mismo año elegido diputado a la Asamblea Nacional. En el año1980 había sido elegido como miembro suplente del Comité Central, por lo que su elección como miembro permanente le representaría una promoción importante. Fue elegido miembro del Comité Central del PCC en el III Congreso de esa organización que se celebró en febrero de 1986. Cuando Camacho Ventura fue trasladado a La Habana, Lugo Fonte le sustituyó interinamente, hasta que fue ratificado por el III Congreso en ese cargo. Pero, en 1987 fue nombrado presidente de la Comisión Organizadora del VII Congreso de la ANAP, sustituyendo el 17 de mayo a José (Pepe) Ramírez Cruz como presidente de esa organización, debido a su experiencia con los pequeños agricultores de Pinar del Río, teniendo que dejar la secretaría del partido en Pinar del Río. Fue ratificado en el mismo cargo en los VIII y IX congresos de la ANAP.

Desde el año 1962 se encuentra vinculado a las actividades políticas en niveles de dirección diferentes. Fue un elemento muy ligado a Julio Camacho Aguilera, y que muestra lealtad pública a Fidel Castro, comportándose como un fiel cumplidor de las actividades y directivas del Partido Comunista de Cuba. Ha recibido diversas distinciones y condecoraciones como la medalla conmemorativa XX Aniversario del Moncada.

En la actualidad ocupa la presidencia de la Asociación Nacional de Agricultores Pequeños. Es diputado a la Asamblea Nacional del Poder Popular por el municipio de Güira de Melena desde 1976 y miembro del Consejo de Estado desde 1986. Ha participado en los congresos del Comité Central del PCC como delegado.

Alfredo Jordán Morales
Miembro del Buró Político
Ministro de Agricultura

Alfredo Jordán Morales.
Nació en el año 1946, en Santiago de Cuba, provincia de Oriente. Hijo de trabajadores. Casado. Graduado de la Facultad Obrero Campesina y de la Universidad.

No tuvo vinculación alguna con movimientos insurreccionales o partido político anterior al triunfo de la revolución, debido a su edad. En el año1960 fue miembro de la Asociación de Jóvenes Rebeldes (AJR), subiendo el Pico Turquino 5 veces. En el año1963 ingresó en la Unión de Jóvenes Comunistas e integró las Milicias Nacionales Revolucionarias.

Comenzó su vida laboral como obrero agrícola, sector donde desempeñó diversas funciones. Tiene una larga trayectoria en el trabajo de la UJC, donde ocupó varias responsabilidades en los diferentes niveles de dirección. Jordán se incorporaría a las labores de organización juvenil para los cortes y limpieza de la caña, las movilizaciones de recogida del café de montaña. Ocuparía diferentes cargos en la UJC, entre ellos, primer secretario del Comité Provincial en Santiago de Cuba y miembro del Comité Nacional durante la época de Jaime Crombet.

En el año1971 se incorporó al Partido Comunista de Cuba al superar la edad límite en la Juventud Comunista. Sería seleccionado como miembro del Comité Provincial del PCC en la provincia de Santiago de Cuba, a instancias de Juan Almeida. Sería además presidente de la organización de Pioneros de Cuba "José Martí" y miembro del Buró Ejecutivo y del Secretariado del Comité Nacional de la UJC. Participó como Delegado en el II, III y IV Congresos de la UJC y al XI y XII Festival Mundial de la Juventud y los Estudiantes. Durante la celebración del III Congreso del PCC en febrero de 1986 fue elegido como miembro del Comité Central.

En 1987 ocupó la responsabilidad de 2do y 1er Secretario del PCC en el municipio de Santiago de Cuba, Miembro del Comité Provincial del PCC y de su Buró Ejecutivo. Fue promovido a 1er Secretario del Comité Provincial del PCC en Las Tunas, cargo que desempeñó hasta 1993, que fue nombrado como Ministro de la Agricultura. Ha sido Delegado al II, III, IV y V Congresos del PCC. Es Miembro del Comité Central desde 1985, y en 1991 fue promovido a Miembro del Buró Político, siendo ratificado en el V Congreso.

Es un individuo que se ha desarrollado dentro de las organizaciones políticas, especialmente de la Juventud a diferentes niveles. Tuvo relaciones directas con Juan Almeida, Jaime Crombet, Fidel Castro y Luis Orlando Domínguez. Es diputado a la Asamblea Nacional del Poder Popular por el municipio de Jobabo. Es Ministro de la Agricultura.

Fernando Vecino Alegret
Ministro de Educación Superior

Fernando Vecino Alegret
Nació en 1928, en Santiago de Cuba. De clase media. Casado. Licenciado en Ciencias Sociales en la escuela superior del partido Ñico López. Procede de las filas del M-R-26-7 y del Ejército Rebelde. Se incorporó a la Sierra Cristal, en el segundo frente oriental Frank País, al mando de Raúl Castro, en el que participó en diferentes combates y acciones militares, donde alcanzó el grado de capitán, en el año 1959. Desde 1959 hasta 1976, ocupó diferentes cargos en las Fuerzas Armadas, como el de director del Instituto Técnico Militar (ITM), viceministro del MINFAR y jefe de la Dirección Política Central.

Perteneció al PURSC y desde el año 1965 es miembro del Partido Comunista de Cuba. Fue un elemento importante en la construcción del Partido dentro de las Fuerzas Armadas; asimismo, aseguró al MINFAR la formación de una nueva generación de militares con calificación suficiente para asimilar cursos especializados en el bloque soviético. En 1968 Participó en el Congreso Cultural de La Habana como miembro de la delegación cubana. En 1972 fue miembro de la mesa que dirigió el Congreso de Educación y Cultura, el cual implementó el rigorismo ortodoxo marxista a todos los niveles de la educación y cultura, aplicando una extensa purga de homosexuales y elementos no revolucionarios entre los artistas, intelectuales y maestros. Estuvo en Vietnam y se le imputa la tortura de prisioneros de guerra norteamericanos.

Participó en las negociaciones entre el MINFAR y los generales portugueses pro-comunistas que buscaban ubicar al MPLA en el poder en Angola. Posteriormente, a fines de 1975 e inicios de 1976 estuvo en Angola, prestando servicio en el Estado Mayor. Luego, estuvo en Etiopía en 1978, en la fase final de la campaña con las tropas cubanas y ayudando a organizar la colaboración civil en el sector de la educación. Estuvo varias veces en Nicaragua, durante el sandinismo, en misiones oficiales del gobierno.

Asimismo, ha recorrido la América Latina realizando contactos secretos con movimientos guerrilleros. Estas misiones no son de extrañar pues durante la década de los sesenta asumió algunas misiones de inteligencia, a pedidos de Fidel Castro. Asimismo, ha visitado varias veces los Estados Unidos, en misiones extraoficiales, tratando de ampliar la influencia de Cuba en los sectores universitarios y estudiantiles, asistiendo incluso a reuniones de la LASA.

Fue elegido miembro del Comité Central en el año 1975. En el año 1976, fue nominado Ministro de Educación Superior (MES), al dividirse la esfera educacional en dos ministerios: educación general y educación superior, y ascenderse a Belarmino Castilla a Vicepremier encargado del Sector de la Educación. Su trabajo como ministro de Educación Superior ha sido pobre, plagado de pugnas con los decanos de las universidades de La Habana y de Las Villas. Vecino Alegret restringió las admisiones universitarias para aquellos con credenciales revolucionarias válidas, purgando los claustros profesorales de homosexuales y elementos políticos "tibios". Introdujo además cursos de entrenamiento militar en las universidades y facilitó al MINFAR la captación de universitarios para las fuerzas armadas.

Es un elemento fiel a Raúl Castro. Sostuvo una intensa pugna con el gallego Fernández en materia educacional, al punto que en repetidas ocasiones se rumoró su sustitución. Fue reelegido como miembro del Comité Central durante el III Congreso del PCC. Ha realizado diversas visitas al extranjero representando al MINFAR, el MINED y al Ministerio de Educación Superior. Fue vicepresidente de la Asociación de Amistad Cubano Soviética del Instituto Cubano de Amistad con los Pueblos (ICAP). Es presidente de la Comisión de Grado Científico de la República de Cuba, Diputado a la Asamblea Nacional del Poder Popular por el municipio de San Luis, y Miembro del Comité Central del PCC. Ha recibido varias condecoraciones y reconocimientos como la medalla conmemorativa XX Aniversario del Moncada y la de XX Aniversario de las FAR. Doctor Honoris Causa de la Universidad Nacional de Loja, Ecuador y de la Universidad del Caribe, República Dominicana, entre otras.

Abel Prieto
Miembro del Buró Político
Ministro de Cultura

Abel Enrique Prieto Jiménez

Nivel Escolar: Universitario. Miembro del Consejo de Estado, Miembro del Buró Político, Ministro de Cultura.

Delegado a la Asamblea Nacional del Poder Popular por el municipio de Consolación del Sur desde 1993.

Se inició en la vida laboral como profesor de la Universidad de La Habana, donde era un crítico severo de la revolución y de Fidel Castro, y un anti-soviético connotado. Al ocupar importantes responsabilidades en la esfera editorial, incluyendo la presidencia de la Unión de Escritores de Cuba, comenzó a valerse de un discurso apologético con el régimen. Pese a no tener una obra literaria de importancia, y ser un escritor promedio, el régimen lo presenta como "un destacado escritor".

En el IV Congreso de Partido resultó electo miembro del Comité Central y del Buró Político responsabilidades que fueron ratificadas en el V Congreso. Desde 1997 es Ministro de Cultura, ante la necesidad de presentar caras jóvenes al exterior.

General de División
Rogelio Acevedo González
Presidente del Instituto de
Aeronáutica Civil

Rogelio Acevedo González, alias rogelito.
Nació en un poblado de la ciudad de Holguín, antigua provincia de Oriente, en 1940. De la raza blanca, casado, de extracción social campesina. Miembro del MR-26-7. Se incorporó con un hermano al segundo frente Frank País que dirigía Raúl Castro. Luego pasó a formar parte de la columna del Che Guevara que realizó la invasión a Las Villas. Durante los combates en diciembre de 1958, fue el héroe de los ataques contra el Palacio de Justicia de Santa Clara, que estaba fuertemente defendido por el ejército de la República, mientras el otro capitán del Che, el "Vaquerito", atacaba la estación de policía.

En el año 1959, fue asignado por el Che Guevara para organizar las milicias universitarias, donde se hizo notorio por su afición a las estudiantes. Luego, con 19 años y en su calidad de capitán, dirigió el Estado Mayor de las Milicias Nacionales Revolucionarias, con Flavio Bravo, César Escalante y cuyo jefe era Emilio Aragonés. Estuvo a cargo del entrenamiento de los milicianos en el "Quinto Distrito Militar" de La Habana, y logró conformar una fuerza de 150,000 hombres. Fue uno de los organizadores de las caminatas de 62 kilómetros. Estuvo al mando de la "Base Granma" de milicianos, en la provincia de La Habana, y organizó las famosas "milicias serranas".

Formó parte de la delegación cubana durante las negociaciones con los países del bloque socialista para el suministro de armamento y equipos bélicos para las FAR y las Milicias Nacionales Revolucionarias, en los años 1960 y 1961. Organizó los famosos batallones de milicias y estuvo con ellos en Playa Girón. Miembro de las ORI hasta 1962, y luego del PURSC hasta 1965. Miembro del Comité Central del Partido Comunista de Cuba desde su creación en 1965. En el año 1964 es designado jefe del Ejército del Centro. En el año 1967, por razones desconocidas, es removido y enviado como jefe del Ejército Juvenil del Trabajo (EJT). En el año 1968, sin embargo, es nominado jefe del Ejército de Oriente. Entre 1969 y 1970 Fidel Castro le seleccionó para el cargo de primer secretario del PCC en la provincia de Camagüey, y organizador de la zafra azucarera de los "10 millones", como delegado del Buró Político. En el año 1972, es nombrado Viceministro del MININT, y Jefe de los Servicios de Retaguardia de las FAR, donde comenzó a desarrollar su amistad con los hermanos Casas Regueiro.

Viajó a la antigua URSS, en el año 1974, como estudiante, permaneciendo en ese país por el periodo de un año, graduándose en la escuela superior de Guerra "Frunze". Licenciado en Ciencias Políticas de la Universidad de La Habana, 1977. Desde el año 1972 preside, por la parte cubana, todas las negociaciones relacionadas con las contrataciones de armamentos del ex bloque soviético. Durante varios años, a partir de 1974, participó en diferentes maniobras militares de los países miembros del Pacto de Varsovia. En 1976 estuvo en las campañas militares de Angola, y en 1978 sirvió en las operaciones de logística para trasladar armas y hombres de Cuba a Angola, y de allí a Etiopía, cuando la campaña del Ogadén. Desde 1979 ha realizado otros viajes a países africanos como Angola, Etiopía y Mozambique. En su carácter de Viceministro del MINFAR atendía los servicios de retaguardia.

Pese a estar vinculado desde el año 1957 a Raúl Castro, ha mantenido una posición equidistante, y en ocasiones se le ha señalado como un crítico a la situación del sistema y un promotor de reformas. Es amigo personal de Ramiro Valdés y estuvo muy vinculado al general Arnaldo Ochoa, de quien fue un gran admirador. Es una persona de recio carácter y estricta disciplina, y tiene la reputación de ser un militar eficiente. Asimismo, su lealtad a Fidel Castro le ha valido en repetidas ocasiones ocupar las jefaturas de cuerpos de ejército claves como el de Oriente y el del Centro. Es en la actualidad ministro-presidente del Instituto de Aeronáutica Civil y diputado a la Asamblea Nacional del Poder Popular, por el Municipio Rafael Freyre, de Holguín. Ha sido condecorado con el grado de general de división. Ha recibido la medalla XX Aniversario del Moncada, Fundador de las FAR y ha recibido galardones como Internacionalista.

Coronel Alvaro Pérez Morales
Ministro del Transporte

Álvaro Pérez Morales
Nivel Escolar: Universitario.
Casado.
Coronel del MINFAR.
Ministro del Transporte hasta septiembre del 2003.
    Delegado a la Asamblea Nacional de Circunscripción. Perteneció a la UJC y es actualmente miembro del Partido Comunista de Cuba, con cargos de dirección en su núcleo.
    Miembro de los CDR, participó en Zafras del Pueblo. Ha recibido Condecoraciones y Medallas por su labor en el MINFAR.

Roberto Ignacio González Planas
Ministro de la Informática y las
Comunicaciones

Roberto Ignacio González Planas
Nivel escolar: Universitario.
Ocupación: Ministro de Informática y Comunicaciones.
Delegado a la Asamblea Nacional del Poder Popular por el municipio de Holguín.
Comenzó a trabajar en 1966 en Antillana de Acero, ocupando diferentes responsabilidades administrativas hasta finales de 1968 que pasa a inversionista del Desarrollo Siderúrgico del Norte del Oriente. En 1974 que es nombrado Viceministro para el Desarrollo Técnico.
En 1974 fue nombrado Viceministro Primero del Ministerio de la Industria Sideromecánica y en noviembre de 1990 Ministro. En 1997 fue seleccionado Cuadro Destacado del Estado y el Gobierno. Actualmente se desempeña como Ministro de Informática y Comunicaciones. Ha recibido varios reconocimientos, distinciones y condecoraciones.

Juan Contino Aslán
Presidente de la Asamblea
Provincial del Poder Popular
en Ciudad Habana

Juan Contino Aslan
Nivel Escolar: Universitario. Licenciado en Economía.
Ocupación: Coordinador Nacional de los Comités de Defensa de la Revolución.
Diputado a la Asamblea Nacional del Poder Popular por el municipio: Playa, Ciudad La Habana.
   Cumplió misión internacionalista en Angola.
   Fue Presidente de la Organización de Pioneros José Martí y posteriormente en 1993, fue elegido Primer Secretario de la UJC.
   Es miembro del Comité Central del PCC y del Consejo de Estado.
   Ha recibido diferentes condecoraciones y las medallas Por la Victoria Cuba- RPA y Combatiente Internacionalista de Segunda Clase.

Misael Enamorado Dáger
Primer Secretario del PCC
en Santiago de Cuba

Misael Enamorado Dáger
Nivel Escolar: Superior.
Primer Secretario del Partido en la provincia de Santiago de Cuba.
De 1977 a 1981 trabajó como Ingeniero y Jefe de Mantenimiento de la empresa de automatización del MINAZ, del municipio de Palma Soriano. Luego laboró como inversionista del Central Tunas. De 1985 a 1988 se desempeñó como jefe del Departamento de Industria del partido provincial de Las Tunas y fue director de la Empresa Estructuras Metálicas. Desde 1992 a 1994 ocupó el cargo de Primer Secretario del Partido del municipio de Las Tunas. Teniendo en cuenta los resultados de su trabajo fue promovido a Miembro del Buró Provincial. En el IV Congreso del Partido fue electo miembro de su Comité Central.
Fue elegido como Primer Secretario del Partido de la Provincia de Las Tunas desde 1995 al 2001. En el V Congreso fue elegido Miembro del Buró Político. Desde octubre del 2001 se desempeña como Primer Secretario del Partido en la provincia de Santiago de Cuba. Es actualmente Diputado a la Asamblea Nacional del Poder Popular por el municipio de Santiago de Cuba

Jorge Luis Sierra López
Miembro del Buró Político
Primer Secretario del PCC
en Holguín

Jorge Luis Sierra López
Universitario. Casado.
1er. Secretario del Comité Provincial del PCC Holguín. Estudió Tecnología de Construcción de Maquinaria en el IST de Holguín y fue Presidente de la FEU del centro. En 1980 inició su vida laboral como Profesor en el ISTH hasta 1987 en que fue promovido a cuadro profesional de la UJC ocupando la responsabilidad de Secretario General del Instituto.
Resultó Vanguardia Nacional de la FEU y mejor graduado integral de su curso. En 1989 pasó a 2do. Secretario de la UJC en la Provincia de Holguín y en 1991 a Primer Secretario. En 1992 fue promovido al trabajo del Partido en el Comité Municipal de Holguín, en 1993 electo Primer Secretario y en 1994 promovido a Primer Secretario de la Provincia. Participó como invitado al IV y como Delegado al V Congresos del PCC donde fue elegido Miembro del Comité Central y del Buró Político. Es Diputado a la Asamblea Nacional del Poder Popular.

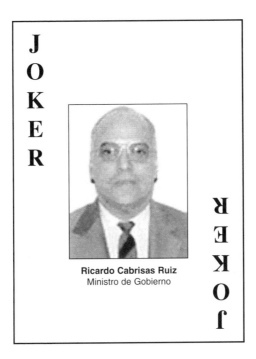

Ricardo Cabrisas Ruiz
Ministro de Gobierno

Ricardo Cabrisas Ruiz

Nivel Escolar: Universitario.
Casado.
Coronel de la Dirección General de Inteligencia del MININT.
Fue Viceministro del Ministerio de Comercio Exterior y luego tras una intensa intriga sustituyó a Marcelo Fernández como Ministro. Fue un funcionario de la confianza del difunto presidente Osvaldo Dorticós Torrado. En la actualidad es miembro del Consejo de Ministros, con el cargo de Ministro sin cartera. Militante del PCC, fue miembro del Comité Central. Es Delegado a la Asamblea Nacional de Circunscripción.

Es un dirigente temido y odiado por sus subalternos, por su falta de escrúpulos a la hora de emitir criterios negativos sobre sus trabajadores.

Pese a que fue un funcionario hábil en las negociaciones comerciales, ya no dispone de prestigio en los medios internacionales del comercio exterior. Miembro de los CDR, participó en Zafras del Pueblo. Ha recibido condecoraciones y medallas.

LA NOMENCLATURA
ALTOS MIEMBROS DEL GOBIERNO

DEL CONSEJO DE ESTADO

EL CONSEJO DE MINISTROS

DE ORGANOS PROVINCIALES DE GOBIERNO

DE ORGANISMOS CENTRALES DEL ESTADO

DEL CUERPO DIPLOMÁTICO

CONSEJO DE ESTADO

Fidel Castro Ruz
Presidente de los Consejos de Estado y de Ministros.

Raúl Castro Ruz
Primer Vicepresidente del Consejo de Estado y de Ministros.

Juan Almeida Bosque
Vicepresidente del Consejo de Estado.

Abelardo Colomé Ibarra
Vicepresidente del Consejo de Estado.

Carlos Lage Dávila
Vicepresidente del Consejo de Estado.

Esteban Lazo Hernández
Vicepresidente del Consejo de Estado.

José R. Machado Ventura
Vicepresidente del Consejo de Estado.

José M. Miyar Barrueco
Secretario del Consejo de Estado.

Nidia Diana Martínez Piti
Miembro del Consejo de Estado

María T. Ferrer Madrazo
Miembro del Consejo de Estado

Marta Hernández Romero
Miembro del Consejo de Estado

José R. Balaguer Cabrera
Miembro del Consejo de Estado

Julio Casas Regueiro
Miembro del Consejo de Estado

Pedro Sáez Montejo
Miembro del Consejo de Estado

Otto Rivero Torres
Miembro del Consejo de Estado

Pedro Miret Prieto
Miembro del Consejo de Estado

Felipe Pérez Roque
Miembro del Consejo de Estado

Roberto I. González Planas
Miembro del Consejo de Estado

Marcos Portal León
Miembro del Consejo de Estado

Francisco Soberón Valdés
Miembro del Consejo de Estado

Carlos Valenciaga Díaz
Miembro del Consejo de Estado.

Armando Hart Dávalos
Miembro del Consejo de Estado

Roberto Fernández Retamar
Miembro del Consejo de Estado

Ramiro Valdés Menéndez
Miembro del Consejo de Estado

Julio Cristhian Jiménez Molina
Miembro del Consejo de Estado

Rosa Elena Simeón Negrín
Ministra de Ciencias, Tecnología y Medio Ambiente.

Luis S. Herrera Martínez
Miembro del Consejo de Estado

Iris Betancourt Téllez
Miembro del Consejo de Estado

Pedro Ross Leal
Miembro del Consejo de Estado

Vilma Espín Guillois
Miembro del Consejo de Estado

Orlando Lugo Fonte
Miembro del Consejo de Estado

CONSEJO DE MINISTROS

Fidel Castro Ruz
Presidente

Raúl Castro Ruz
Primer Vicepresidente y Ministro de las Fuerzas Armadas

José Ramón Fernández Álvarez
Vicepresidente del Consejo de Ministros

Pedro Miret Prieto
Vicepresidente del Consejo de Ministros

José Luis Rodríguez García
Vicepresidente del Consejo de Ministros
Ministro de Economía y de Plan

Osmany Cienfuegos Gorriarán
Vicepresidente del Consejo de Ministros

Carlos Lage Dávila
Secretario del Comité Ejecutivo

Wilfredo López Rodríguez
Ministro de Gobierno

Ricardo Cabrisas León
Ministro de Gobierno

Ulises Rosales del Toro
Ministro del Azúcar

Alfredo Jordán Morales
Ministro de la Agricultura

Rosa Elena Simeón Negrín
Ministra Ciencia, Tecnología y Medio Ambiente

Raúl de la Nuez Ramírez
Ministro de Comercio Exterior

Bárbara Castillo Cuesta
Ministra de Comercio Interior

Roberto Ignacio González Planas
Ministro de Informática y Comunicaciones

Fidel Fernando Figueroa de la Paz
Ministro de la Construcción

Abel E. Prieto Jiménez
Ministro de Cultura

Luis Ignacio Gómez Gutiérrez
Ministro de Educación

Fernando Vecino Alegret
Ministro de Educación Superior

Georgina Barreiro Fajardo
Ministro de Finanzas y Precios

Alejandro Roca Iglesias
Ministro de la Industria Alimenticia

Marcos J. Portal León
Ministro de Industria Básica

Jesús D. Pérez Otón
Ministro de la Industria Ligera

Alfredo López Valdés
Ministro de la Industria Pesquera

Fernando Acosta Santana
Ministro de la Industria Sideromecánica

Abelardo Colomé Ibarra
Ministro del Interior

Roberto T. Díaz Sotolongo
Ministro de Justicia

Felipe Ramón Pérez Roque
Ministro de Relaciones Exteriores

Damodar Peña Pentón
Ministro de Salud Pública

Alfredo Morales Cartaya
Ministro del Trabajo y Seguridad Social

Carlos Manuel Pazo Torrado
Ministro del Transporte

Ibrahim Ferradaz García
Ministro del Turismo

Martha Lomas Morales
Ministra de Inversión y Colaboración Económica

Lina Olinda Pedraza Rodríguez
Ministra de Auditoría y Control

Rogelio Acevedo González
Presidente Aeronáutica Civil

Ernesto López Domínguez
Presidente del ICRT

Humberto G. Rodríguez González
Presidente del INDER

Jorge Luis Aspiolea Roig
Presidente Recursos Hidráulicos

Francisco Soberón Valdés
Ministro Presidente Banco Nacional

ORGANOS PROVINCIALES DE GOBIERNO

Vidal Pérez Baños
Presidente Asamblea Provincial del Poder Popular Pinar del Río.

Evelio Saura Pedrol
Presidente Asamblea Provincial del Poder Popular Habana

Juan Contino Aslán
Presidente Asamblea Provincial del Poder Popular Ciudad de La Habana

Nilo Tomás Díaz Fundora
Presidente Asamblea Provincial del Poder Popular Matanzas

Rolando Díaz González
Presidente Asamblea Provincial del Poder Popular Cienfuegos.

Alexis Melgarejo Falero
Presidente Asamblea Provincial del Poder Popular Villa Clara.

Jesús René Ortíz Barón
Presidente Asamblea Provincial del Poder Popular Sancti Spíritus.

Agustín Gregorio Arza Pascual
Presidente Asamblea Provincial del Poder Popular Ciego de Ávila

Jesús García Collazo
Presidente Asamblea Provincial del Poder Popular Camagüey.

Víctor Luis Rodríguez Carballosa
Presidente Asamblea Provincial del Poder Popular Las Tunas.

Alberto Olivera Fist
Presidente Asamblea Provincial del Poder Popular Holguín

Rolando Yero García
Presidente Asamblea Provincial del Poder Popular Santiago de Cuba.

José Antonio Leyva García
Presidente Asamblea Provincial del Poder Popular Granma

Orlando Moraga Claro
Presidente Asamblea Provincial del Poder Popular Guantánamo.

Orestes Ramón Flores Espinosa
Presidente Asamblea Poder Popular Municipio Isla de la Juventud.

ORGANISMOS CENTRALES DEL ESTADO

MINISTERIO DE AGRICULTURA
Alfredo Jordán Morales. Ministro
Jorge Heredia Díaz. Viceministro Primero.
Juan José León. Viceministro.
Omelio E. Borroto Leal. Viceministro.
Rivel Ramos Perera. Viceministro.
Alfredo Gutiérrez. Viceministro.
José González Torres. Viceministro
Francisco Aguedo Morales. Viceministro
Isidro Fernández. Director Café y Cacao.
Emerio Serrano. Director Instituto Veterinaria
José Morales. Director Instituto Mejoramiento Animal
Lidia Tablada. Directora Sanidad Agropecuaria
Santiago Yánez. Director Instituto Pastos y Forrajes
Sergio Rodríguez. Director Instituto Viandas Tropicales
Ramón Castro Ruz. Director Valle de Picadura

MINISTERIO DEL AZÚCAR
Ulises Rosales del Toro. Ministro
Noel Borroto Viceministro
Raúl Trujillo Tejeda. Viceministro
Miguel Tomás Panizo. Viceministro
Alfonso Velazco Nuez. Viceministro

MINISTERIO AUDITORÍA Y CONTROL
Lina Olinda Pedraza Rodríguez. Ministra
Reynol Pérez. Viceministro Primero

MINISTERIO DE COMERCIO EXTERIOR
Raúl de la Nuez Ramírez. Ministro
Eduardo Escandell. Viceministro
Estrella Madrigal. Viceministra
Alberto Betancourt Roa. Viceministro
Miguel A. Castillo
Pedro Pablo San Jorge. Director
Eduardo Delgado Bermúdez. Director Organismos Internacionales

MINISTERIO CIENCIA, TECNOLOGÍA Y MEDIO AMBIENTE
Rosa E. Simeón Negrín. Ministra
América Santos. Viceministra
Lina Domínguez Acosta. Viceministra
Daniel Codorniu Pujals. Viceministro
Wenceslao Carrera. Viceministro
Fabio Fajardo Moros. Viceministro
Miguel J Pérez Fleites. Viceministro
Ismael Clark Arxe. Pte. Academia De Ciencias
Jorge Fernández. Director de Colaboración
Ulises Fernández. Director Regulación Ambiental
Osvaldo Bebelagua Castillo. Director Supervision y Auditoria
Vito Quevedo. Director Política Científica
Gerardo Trueba Gonzáles. Director Programas Integrales
Orlando Rey Santos. Director Política Ambiental
Humberto Arango Sales. Director Colaboración Internacional
María De Los A. Brugal. Directora Económía
Nelson Regalado Ciriano. Dir. Perfeccionamiento y Organización
José M. Oriol Guerra. Director Inversiones
Benito Rodríguez Alonso. Dir. Administración Interna
Dora María Olea. Jefe Dpto. Jurídico
Jorge A. Fernández Machó. Jefe Departamentos Especiales
Pedro Capó Delgado. Jefe Órgano De Protección

MINISTERIO DE EDUCACIÓN SUPERIOR
Fernando Vecino Alegret. Ministro
Rodolfo Alarcón Ortiz. Viceministro Primero
Eduardo Cruz González. Viceministro.
José Luis García. Viceministro.
Miguel Hernández Torres. Viceministro
Rodolfo Alber Alarcón Ruíz. Viceministro
Juan Vela Valdés. Rector Universidad de La Habana
Luis I. Gómez Gutiérrez. Rector Universidad de Las Villas
Mercedes Gámez. Directora Instituto Ciencias Básicas Preclínicas
René Sánchez Díaz. Director de Ingresos y Ubicación
Carlos M. Gutiérrez Calzado. Director Centro Investigaciones Científicas

MINISTERIO DE LA CONSTRUCCIÓN
Fidel Fernando Figueroa de la Paz. Ministro
Ramón L. Rodríguez Velásquez. Viceministro
Jorge Revuelta Capablanca. Viceministro

MINISTERIO DE ECONOMÍA Y DE PLAN
José Luis Rodríguez García. Ministro
Alfonso Casanova Montero. Viceministro
Marino Murillo. Viceministro
José Báez. Viceministro
José Hernández. Viceministro
Ricardo Caballero. Viceministro

MINISTERIO DE CULTURA
Abel E. Prieto Jiménez. Ministro
Abel Acosta. Viceministro
Ismael González. Viceministro
Rafael Bernal. Viceministro
Rubén del Valle. Viceministro
Carmen Rosa Báez. Directora Editorial de La Mujer
Daniel García Santos. Director Editorial Letras Cubanas
Elizabeth Díaz. Directora Editorial Arte y Literatura
Ernesto Escobar. Director Editorial Ciencias Sociales
Santiago Dorquez. Director Editora Política
Marta Arjona. Presidenta Patrimonio Cultural
Marta Lugona. Presidenta Consejo Nacional de Patrimonio
Luz Meriño. Directora Museo Bellas Artes
María Isabel Torres. Directora de la ENA
Vivian Velunza. Directora Escuelas de Arte
María del Carmen Cartategui. Directora Auditoría Cultura
Nuria Gregori Torada. Dir/Instituto Literatura y Lingüística
Olga Beatríz Torres. Dir/ Libro y Literatura Ciudad Habana
Pablo Pacheco López. Dir/Centro Juan Marinello
Roberto Fernández Retamar. Presidente Casa de las Américas
Julio P. García-Espinosa. Presidente del ICAIC
Susana Colina. Vicepresidenta del ICAIC

MINISTERIO DE JUSTICIA
Roberto T. Díaz Sotolongo. Ministro
Esther Recio. Viceministra
Miguel Ángel Pérez. Viceministro
Amado Guntín Guerra. Viceministro
Raúl Espinosa. Director Asistencia Jurídica
Yarina Amoroso Fernández. Directora Informática
María Luisa Arteaga Abreu. Directora Relaciones Internacionales

MINISTERIO DE EDUCACIÓN
Luis Ignacio Gómez Gutiérrez. Ministro
Francisco Ferreira Díaz. Viceministro Primero
Berta Fernández González. Viceministra
Jorge González Corona. Viceministro
Sonia Romero Alfau. Directora Relaciones Internacionales

MINISTERIO DE FINANZAS Y PRECIOS
Georgina Barreiro Fajardo. Ministra
Raquel Hernández Herrera. Viceministra Primera
Ana Luisa Castellanos. Viceministra
Rubén Toledo. Viceministro

MINISTERIO DE LAS FUERZAS ARMADAS
Raúl Castro Ruz Ministro
Julio Casas Regueiro. Viceministro
Rubén Martínez Puentes. Viceministro
Pedro M. Pérez Betancourt. Viceministro

MINISTERIO INVERSIÓN Y COLABORACIÓN ECONÓMICA
Martha Lomas Morales. Ministra
María M. Franco Suárez. Viceministra
Ernesto Sentí Darias. Viceministro
Ramón Ripoll. Viceministro
Raúl Taladrid. Viceministro
Ricardo Borroto. Viceministro
Ricardo Guerrero Blanco. Viceministro
Roberto Rivas. Viceministro
Lester Rodríguez Pérez. Viceministro
Noemí Benítez. Viceministra
Pedro Morales Carballo. Director Organismos Internacionales
Miguel A. Figueres. Director General

MINISTERIO DE INFORMÁTICA Y COMUNICACIONES
Roberto I. González Planas. Ministro
Ramón Linares. Viceministro Primero
Boris Moreno Cordovés. Viceministro
Manuel O. García Fernández. Viceministro
Reynaldo Montero Miranda. Viceministro
Melchor Gil. Viceministro

MINISTERIO DE LA INDUSTRIA ALIMENTICIA
Alejandro Roca Iglesias. Ministro
Teresa Teja. Viceministra Primera
Octavio Rubio Bernal. Viceministro
Ramón Feria. Director Industria Local

MINISTERIO DE INDUSTRIA BÁSICA
Marcos J. Portal León. Ministro
Fidel Castro Díaz-Balart. Asesor del Ministro
Ricardo González Sánchez. Viceministro
Rodrigo Ortiz Brito. Viceministro

MINISTERIO DE INDUSTRIA LIGERA
Jesús D. Pérez Otón. Ministro
Alberto Cárdenas. Asesor del Ministro
Enrique Cento de Jongh. Asesor del Ministro
Iván Hernández. Viceministro
Héctor de la Torre González. Director General

MINISTERIO DE LA INDUSTRIA PESQUERA
Alfredo López Valdés. Ministro
Enrique Oltuski. Viceministro
René L. Fernández. Viceministro
María Mokarsel. Presidenta Instituto de la Pesca

MINISTERIO DE RELACIONES EXTERIORES
Felipe Ramón Pérez Roque. Ministro
Fernando Ramírez de Estenoz. Viceministro Primero
Abelardo Moreno. Viceministro
Ángel Dalmau Fernández. Viceministro
José Armando Guerra Menchero. Viceministro
Pedro Núñez Mosquera. Viceministro
Alberto Velazco. Director Asia/Oceanía
Ángel Reigosa de la Cruz. Director Protocolo
José Luis Ponce. Director de Prensa
Juan Antonio Fernández. Director Asuntos Multilaterales
Pablo A. Rodríguez Vidal. Director Jurídico
Rafael Daussá. Director América del Norte.

MINISTERIO DE INDUSTRIA SIDEROMECÁNICA
Fernando Acosta Santana. Ministro
Dolores Rizo Perera. Viceministra
Ibrahim Nápoles. Viceministro
Jorge Luis Ricardo. Viceministro
José Arañaburo García. Viceministro

MINISTERIO DEL INTERIOR
Abelardo Colomé Ibarra. Ministro
Carlos Fernández Gondín Viceministro Primero.
Romárico Sotomayor García Viceministro
José Milián Pino Viceministro
Pascual Rodríguez Braza. Viceministro

MINISTERIO DE SALUD PÚBLICA
Damodar Peña Pentón. Ministro
Ileana Morales. Viceministra
Yamila de Armas. Viceministra
Ramón Díaz Vallina. Viceministro
Aldo Muñoz. Viceministro
Enrique Comendeiro. Viceministro
Gonzalo Estévez Torres. Viceministro
Pedro Hidalgo. Viceministro
Raúl Pérez. Viceministro Higiene y Epidemiología
Suiberto Hechavarría Toledo. Viceministro
Alberto Céspedes Carrillo. Viceministro
Pedro F. Llerena Fernández. Viceministro
Eberto Cue Reyes. Director Relaciones Internacionales
Libertad Carreras Corzo. Jefa Grupo Nacional Inmunología.
Maribel Ponce de León. Jefa Grupo Audiología.
Raúl de la Cruz. Jefe Grupo Zoonosis
Reinaldo García Perera. Jefe Grupo Medicamentos
Mayda García. Directora Hospital Manuel Fajardo.
Nidia Diana Martínez Piti. Dir/Hospital Pediátrico William Soler
Pedro Urra. Director Centro Información
Rodrigo Álvarez Cambra. Dir/Hospital Ortopédico Frank País
Eduardo B. Ordáz Ducunge. Director Hospital Psiquiátrico
Rodolfo Rodríguez Cruz. Director Instituto Higiene y Epidemiología

MINISTERIO DEL TRABAJO Y SEGURIDAD SOCIAL
Alfredo Morales Cartaya. Ministro
Marcia Enríquez Charles. Viceministra
Mayra Lavigne. Viceministro.
Néstor Iglesias. Director del Trabajo
Santos Prieto. Director Asistencia Social

MINISTERIO DEL TRANSPORTE
Carlos Manuel Pazo Torrado. Ministro
Miguel Ángel Cabrera. Viceministro
Joaquín Benavides Rodríguez. Viceministro
Orestes Reyes Ruíz. Viceministro
Julián Toledo Hernández. Viceministro

MINISTERIO DEL TURISMO
Ibrahim Ferradaz García. Ministro
Jorge Núñez. Asesor del Ministro
Marta Maíz Gómez. Viceministra
Eddy Rodríguez de la Vega. Viceministro
Rosa Adela Mejía. Directora Relaciones Internacionales

MINISTERIO DE COMERCIO INTERIOR
Bárbara Castillo Cuesta. Ministra
María del Carmen Martínez Vázquez. Viceministra
María Juana Hernández. Viceministra
Juan Carlos Lancara. Viceministro
Rigoberto Fernández León. Viceministro

BANCO NACIONAL DE CUBA
Francisco Soberón Valdés. Presidente
Luis Armando Blanco. Vicepresidente
Luis Gutiérrez Fontecilla. Vicepresidente
Jorge Barrera. Vicepresidente
Esteban Martel Sotolongo. Superintendente

INSTITUTO DEPORTES EDUCACIÓN FÍSICA Y RECREACIÓN
Humberto G. Rodríguez González. Presidente
Julio Christian Jiménez Molina. Vicepresidente Primero

Alberto Juantorena. Vicepresidente
Hiran González Pérez. Vicepresidente
Mario Granda. Director Instituto Medicina Deportiva

INSTITUTO CUBANO DE RADIO Y TELEVISIÓN
Ernesto López Domínguez. Presidente
Danilo Sirio López. Vicepresidente
Josefa R. Bracero Torres. Vicepresidenta
Daniel Diez. Vicepresidente
Luis Acosta. Vicepresidente
Ovidio Cabrera. Vicepresidente
Francisco García Hernández. Director de la TV
Edelsa Palacios. Directora Radio Enciclopedia.
Magda Resik. Directora Radio Habana Cuba
Manuel Andrés Mazorra. Director Radio Progreso
Pedro P. Figueredo Rodríguez. Director Radio Rebelde
Omar Vera Sardiñas. Director Radio Cuba. Camagüey
Wilfredo Gil Figueredo. Director de la COCO
Waldo Ramírez. Director Televisión Serrana.

INSTITUTO DE RECURSOS HIDRÁULICOS
Jorge Luis Aspiolea Roig. Presidente
Manuel Font. Vicepresidente

INSTITUTO DE AERONÁUTICA CIVIL
Rogelio Acevedo González. Presidente
Amilcar Silveira. Vicepresidente

INSTITUTO NACIONAL DE LA VIVIENDA
Mario Cabello Marante. Presidente
Salvador Gomila. Vicepresidente
Víctor Ramírez Ruíz. Vicepresidente
Luis Amado Blanco. Vicepresidente
Luis Gutiérrez Fontecilla. Vicepresidente
Roberto Vázquez. Director Conservación

CUERPO DIPLOMÁTICO (EMBAJADORES)

No-Acreditado. **Javier Ardizones Ceballos**
Camerún/Chad. **Manuel N. Agramonte Sánchez**
No-Acreditado. **María Aguilar Pena**
Filipinas/Vanuatu/Nueva Guinea. **Ramón Alonso Medina**
No-Acreditado. **Juan Aldama Lugones**
No-Acreditado. **Miguel Alfonso Martínez**
No-Acreditado. **Julio Álvarez Dorta**
Saint Kitts / Nevis. **Orlando Álvarez**
Barbados. **José Joaquín Álvarez Portela**
España/Andorra. **Isabel Allende Karam**
ONU-Ginebra. **Carlos Amat Fores**
No-Acreditado. **Leopoldo Ariza Hidalgo**
Nicaragua. **Damián Arteaga Hernández.**
Etiopía/Djibuti. **Ángel Arzuaga Reyes**
No-Acreditado. **Teresita Averhoff**
No-Acreditado. **Jesús Barreiro González**
No-Acreditado. **Raúl Bárzaga Navas**
No-Acreditado. **Faustino M. Beato Morejón**
No-Acreditado. **Amadeo Blanco Valdés-Fauly**
Argelia. **Roberto Blanco Domínguez**
Chipre. **Germán Blanco Pujol**
Malí. **Filiberto Blanco Acosta**
México. **Jorge Bolaños Suárez**
No-Acreditado. **Miguel Brugueras del Valle**
No-Acreditado. **Ángel G. Brugues Pérez**
Francia. **Eumelio Caballero Rodríguez**
Antigua/Bahamas/Barbuda /San Vicente. **Lázaro Cabezas González**
No-Acreditado. **Reinaldo Cabiaque**
No-Acreditado. **Olga Chamero Trías**
Nigeria. **Orlaida Cabrera Gutiérrez**
No-Acreditado. **Felipe Cadelo Serret**
Portugal. **Reinaldo Calviac Laffertte**
No-Acreditado. **Julio César Cancio Ferrer**
No-Acreditado. **Laureano Cardoso Toledo**
Nueva Zelandia. **Carlos Castillo Calaña**

No-Acreditado. **Crispino Castro Saez**
No-Acreditado. **René Castro**
Libia. **William Carbó Ricardo**
Cambodia. **Nirsia Castro Guevara**
No-Acreditado. **Omar Córdoba Rivas**
No-Acreditado. **Isidro Contreras Piedras**
Canadá/Irlanda. **Carlos F. de Cossío Domínguez**
Gran Bretaña. **José A. Fernández de Cossío Domínguez**
No-Acreditado. **Abelardo Curbelo Padrón**
Tanzania. **Matías E. Chapeaux San Miguel**
Uganda/Ruanda. **Ricardo Danza Sigas**
No-Acreditado. **Ángel Dalmau Fernández**
No-Acreditado. **Alfredo De la Rosa Del Toro**
Gabón/Centroafricana, Rep. **Luis Delgado Pérez**
No-Acreditado. **Sonia Díaz y Llera**
Ecuador. **Ileana Díaz-Argüelles Alasa**
Belice. **Regla C. Díaz Hernández**
Qatar. **Enrique Enríquez Rodríguez**
No-Acreditado. **Héctor Estrada Acosta**
Brunei. **Teresa J. Fernández Díaz**
Australia. **Sicilia Fernández Domínguez**
No-Acreditado. **Oscar Fernández Mell**
No-Acreditado. **Diosdado Fernández González**
No-Acreditado. **José Agustín Fernández de Cossío**
No-Acreditado. **Colman Ferrer Figueroa**
Finlandia/Dinamarca/Suecia/Noruega. **Marianela Ferriol Echevarría**
Italia/Malta/San Marino. **María Flores Prida**
Costa Rica. **Ileana Fonseca Lorente**
Chile. **Alfonso Fraga Pérez**
Burundi. **Ángel Rolando Gallardo Fernández**
Eslovaquia. **José García**
No-Acreditado. **José Manuel García Torres**
Irak. **Ernesto Gómez Abascal**
Haití. **Rolando Gómez González**
Vaticano. **Isidro Gómez Santos**
Honduras. **Elis A. González Polanco**
No-Acreditado. **Ana María González Suárez**

Mozambique. **Eduardo C. González Lerner**
Paraguay. **Irma González Cruz**
Argentina. **Alejandro González Galiano**
Namibia. **Sergio González González**
Polonia. **Alberto Denys Guzmán Pérez**
No-Acreditado. **Domingo García Rodríguez**
No-Acreditado. **Rolando González Tellez**
No-Acreditado. **Rafael Hernández Martínez**
Guinea-Bissau. **Ramón Hernández Vázquez**
Colombia. **Luis Hernández Ojeda**
No-Acreditado. **Alfonso Herrera Perdomo**
Guyana/Surinam. **José Manuel Inclán Embade**
Congo (Brazzaville). **Héctor Izarga Cabrera**
No-Acreditado. **Marta Jiménez Martínez**
Siria/Jordania. **Orlando Lancís Suárez**
Turquía. **Miguel Lamazares Puello**
No-Acreditado. **Carlos M. Lechuga Hevia**
No-Acreditado. **Juan José León Vega**
Hungría/Bosnia-Hercegovina. **Alfredo León Álvarez**
Brasil. **Jorge Lezcano Pérez**
Corea del Norte. **Esteban Lobaina Romero**
ONU-Unesco. **Rolando López del Amo**
No-Acreditado. **José López Sánchez**
Senegal/Gambia. **Mariano Lores Betancourt**
Costa de Marfil. **Pedro J. Machado Hernández**
Bélgica. **Rodrigo Malmierca Díaz**
No-Acreditado. **Severino Jorge Mansur**
No-Acreditado. **Jorge Lázaro Manfugás Lavigne**
Trinidad y Tobago. **Francisco Marchante Castellanos**
Egipto/Kuwait/Omán/Bahrein. **Luis E. Marisy Figuerero**
Rusia. **Jorge Martí Martínez**
No-Acreditado. **Jose Luis Martín Portal**
No-Acreditado. **Miguel Martínez Ramil**
Guinea-Ecuatorial. **Giraldo Mazola Collazo**
No-Acreditado. **Gustavo Mazorra Hernández**
No-Acreditado. **Eduardo Meira García**
Alemania. **Marcelo Medina González**

Japón. **Ernesto Meléndez Bachs**
Rumania. **Lázaro Méndez Cabrera**
No-Acreditado. **Luis Méndez Morejón**
No-Acreditado. **Arnaldo Molina Pérez**
Mauritania/Saharauí. **Omar Morales Bazo**
Zambia. **Narciso Martín Mora Díaz**
ONU-Ginebra. **Jorge Iván Mora Godoy**
Mongolia. **Pedro A. Morán Tápanes**
Túnez/Palestina. **Enrique Moret Echevarría**
Luxemburgo. **René J. Mujica Cantelar**
Laos. **María Aida Nogales Jiménez**
ONU-FAO. **Juan Nuiry Sánchez**
Níger. **Alberto Miguel Otero López**
Checa, República. **David Paulovich Escalona**
Kenya. **Pedro Luis Pedroso Cuesta**
No-Acreditado. **Aldo Pena Enriquez**
Ucrania/Moldova. **Jose Dionisio Peraza Chapeau**
Dominicana, Rep. **Miguel Gustavo Pérez Cruz**
No-Acreditado. **Benigno Pérez Fernández**
Ghana/Liberia/Sierra Leona. **Jose A. Pérez Novoa**
Tailandia/Myanmar. **Rubén Pérez Valdés**
Belarus. **Félix Pérez Zúñiga**
Jamaica. **Jose Francisco Piedra Rencurrell**
No-Acreditado. **Rafael Polanco Brahojos**
ONU-FAO. **Alfredo Nestor Puig Pino**
Angola. **Juan Bautista Pujol Sánchez**
Grecia. **Jorge Quesada Concepción**
Santa Lucía. **Víctor Daniel Ramírez Peña**
Indonesia/Singapur. **Miguel A. Ramírez Ramos**
No-Acreditado. **Claudio Inocente Ramos Borrego**
No-Acreditado. **Francisco V. Ramos Álvarez**
No-Acreditado. **Fernando Ravelo Renedo**
Zimbabwe/Mauricio. **Buenaventura Reyes Acosta**
No-Acreditado. **Luis A. Reyes Más**
Cabo Verde. **Pablo A. Reyes Domínguez**
No-Acreditado. **Silvio Rivera Pérez**
Granada. **Humberto Rivero Rosario**

Holanda. **Elio Rodríguez Perdomo**
Irán. **José Amiro Rodríguez**
No-Acreditado. **Mario Rodríguez Martínez**
No-Acreditado. **Jorge Rodríguez Grillo**
No-Acreditado. **Nicolás Rodríguez Astiazaraín**
No-Acreditado. **Fermín Rodríguez Paz**
Africa del Sur/Lesotho/Swazilandia. **Marcos Fermín Rodríguez Costa.**
China. **Alberto Rodríguez Arufe**
Yemen/Sudán/Eritrea. **Roberto Rodríguez Peña**
Líbano. **Enrique J. Román Hernández**
Bulgaria/Albania/Macedonia. **José de la C. Rosado Amador**
No-Acreditado. **Zoila Rosales Brito**
No-Acreditado. **Javier Rosales Arias**
No-Acreditado. **Remigio Ruíz Vergara**
No-Acreditado. **Rafael Ruíz**
No-Acreditado. **Niel Ruíz Guerra**
Venezuela. **Germán Sánchez Otero**
Yugoslavia. **Juan Sánchez Monroe**
No-Acreditado. **Armando Saucedo Vero**
Perú. **Rogelio Sierra Díaz**
No-Acreditado. **Andrés Silva Díaz**
SriLanka/Pakistán/Maldivas. **Ivonne Suárez Roche**
No-Acreditado. **José Felipe Suárez**
No-Acreditado. **Alberto Suárez Ortega**
No-Acreditado. **Sergio Suárez Nuñez**
Benín/Togo. **Gabriel Tiel Capote**
Burkina Fasso. **Isaac Roberto Torre Barrios**
Vietnam. **Fredesman Turro González**
No-Acreditado. **Darío Urra Torrientes**
India/BanglaDesh/Nepal. **José Eloy Valdés Espinosa**
Botswana. **Ana Vilma Vallejera Rodríguez**
No-Acreditado. **César Vaz Díaz**
Bolivia. **Luis Felipe Vázquez Vázquez**
Suiza/Liechtenstein. **Teresa J. Vicente Sotolongo**
Letonia/Estonia. **Miguel M. Viñas Barrero**
Panamá. **Carlos Rafael Zamora Rodríguez**
No-Acreditado. **Guillermo Zurbitu Gómez**

EL MINFAR

GENERALES

TTECORONELES

CORONELES

MAYORES

Comandante en Jefe de la Revolución **Fidel Castro Ruz**
General Ejército **Raúl Castro Ruz** Ministro de las FAR
Comandante de la Revolución **Ramiro Valdés Menéndez**
Comandante de la Revolución **Juan Almeida Bosque**
Comandante de la Revolución **Guillermo García Frías**
Comandante de la Revolución **Sergio del Valle**
Gral/Cuerpo Ejército **Abelardo Colomé Ibarra** Ministro del MININT
Gral/Cuerpo Ejército **Álvaro V. López Miera** Jefe del EM
Gral/Cuerpo Ejército **Leopoldo Cintras Frías** Jefe Ej/ Occ
Gral/Cuerpo Ejército **Joaquín Quintas Solá** Jefe Ej/Centro
Gral/Cuerpo Ejército **Ramón Espinosa Martín** Jefe Ej/Ote
Gral/Cuerpo Ejército **Julio Casas Regueiro** Viceministro
Gral/División **Efigenio Ameijeiras**
Gral/División **Leonardo Andollo Valdés** 2do Jefe EMG
Gral/División **Onelio Aguilera Bermúdez** J´Unidad Tanque
Gral/División **Rogelio Acevedo González** Presidente IACC
Gral/División **Miguel Abud Soto** J´EM Ej/Ote
Gral/División **Sixto Batista Santana**
Gral/División **Urbelino Betancourt Cruces** Dir/Esc. Máximo Gómez
Gral/División **Jesús Bermúdez Cutiño**
Gral/División **Ladislao Baranda Columbié** Jefe Dir/Int/Militar
Gral/División **Enrique Carreras Rolas**
Gral/División **Oscar Fernández Mell**
Gral/División **Rigoberto García Fernández** Jefe del Ej/Juvenil/Trabajo
Gral/División **Herminio Hernández Rodríguez** EM Ej/ Occ
Gral/División **César Lara Roselló** J´Guarnición La Habana
Gral/División **Antonio E. Lussón Battle** J´Tropas Especiales
Gral/División **Rubén Martínez Puentes** Jefe DAAFAR
Gral/División **Raúl Menéndez Tomassevich**
Gral/División **Ramón Pardo Guerra**
Gral/División **Carlos M. Pérez Pérez** J´Cuerpo Ej/Camagüey
Gral/División **Samuel C. Rodiles Planas** 2do J´Ej/ Occ
Gral/División **Ulises Rosales del Toro** Ministro Azúcar
Gral/División **Diocles Torralba González**

Gral/División **Sergio del Valle Jiménez**
Gral/Brigada **Orlando Almaguel Vidal** J´Retaguardia
Gral/Brigada **Enrique Acevedo González**
Gen/Brigada **Onelio Aguilera Bermúdez.** J´Unidad Tanques
Gral/Brigada **Tomás Benítez** Dir/Unión Eléctrica
Gral/Brigada **Luis Bernal León** J´Industrias Militares
Gral/Brigada **Lorenzo Castro** J´Ej/VillaClara
Gral/Brigada **Lino Carreras** J´Tanques "Rescate Sanguily"
Gral/Brigada **José Carrillo Gómez** 2do J´Dirección Política
Gral/Brigada **Silvano Colás Sánchez**
Gral/Brigada **Armando J. Choi Rodríguez**
Gral/Brigada **Gustavo Chuí Beltrán** Dir/Combatientes
Gral/Brigada **José Espinosa Tamayo**
Gral/Brigada **Juan Escalona Reguera** Fiscal República
Gral/Brigada **Gustavo Fleitas Ramírez** J´EM Ej/Centro
Gral/Brigada **Eladio Fernández Cívico** Dir/GeoCuba
Gral/Brigada **Manuel Fernández Falcón** Dir/Esca
Gral/Brigada **Julio Fernández Pérez** Retaguardia
Gral/Brigada **Víctor Fernández Tamayo** J´Región Ej/Ote
Gral/Brigada **Harold Ferrer Martínez** Ej/Ote
Gral/Brigada **José R. Fernández Álvarez**
Gral/Brigada **Pedro García Peláez** J´Preparación Combativa
Gral/Brigada **Francisco González López**
Gral/Brigada **Calixto García Martínez**
Gral/Brigada **Lorenzo García Frías** Ej/Ote
Gral/Brigada **Reinaldo Gómez Cuevas** Colegio Nacional Defensa
Gral/Brigada **Ernio Hernández Rodríguez**
Gral/Brigada **Rolando Kindelán Blés** Combatientes Habana
Gral/Brigada **Armando López Horta** Asesor Ministro
Gral/Brigada **Orlando Lorenzo Castro** J´Ej/Las Villas
Gral/Brigada **José R. Legró Sauquet**
Gral/Brigada **Roberto Legrá Sotolongo** Dir/Escuela Mil. Antonio Maceo
Gral/Brigada **Miguel A. Llorente León** J´MTT
Gral/Brigada **José A. Morfa González** Artillería Antiaérea

Gral/Brigada **Raúl Muñoz**
Gral/Brigada **Gustavo Milián Rivero**
Gral/Brigada **Roberto Milián Vega** J´EM FAR
Gral/Brigada **Rafael Moracén Limonta**
Gral/Brigada **Pedro J. Mendiondo Gómez** DAAFAR
Gral/Brigada **Jorge Méndez de la Fe** Ej/Centro
Gral/Brigada **Demetrio Montseny Villa** J´Ej/Stgo de Cuba/Ote
Gral/Brigada **José A. Milián Pino** MTT
Gral/Brigada **Juan A. Méndez Sierra**
Gral/Brigada **José Mesa Delgado** Tropas Especiales
Gral/Brigada **Iraldo Mora Orozco** Ej/ Occidente
Gral/Brigada **Lucas Molina** Ej/Ote
Gral/Brigada **Filiberto Olivera Moya**
Gral/Brigada **Miguel A. Otero Álvarez** J´Dirección de FAR
Gral/Brigada **Manuel S. Pérez Hernández**
Gral/Brigada **Juan Pujol Sánchez**
Gral/Brigada **Sergio Pérez Lezcano** Vice/Combatientes
Gral/Brigada **Luis E. Pérez Rospides** Dir/Empresa Gaviota
Gral/Brigada **Delsa Esther Puebla Viltre** J´Combatientes
Gral/Brigada **Antonio Quiñones Machado**
Gral/Brigada **José Quevedo Pérez**
Gral/Brigada **Bruno Rodríguez Curbelo**
Gral/Brigada **Juan A. Rodríguez Pérez**
Gral/Brigada **Guillermo Rodríguez Pozo** Ayudantía Ministro
Gral/Brigada **Irving Ruiz Brito**
Gral/Brigada **Rafael Ruiz Pérez**
Gral/Brigada **Waldo Reina** Ej/Ote
Gral/Brigada **Jorge Suárez Lorenzo** Ej/Ote
Gral/Brigada **Moisés Sió Wong** J´Reserva Estatal
Gral/Brigada **Víctor Shueg Colás**
Gral/Brigada **José A. Solar Hernández** J´Sección Política Ej/Ote
Gral/Brigada **Adalberto Segura** J´EM Ejército Sur/Ote
Gral/Brigada **Eduardo Silva Claro** Ej/Ote
Gral/Brigada **Arnaldo Tamayo Méndez** Dir/Relaciones Internacionales

Gral/Brigada **Víctor Manuel Tamayo** EM Ej/Ote
Gral/Brigada **Roberto T. Viera Estrada** MTT
Gral/Brigada **Jorge A. Valdés Rodríguez**
Gral/Brigada **Fernando Vecino Alegret**
Gral/Brigada **Harry A. Villegas Tamayo** J´Sección Pol Ej/Occ
TteCoronel **Rolando Alfonso Borges** Depto Ideológico
TteCoronel **Miguel Barreiro Hierrezuelo**
TteCoronel **Félix Batista Centelles Llorens**
TteCoronel **José Felipe Cisneros Díaz**
TteCoronel **Jesús Lorenzo Collado Rivero**
TteCoronel **Pelagio Delgado Villamar** Dir/Hospital Militar
TteCoronel **Juan L. Charón Duarte** Ej/Occ
TteCoronel **Serafín Fernández Rodríguez**
TteCoronel **Jorge García Cartaya** MTT
TteCoronel **Raimundo Guillén Gordín**
TteCoronel **Manuel Lastre Pacheco** Ej/Occ
TteCoronel **René Núñez Alvarado** EJT
TteCoronel **José R. Oduardo** EJT
TteCoronel **Reynaldo Silvio Palacio Recio**
TteCoronel **Carlos Rodes Moros** Deportes
TteCoronel **Juan D. Rodríguez Acosta**
TteCoronel **René Rojas Rodríguez**
TteCoronel **José Hernán Salas Rubio**
TteCoronel **Adalberto Segura** Ej/Ote
TteCoronel **Roberto Toledo**
TteCoronel **Luis A. Zayas Ochoa**
Coronel **Felipe Alemán Cruz** Fiscal Militar
Coronel **Rolando Alfonso Borges**
Coronel **Héctor Argilés** Dir/Empresa TRD
Coronel **Mariano Álvarez** J´EM Centro Habana
Coronel **Oscar Basulto**
Coronel **Jorge C. Bengochea Blanco** Profesor Acad/FAR
Coronel **Glaudis A. Borges Ruiz** J´Defensa Civil
Coronel **José Manuel Borges Vivó**

Coronel **M. Carvajal Valverde** DAAFAR
Coronel **Jorge Carreño** J´EM Cerro-Habana
Coronel **Manuel Cuesta Zamora** Ej/Ote
Coronel **José M. Diez Castro** J´Sección Pol Ej/Occ
Coronel **Ricardo Díaz González** DAAFAR
Coronel **D. Delgado Morgado** Ej/Ote
Coronel **Raciel Falcón Ramírez** Habana EMG
Coronel **Sigefredo Fernández** Dirección Política
Coronel **Eladio Fernández Cívico**
Coronel **Mirtha García Yuca**
Coronel **Orlando Garate Cairo**
Coronel **René García Herrera** Ej/Centro
Coronel **Carlos L. García López** Dir/Hosp/Militas Santa Clara
Coronel **Raúl F. Gómez Cabrera**
Coronel **Fidencio González Peraza** J´Frente Montaña
Coronel **Pedro González** EMG
Coronel **Orlando González Ibarra** Retaguardia
Coronel **Diego González Pérez** Defensa Civil
Coronel **R. Hernández Suárez** EMG
Coronel **S. Hernández Cáceres** Ej/Occ
Coronel **Ricardo Hernández Merino**
Coronel **Armando Martínez Álvarez** Dirección Política
Coronel **Regina Sonia Martín García**
Coronel **William Mastrapa Pérez** Ej/Isla de la Juventud
Coronel **Diosdel Martiatu Ramos.**
Coronel **Rafael Marrero Gómez**
Coronel **Rafael Morales Velásquez** Retaguardia
Coronel **Gustavo Milián Rivero** Dirección Política
Coronel **José Palacios** Escuela Interarmas Antonio Maceo
Coronel **Armando Pérez Betancourt** J´Perfeccionamiento Empresas
Coronel **Oscar Puig Céspedes** Retaguardia
Coronel **R. Rodríguez Galano** Ej/Centro
Coronel **Pedro Rodríguez Peralta** J'Supervisión/GAESA
Coronel **Luis A. Rodríguez López-Calleja** Dir/Empresa GAESA

Coronel **Juan Torres Muñiz** J´Historia FAR
Coronel **Ricardo Veranes Carrión** J´Tropas Prevención
Coronel **Marcelo Verdecia Perdomo** J´Región Isla de la Juventud
Coronel **Antolín A. Villamando Prieto**
Coronel **Miguel A. Viamontes** J´Dpto Finanzas
Coronel **Germán Washington** J´Museo de la Cabaña
Mayor **Gregorio S. Betancourt Carballo**
Mayor **Orlando Cuevas Cañizares** Hospital Militar
Mayor **Miguel A. Espinosa Merencio**
Mayor **Manuel J. Forestal Brines** Empresa Ind/Militar Camagüey
Mayor **Pedro O. Martínez Fernández**
Mayor **Ricardo Palacio González**
Mayor **Hilda M. Negrín Reboredo**
Mayor **María Caridad Rodríguez Pineda**
Mayor **Arnaldo Rafael Rubio García**
Mayor **Eduardo Varela Figueredo**
Mayor **F. Quintero Bacallao** Isla de la Juventud
Mayor **Luis Fraga Artiles** Dir/Emp/SERMAR
Vicealmirante **Pedro M. Pérez Betancourt** J´Marina
Vicealmirante **José Cuza Téllez** Base Girón
Contralmirante **Emidgio Báez Vigo** J´Distritos de Marina
Contralmirante **José Roselló Pérez** 2do J´Marina
Mayor **Tatiana Minot de los Ángeles**   .
Capitán-Fragata **Miguel A. Hernández**
Capitán-Fragata **Adrián Cabrera Ruiz**
Capitán-Navío **Idalberto Infante**
Capitán-Navío **René González Machado**
Capitán-Navío **Gonzalo González de la Rosa**
Capitán-Navío **Orlando F. Rodríguez Romay**
Capitán-Navío **Pedro Román Cisneros**
Capitán-Navío **Pablo Jola Domínguez**
Capitán-Navío **Miguel Valle Miranda**

EL MININT

GENERALES

TTECORONELES

CORONELES

MAYORES

Gral/Cuerpo Ejército **Abelardo Colomé Ibarra** Ministro
Gral/División **Carlos Fernández Gondín** Viceministro 1ro.
Gral/División **Romárico Sotomayor García** Viceministro 1ro.
Gral/División **Humberto Omar Francis Pardo** J´Seguridad Personal
Gral/División **Pascual Martínez Gil**
Gral/Brigada **Germán Barreiro Caramés**
Gral/Brigada **Xiomara Contreras Piedras** Vice Dirección Política
Gral/Brigada **Eduardo Delgado** Director DGI
Gral/Brigada **Luis Felipe Denis Díaz** Dir/Instituto Superior
Gral/Brigada **Fabián Escalante Font**
Gral/Brigada **Manuel Fernández Crespo**
Gral/Brigada **Arsenio Franco Villanueva** Prisiones
Gral/Brigada **Leovigildo González Lezcano** J´Sancti Spíritus
Gral/Brigada **Carlos González Jiménez** J´Cienfuegos
Gral/Brigada **Ángel Guevara Heredia** J´Granma
Gral/Brigada **Marcos Hernández Alcaraz** EMGranma
Gral/Brigada **Justo M. Hernández Hurtado** J´Inmigración
Gral/Brigada **Enio Leyva Fuentes**
Gral/Brigada **Andrés Leyva Castro** J´Villa Clara
Gral/Brigada **Ángel M. Mártir Carrión** ex Viceministro
Gral/Brigada **Roberto Márquez Orozco** J´Tropas Especiales
Gral/Brigada **José J. Méndez Cominches**
Gral/Brigada **José Milián Pino** Viceministro
Gral/Brigada **Romelio Pérez León** J´Matanzas
Gral/Brigada **Pedro Ramón Pupo Pérez** Dir/ Aduana Nacional
Gral/Brigada **Lázaro Román Rodríguez** J´Guardafronteras
Gral/Brigada **Pascual Rodríguez Braza** Viceministro
Gral/Brigada **Alejandro Ronda Marrero**
Gral/Brigada **Manuel Suárez Álvarez** Vice Dirección Política
Gral/Brigada **Félix Véliz Hernández** 2do J´Dirección Política
Gral/Brigada **Amado Valdés González** Guardafronteras
Gral/Brigada **Roberto Valdés** J´Santiago de Cuba
TteCoronel **Pedro Álvarez Ordóñez** J´EM Santiago de Cuba
TteCoronel **Gabriel Alfonso Rodríguez** J´Secc/Pol Santiago de Cuba

TteCoronel **Ángel Arago Delgado** Dir/Escuela Nacional
TteCoronel **Jorge Aluija** Dir/Escuela Canina
TteCoronel **Felipe Astengo Carmenate** J´Secc/Política Cienfuegos
TteCoronel **Jesús Becerra Murciélago** J´Dirección Antidrogas
TteCoronel **Fermín A. Blanco** 2do J´PNR
TteCoronel **Leonardo Carrillo** J´Personal Matanzas
TteCoronel **José Miguel Casal** 2do J´Holguín
TteCoronel **Enrique Collazo Matos**
TteCoronel **Sandalio Cheda Domínguez** J´Prisiones PR
TteCoronel **Luis Delgado** J´Isla de la Juventud
TteCoronel **Jacobo Díaz Durán**
TteCoronel **Joaquín Durán Jarbey**
TteCoronel **Rubén Friero Tápanes**
TteCoronel **Vladimir Fernández**
TteCoronel **José L. Galván Pérez** J´Departamento Antidrogas
TteCoronel **Mirtha García Llorca**
TteCoronel **Servando García Nodal** Tránsito PNR
TteCoronel **Ángel Garrido Alonso** J´Secc/Pol y Prevención
TteCoronel **Fernando González Viera** J´Tránsito PNR
TteCoronel **Pedro González Fernández**
TteCoronel **Lázaro Gómez González** J´Secc/Pol Pinar del Río
TteCoronel **Orlando Guerra González** Vice Dirección Política
TteCoronel **Narciso Gutiérrez Ramírez** J´Tráfico Pinar del Río
TteCoronel **Marcos A. Gutiérrez Bello**
TteCoronel **Miguel Guzmán** 2do J´Ciego de Ávila
TteCoronel **Justo Hernández Gutiérrez** Inmigración
TteCoronel **Jorge Iglesias Guzmán** J´Secc/Política Ciego de Ávila
TteCoronel **Ramón Lavado Sohargún** J´EM PNR La Habana
TteCoronel **Leonel Ledea**
TteCoronel **Guillermo López Cardona** 2do Jefe Bomberos
TteCoronel **Eduardo Llopis** J´Empresa ServMed
TteCoronel **Roberto Márquez Orozco** Dir/Tropas Especiales
TteCoronel **Natarael Matos**
TteCoronel **Nicolás Morales Ortiz** Vice J´Cienfuegos

TteCoronel **Carlos A.** Morales López J´DSE Villa Clara
TteCoronel **Enrique Mesa Bonet** J´PNR Villa Clara
TteCoronel **Julio Miranda Iglesias** 2do J´PNR La Habana
TteCoronel **Víctor Oliva** J´Guardabosques Pinar del Río
TteCoronel **Rodolfo Ortega Villalonga** J´PNR Matanzas
TteCoronel **Ricardo Pérez Caneiro** 2do J´Dep/San Luis
TteCoronel **Andrés Peña Breto** J´Menores Matanzas
TteCoronel **Rafael Palomino** J´PNR Santiago de Cuba
TteCoronel **Divino Pazos Piquenes** 2do J´Orden Interno Stgo de Cuba
TteCoronel **Adriana Pantaleón**
TteCoronel **Enrique Pérez Shelton** J´Sección Política Guantánamo
TteCoronel **Eddy Pérez Martín** 2do J´Villa Clara
TteCoronel **Abilio Riquelme** 2do J´Cienfuegos
TteCoronel **José I. Rivero Milán**
TteCoronel **Reinaldo Rivero Pellerano**
TteCoronel **Carlos R. Rodríguez** J´Sección Bomberos
TteCoronel **Félix Sánchez Díaz** PNR
TteCoronel **José A. Santamariña Guerra** 2do J´Tránsito
TteCoronel **Eduardo Toranzo** J´EM Las Tunas
TteCoronel **Felipe Trujillo Rivera** J´Sección Política Matanzas
TteCoronel **Adelto Urquiza** J´Sección Política Villa Clara
TteCoronel **Amado Valdés González**
TteCoronel **Félix Véliz Hernández**
TteCoronel **Marcelo Verdecia Perdomo** Prisiones
Coronel **Carlos Arocha Pérez** Delegación La Habana
Coronel **Eduardo Bencomo** Presidente CIMEX
Coronel **Eloy Bertot Basto** J´Holguín
Coronel **Manuel Blanco Fernández** J´Dirección Menores
Coronel **Ricardo Cabrisas**
Coronel **César Cabrera Carrión** 2do J´Camagüey
Coronel **José A. Cutiño Armada**
Coronel **Víctor Hugo Calviño** Java 2do J´Inmigración La Habana
Coronel **Moisés R. Díaz** PNR
Coronel **José Díaz García** J´Capacitación

Coronel **José L. Domínguez Huerta** Vigilancia PNR
Coronel **Ernesto Freire Cazañas** Secretario CTC La Habana
Coronel **Carlos Figueredo Rosales** Dir/Prevención
Coronel **Raúl García Rivero** Vice PNR
Coronel **Octavio García Blanco** J´Cuadros PNR
Coronel **Abel García** J´EM Dist/Occ Guardafrontera
Coronel **Luis Carlos García Gutiérrez** J´Identificación
Coronel **José García Payares** J´Identificación Santiago de Cuba
Coronel **Raúl García Rivero** J´ Orden/Interno Santiago de Cuba
Coronel **Mario García** PNR La Habana
Coronel **Eligio Gómez García** J´Dist/Ote Guardafrontera
Coronel **Abel Guevara Lemus** 1er Vice Santiago de Cuba
Coronel **Alvio Gil Castellanos** J´Licencias
Coronel **Gerardo Ginarte Espinosa** J´Delegación Las Tunas
Coronel **Armando López Orta**
Coronel **Miguel Lebredo Bermejo** EM Guardafronteras
Coronel **Laín Martín** EM Guardafronteras
Coronel **Daniel Maceda Arias** Dir/Instituto Minint
Coronel **Rolando Matos Bozán** J´Dist/Occ Guardafronteras
Coronel **Antonio M. Martínez Rodríguez**
Coronel **Rodolfo Molina Fleites** 2do J´Delegación Las Tunas
Coronel **Oliverio Montalvo Álvarez** Dpto. Antidroga
Coronel **Federico Mora Díaz** Dirección Política Central
Coronel **Orlando de la O Estrada** J´Delegación Guantánamo
Coronel **José R. Otaño Guevara** Jefe Aduana
Coronel **Rogelio Pauret Silvera** J´Dep/San Luis
Coronel **Saturnino Pantoja Mora** 2do J´Delegación Matanzas
Coronel **Delfín Parmarola Cordero** J´Orden Interno Matanzas
Coronel **José L. Padrón González**
Coronel **Oscar Peña Asencio** Villa Clara
Coronel **José Rodríguez** Tropas Especiales
Coronel **José Quintela Rodríguez** J´Capacitación PNR
Coronel **Ramón Rodríguez** PNR
Coronel **Raimundo Rodríguez Roche** PNR

Coronel **Bienvenido Rafoso** J´Bomberos
Coronel **Orlando Remedios Hernández** Vice Delegación Sancti Spíritus
Coronel **Aldo Rivero Palenzuela** Vice Capacitación
Coronel **José Rodríguez** Tropas Especiales
Coronel **Severino Ruiz Bermúdez** J´PNR Sancti Spíritus
Coronel **Eduardo Sánchez Alberro**
Coronel **Ramón Sánchez Marisi** Vice Delegación Guantánamo
Coronel **Miguel Sanda** 2do J´Identificación
Coronel **Leonardo Tamayo Núñez** Delegación Niquero
Coronel **Andrés Valdés Ruiz** J´EM Dist/Centro Guardafrontera
Coronel **Jorge Valdés Rodríguez** Ex J´Sección 21
Coronel **Aníbal Veláz Suárez** Delegación Camagüey
Coronel **Margarita Veliz Ríos**
Coronel **Manuel Vera** Delegación Isla Juventud
Coronel **Liborio Vera Andrew** Vice Delegación Matanzas
Coronel **Sebastián Viera Cobas** Delegación Guantánamo
Mayor **Amado Álvarez Bacallao**
Mayor **Ramón Arias Bonni**
Mayor **Pedro Arce Peña** Prevención Incendios Isla Juventud
Mayor **Armando de Armas**
Mayor **Alfredo Barrios**
Mayor **Celedonio del Sol Castillo** Delegación Sancti Spíritus
Mayor **Humberto Cancio Mayea** J´Bomberos Sancti Spíritus
Mayor **Miguel Crespo Fuentes** J´Mcpal Stgo de Cuba
Mayor **Luis Domínguez**
Mayor **Gerardo Elías Rodríguez** J´Sección Cuadros de Granma
Mayor **Francisco García Curbelo**
Mayor **Carlos García Cepero** J´Sección Política Granma
Mayor **Danny M. Gullón Gallardo** Dpto. Antidrogas
Mayor **Andrés Gómez Romero** J´Identificación
Mayor **Antonio A. González Durán**
Mayor **Orestes González Ballester**
Mayor **Caridad González**
Mayor **Santiago Grajales Palacio** PNR Granma

Mayor **Luis Iglesias** Guardafrontera
Mayor **Ricardo Martínez** Director Revista Moncada
Mayor **Rolando Morales** J´Bomberos Cienfuegos
Mayor **Mayra Teresa Lassalle Noval**
Mayor **Humberto Lescaille** J´Incendios La Habana
Mayor **Ruperto Ofarrill**
Mayor **Armando Orihuela** 2do J´Delegación Isla Juventud
Mayor **Julio Paz Portal** Jefe PNR Ciego Ávila
Mayor **Guillermo Pérez**
Mayor **Manuel Ramón Cuervo** PNR Cienfuegos
Mayor **Bárbara Rivas**
Mayor **Rafael Ríos Echarte** J´Tráfico Santiago de Cuba
Mayor **Reinaldo Romero Pérez**
Mayor **Félix Sánchez Fiallo** J´Centro Canino.
Mayor **Osvaldo Sánchez**
Mayor **Enildo Sánchez**
Mayor **Rubén Sarosa**
Mayor **José Tanquero González**
Mayor **Luis Valle Santiago**
Mayor **Pedro L. Vázquez Galindo**
Capitán **Mireya Álvarez**
Capitán **José Armiñán Figueredo** J´Inmigración Santiago de Cuba
Capitán **Carlos Blanco**
Capitán **Eddy Boffill Cruz**
Capitán **Pedro Cabrera**
Capitán **Francisco Cabrera**
Capitán **Juan A. Castillo** Inmigración Cienfuegos
Capitán **Edel Esteban Correa Mijares**
Capitán **José Delgado Castro**
Capitán **Jesús R. Díaz**
Capitán **Olivio Espinosa**
Capitán **Enrique Fabelo Menéndez**
Capitán **Eduardo Granado Jiménez**
Capitán **Ángela Gandarilla**

Capitán **Efrén García**
Capitán **Eneldo González**
Capitán **Froilán Iglesias Herrera**
Capitán **Gilberto Landa J´Secc/Política Isla** Juventud
Capitán **Antonio Martínez Acosta**
Capitán **Obdulio Morales**
Capitán **Clara Pacheco**
Capitán **José Rodríguez López** 2do J´Secc/Política Matanzas

EL PARTIDO COMUNISTA DE CUBA

EL BURÓ POLÍTICO
EL COMITÉ CENTRAL
LOS DEPARTAMENTOS DEL COMITÉ CENTRAL

EL PCC DE PINAR DEL RÍO
EL PCC DE CIUDAD LA HABANA
EL PCC DE LA HABANA
EL PCC DE MATANZAS
EL PCC DE VILLA CLARA
EL PCC DE CIENFUEGOS
EL PCC DE SANCTI SPÍRITUS
EL PCC DE CIEGO DE ÁVILA
EL PCC DE CAMAGÜEY
EL PCC DE LAS TUNAS
EL PCC DE HOLGUÍN
EL PCC DE GRANMA
EL PCC DE SANTIAGO DE CUBA
EL PCC DE GUANTÁNAMO
EL PCC DE LA ISLA DE LA JUVENTUD
LA UJC

EL BURÓ POLÍTICO

Fidel Castro Ruz. Primer Secretario Nacional
Raúl Castro Ruz. Segundo Secretario Nacional

Fidel Castro Ruz
Raúl Castro Ruz
Abelardo Colomé Ibarra
Ramón Espinosa Martín
Leopoldo Cintras Frías
Julio Casas Regueiro
José Ramón Machado Ventura
José Ramón Balaguer Cabrera
Yadira García Vera
Esteban Lazo Hernández
Alfredo Jordán Morales
Juan Carlos Robinson Agramonte
Jorge Luis Sierra Cruz
Concepción Campa Huergo
Pedro Sáez Montejo
Misael Enamorado García
Juan Almeida Bosque
Ricardo Alarcón Quesada
Carlos Lage Dávila
Marcos Javier Portal León
Abel Enrique Prieto Jiménez
Ulises Rosales del Toro
Pedro Ross Leal

COMITÉ CENTRAL

Acebo Cortiñas, Miguel
Acevedo González, Rogelio
Alarcón Quesada, Ricardo
Alfonso Borges, Rolando
Almeida Bosque, Juan
Álvarez Blanco, Julián
Álvarez Cambra, Rodrigo
Álvarez de la Nuez, Luis
Álvarez Gil, Abelardo
Andollo Valdés, Leonardo R.
Balaguer Cabrera, José R.
Baranda Columbié, Félix
Bermudez Cutiño, Jesús
Betancourt Cruces, Urbelino
Borroto Nordelo, Carlos
Cabello Marante, Mario
Camacho Aguilera, Julio
Campa Huergo, Concepción
Casas Regueiro, Julio
Castillo Cuesta, Bárbara
Castro Ruz, Fidel
Castro Ruz, Raúl
Cienfuegos Gorriarán, Osmany
Cintras Frías, Leopoldo
Colomé Ibarra, Abelardo
Companioni Moreno, Edildo L.
Concepción González, Maria
Contino Aslán, Juan
Corrieri Hernández, Sergio
Crombet-Baquero, Jaime A.
Cuevas Ramos, Jorge
Chomón Mediavilla, Faure
Despaigne Girón, Daniel
Díaz Barranco, Carlos
Díaz-Canel, Miguel M.
Díaz-Leyva, Rider
Díaz Sotolongo, Roberto T.
Díaz Pérez, Juan Antonio
Diego Bello, Caridad

COMITÉ CENTRAL

Dotres Martínez, Carlos P.
Enamorado García, Misael
Escalona Reguera, Juan
Espín Guillois, Vilma
Espinosa Martín, Ramón
Expósito Canto, Lázaro F.
Fernández Álvarez, José R.
Fernández Gondín, Carlos
Fernández Piloto, Sergio
Ferrer Gómez, Yolanda
Francisco Pardo, Humberto
Freire Cazañas, Ernesto
Garate Domínguez, Ángel
García Álvarez, María
García Díaz, Roberto F.
García Fernández, Roberto
García Vera, Yadira
Gaute López, Víctor F.
Gómez Gutiérrez, Luis I.
Gómez Sánchez, Eusebio
González Aguilar, Eliecer
Guerrero Mestre, Rolando
Gutiérrez Calzado, Carlos M.
Hamut Moreno, Amado A.
Hart Dávalos, Armando
Hernández Estévez, Adis A.
Hernández Rodríguez, Melba
Hondal González, Alfredo
Jiménez Espinosa, Jiménez
Jiménez Expósito, Miossotys
Jordán Morales, Alfredo
Lage Dávila, Carlos
Lage Dávila, Agustín
Lazo Hernández, Esteban
Leal Spengler, Eusebio
Leliebre Duvergel, Raúl
Leyva García, José A.
Leyva Sánchez, Ángela T.
Lezcano Pérez, Jorge

COMITÉ CENTRAL

Limonta Vidal, Manuel
López Acea, Lázara M.
López Miera, Álvaro L.
López Reyes, Alcides
López Rodríguez, Wilfredo R.
Lugo Fonte, Orlando
Lugones Téllez, Zenaida
Machado Ross, Celestino
Machado Ventura, José R.
Martínez Corona, Conrado
Martínez Puente, Rubén
Martínez Ramírez, Julio
Martínez Valladares, Jesús
Maynegra Álvarez, Eugenio L.
Menéndez Castellanos, Manuel
Milián Pino, José
Miret Prieto, Pedro
Miyar Barruecos, José M.
Morales Cartaya, Alfredo
Noya Martínez, Alfonso
Osorio Remedios, Carlos A.
Palmero Hernández, Cándido
Pardo Guerra, Ramón
Pedraza Rodríguez, Lina
Pérez Betancourt, Pedro M.
Pérez Castellanos, Santiago
Pérez Lamas, Juan
Pérez Montoya, Elba R.
Pérez Roque, Felipe R.
Portal León, Marcos Javier
Prieto Jiménez, Abel E.
Richards Aguiar, Roberto L.

COMITÉ CENTRAL

Rivero Torres, Otto
Robinson Agramonte, Juan C.
Rodiles Planas, Samuel
Rodríguez Pérez, Orlando
Rodríguez Romay, Orlando
Rodríguez González, Humberto
Rodríguez Carballosa, Víctor
Romero Pérez, Ramón A.
Rosales del Toro, Ulises
Ross Leal, Pedro
Sáez Montejo, Pedro
Sardá Noriega, Lena Margarita
Sierra Cruz, Jorge Luis
Simeón Negrín, Rosa E.
Solar Hernández, José A.
Sotomayor García, Romárico
Torres Pérez, Nelson
Valdés Menéndez, Ramiro
Valdés Mesa, Salvador A.
Valverde Gutiérrez, Amalia O.
Vázquez García, Nilo L.
Vázquez Martínez, Rolando
Vecino Alegret, Rolando
Vela Valdés, Juan
Velásquez López, Victoria
Vélez Carrión, Rolando
Villegas Tamayo, Harry A.
Virreyes Barreda, Luis R.

DEPARTAMENTOS DEL COMITÉ CENTRAL

José Ramón Machado Ventura. J´Dpto. Organización

José Ramón Balaguer Carrera. J´Dpto. Relaciones Internacionales

José A. Arbessu Fraga. J´Dpto América

Luis Álvarez De La Nuez. J´Dpto Económico

Esteban Lazo Hernández. J´Dpto Ideológico
Rolando Alfonso Borges. Dpto Ideológico
Alberto Albariño. Vicejefe Dpto Ideológico
Juan José Valdés Pérez. Funcionario Dpto Ideológico

Abelardo Álvarez Gil. J´Dpto Recursos Humanos

María De Los Ángeles García Álvarez. J´Dpto Educ/Ciencias/Cultura
Roberto Montesinos. Dpto. Educ/Ciencias/Cultura

Caridad Diego Bello. J´Dpto Asuntos Religiosos

Eugenio L. Maynegra Álvarez. J´Dpto Industrias

Nilo Lázaro Vázquez García. J´Dpto Agroalimentario

Carlos Manuel Pazo Torrado. J´Dpto Construcción

Mario Torres Marín. J´Departamento de Consumo y Servicios

Departamento Transporte y Comunicaciones

PCC PINAR DEL RÍO

María del C. Concepción González. Primera Secretaria de la Provincia

MIEMBROS DEL COMITÉ PROVINCIAL

María Del Carmen Concepción González
Martha Anelys Rodríguez Hernández
Rodríguez Pérez, Gonzalo
López Mirabal, Ángel
Cardoso Ortega, Carlos Manuel
Pérez Baños, Vidal
González González, Gil Ramón
Piñeiro Ravelo, Magalys
Bencomo Valle, Lucio
Machín Fernández, Sonia
Martínez Valladares, Jesús
González, Rolando
Pérez Baños, Vidal

PRIMEROS SECRETARIOS DE MUNICIPIOS

Sergio Fernández Piloto. 1er Secretario Mcpal Viñales
Luis Acosta Echevarría. 1er Secretario Mcpal Güane
Pimentel Pimentel, José Fermín. Miembro Mcpal Güane
Cardoso Ortega, Carlos Manuel. 1er Secretario Mcpal La Palma
Tapia Iglesias, Olga Lidia. 1ra Secretaria Mcpal Bahía Honda
Caballero Ollero, Ana Eumelia. Miembro Mcpal Bahía Honda
Marrero Camacho, José. 1er Secretario Mcpal Los Palacios
Mena Núñez, Sergio Mena. Miembro Mcpal Los Palacios
Hernández, Alba Rosa. 1ra Secretaria Mcpal Pinar del Río
Barreto Castillo, Ernesto. Miembro Mcpal Pinar del Río
Fernández Jiménez, Adalberto. Miembro Mcpal San Luis
González Valdés, Everardo. 1er Secretario Mcpal Mantua
Escandell Rodríguez, José Ramón. Miembro Mcpal Mantua
Franco Rodríguez, Orlando. 1er Secretario Mcpal Consolación del Sur
Guzmán Plasencia, Fermina. Miembro Mcpal Consolación del Sur
Díaz Burón, Luis Enrique. 1er Secretario Mcpal Candelaria
López, Roberto. 1er Secretario Mcpal San Juan y Martínez
Hernández Machín, Iraida. Miembro Mcpal Minas de Matahambre
Fernández Piloto, Sergio. 1er Secretario Mcpal Viñales

PCC CIUDAD DE LA HABANA

Pedro Saez Montejo. 1er Secretario de la Provincia

MIEMBROS DEL COMITÉ PROVINCIAL

Alfredo Morales Cartaya
Gómez Cabeza, Enrique Javier
Cobas Ruíz, Marcia
Martínez López, Leonardo Eugenio
Vázquez Martínez, Rolando
Quintero Martínez, Nérida
Leal Spengler, Eusebio
Vázquez Martínez, Rolando
Cortina García, Lissette Leliana
Chávez González, Pedro M.
González Pérez, Tania
Rodríguez Alonso, Mirtha
Hidalgo, Roberto
Tejera Martínez, Eduardo
Mejías, Félix
Alexis Ametller Hernández
Ordaz Ducunge, Eduardo Bernabé

PRIMEROS SECRETARIOS DE MUNICIPIOS

Arias Díaz, Jorge Antonio. 1er Secretario Mcpal Plaza de la Revolución
Alfonso García, Jorge. Miembro Mcpal Plaza de la Revolución
D´Alvarez González, Martha B. Miembro Mcpal Plaza de la Revolución
Lassalle Noval, Mayra T. Miembro Mcpal Plaza de la Revolución
Caridad López Cantillo. 1era Secretaria Mcpal Marianao
Abreu García, Mercedes Bárbara. Miembro Mcpal Marianao
Ramón Samada Suárez. 1er Secretario Mcpal Centro Habana
De Armas Machado, Félix Pedro. Miembro Mcpal Centro Habana
Pino Naranjo, Luis Ramiro. 1er Secretario Mcpal Diez de Octubre
Moreno Socorro, Elia Caridad. 1era Secretaria Mcpal Boyeros
Ibáñez Cruz, Luis Isidro. Miembro Mcpal Boyeros
Ferrer Madrazo, Maria Teresa. Miembro Mcpal Boyeros
Samada Suárez, Ramón. 1er Secretario Mcpal La Habana del Este

Alonso Falcón, Randy. Miembro Mcpal La Habana del Este
Herrera Ajete, Alejandro. 1er Secretario Mcpal San Miguel del Padrón.
Espinosa, Jesús. 1er Secretario Mcpal Regla
Sánchez-Balladares, Juan Vázquez. 1er Secretario Mcpal Guanabacoa
Allen, Lázaro. 1er Secretario Mcpal Habana Vieja
Hernández Leonard, Alejandra Regla. Miembro Mcpal Habana Vieja
González Hernández, Roger. 1er Secretario Mcpal El Cotorro
Senarega Madruga, Luis Jesús. Miembro Mcpal El Cotorro
Rodríguez Peralta, Dalia Silvestre. Miembro Mcpal La Lisa
Hernández Suárez, Gerardo Enrique. Miembro Mcpal Arroyo Naranjo
González Pérez, Tania Amor. Miembro Mcpal Cerro

PCC LA HABANA

Sáez Montejo, Pedro. 1er Secretario de la Provincia

MIEMBROS DEL COMITÉ PROVINCIAL

Azoy Quintana, Gilda Glenda
Garate Domínguez, Ángel Enrique
Godoy Fariñas, Mayda Concepción
Ordaz Curbelo, Iván
Bonzote González, Jesús
Castro Ortiz, Juan Jorge
Rojas Hernández, Elsa
Castro Cruz, Ramón
Lorenzo Felipe, Wilfredo Alonso
Brito Barroca, Miriam
López Labrada, Alcides
De la Rosa Hilario, Jorge Fluis
González Pérez, Irán

PRIMEROS SECRETARIOS DE MUNICIPIOS

Machado Ross, Celestino. 1er Secretario Mcpal Mariel
López Rodríguez, Carmen Rosa. 1era Secretaria Mcpal Caimito
García, Julio César. Miembro Mcpal Caimito
Suárez Campos, María. 1era Secretaria Mcpal Bejucal
Chacón Abreu, Reinaldo. 1er Secretario Mcpal Melena del Sur
Castro Ortiz, Juan Jorge. 1er Secretario Mcpal Quivicán
Moya García, Elizabeth Alejandra. Miembro Mcpal Jaruco
Guerra González, Mercedes. Miembro Mcpal San José de las Lajas
Villalonga Bermúdez, Lázaro. Miembro Mcpal Santa Cruz
Lastra Romero, Veláis Milagros. Miembro Mcpal Güira de Melena
Pérez Álvarez, Lino. Miembro Mcpal Bauta
Collazo Carrasco, Carlos Manuel. Miembro Mcpal Artemisa

PCC MATANZAS

Gaste López, Víctor Fidel. 1er Secretario de la Provincia

MIEMBROS DEL COMITÉ PROVINCIAL

Padrón Jiménez, Edith
Santamarina Linares, Alfredo
Ferrer Silva, Elia
Izquierdo Alonso, Liván
Valdés Grillo, Reynaldo
García Gutiérrez, Ventura de Jesús
González Esperón, Magalys
Delgado Hernández, Roger
Díaz Fundora, Nilo Tomás
Febles Rodríguez, Juan Pedro
Oviedo Hormaza, Tomás
Umpierre Suárez, Osvaldo
Gaute López, Víctor Fidel

PRIMEROS SECRETARIOS DE MUNICIPIOS

Lavielle, Salvador. 1er Secretario Mcpal Matanzas
Jerez Fernández, Niuska. Miembro Mcpal Matanzas
Segura Correa, Rosa María. Miembro Mcpal Matanzas
Suárez Sánchez, Sidelsys. 1er Secretario Mcpal Perico
Jorge Luis Dorta Toledo. 1er Secretario Mcpal Varadero
Peña Luis, José Roberto. Miembro Mcpal Pedro Betancourt
Almeida Ruiz, Enrique. 1er Secretario Mcpal Colón
León Silveira, Tania. Miembro Mcpal Colón
Infante Rizo, Jose Raúl. 1er Secretario Mcpal Cárdenas
Dueñas Madem, Luis Manuel. Miembro Mcpal Cárdenas
Torres, Mario René. 1er Secretario Mcpal Martí
Casanova González, Amable Tobías. Miembro Mcpal Jagüey Grande
Anca Morejón, Heberto. Miembro Mcpal Ciénaga de Zapata
Rodríguez López, Jorge Luis. Miembro Mcpal Jovellanos
Sierra González, María Caridad. Miembro Mcpal Calimete

PCC VILLA CLARA

Díaz-Canel Bermúdez, Miguel Mario. 1er Secretario de la Provincia

MIEMBROS DEL COMITÉ PROVINCIAL

Miossotys Jiménez Expósito
Acebo Cortiñas, Miguel
Mari Machado, Ana María
Zuazaga Cabrera, Gladys María
Martínez Cabrera, Lázara Esperanza
Díaz Hernández, Maria Magdalena
Ruíz Hernández, José Ramón
Expósito Canto, Lázaro Fernández
Valdés Valdés, Plácido
Dinza Despaigne, Omar
Sorí Díaz, Ángel
García Cabrera, Marisol
Romero Espinosa, Tomasa Trino

PRIMEROS SECRETARIOS DE MUNICIPIOS

López Hernández, Roberto. 1er Secretario Mcpal Santa Clara
Martínez Rodríguez, Bárbara Victoria. Miembro Mcpal Santa Clara
Miguel Acebo Cortiñas. 1er Secretario Mcpal Ságua La Grande
José Ignacio Corcho Navarro. 1er Secretario Mcpal Manicaragua
Enjamio Rodríguez, Rosa Belkis. Miembro Mcpal Manicaragua
Melgarejo Falero, Alexis. 1er Secretario Mcpal Remedios
Peña Carrazana, René. 1er Secretario Mcpal Placetas
Vila Cruz, Manuel. 1er Secretario Mcpal Caibarién
Mendiondo Roig, Eusebia Cristina. Miembro Mcpal Caibarién
Pérez Castellanos, Santiago. 1er Secretario Mcpal Cruces
González, Rolando Ladrón de Guevara. Miembro Mcpal Placetas
Valdés Triana, Celedonio. Miembro Mcpal Camajuaní
Borges Corzo, Eduardo Bienvenido. Miembro Mcpal Corralillo
Cárdenas García, Luis Ramón. Miembro Mcpal Cifuentes
Pérez Díaz, Mabel. Miembro Mcpal Ranchuelo

PCC CIENFUEGOS

Manuel Menéndez Castellanos. 1er Secretario de la Provincia

MIEMBROS DEL COMITÉ PROVINCIAL

Lázara Mercedes López Acea
Elvio Quintero Fabregat
Fernández Tamayo, Francisco Antonio
Pérez Santana, Josefa Amarilys
Pérez Bance, Juan José
González Quintana, Cándido Raúl
Leyva Betancourt, Isis María
Soler Deschapells, Rafael M.
Gutiérrez Cepero, Carmen
García Lugo, Emerio
Díaz Pérez, Juan Antonio
Menéndez Castellano, Manuel

PRIMEROS SECRETARIOS DE MUNICIPIOS

Santiago Pérez Castellanos. 1er Secretario Mcpal Cruces
Ramírez Palma, Esperanza del Rosario. Miembro Mcpal Cruces
Monteagudo Ruiz, José Ramón. 1er Secretario Mcpal Cienfuegos
Pedro Antonio Castellanos Beldrain. Miembro Mcpal Cienfuegos
Lieen Fajardo, Gladys. 1ra Secretaria Mcpal Abreu
Sardinas Montalvo, José Carlos. Miembro Mcpal Aguada de Pasajeros
Castro Mendoza, Ibrahim. Miembro Mcpal Rodas
Mora Rodríguez, Rafael. 1er Secretario Mcpal Cumanayagua
Jiménez, Jose Luis. 1er Secretario Mcpal Rodas

PCC SANCTI SPIRITUS

Díaz Pérez, Juan Antonio. 1er Secretario de la Provincia

MIEMBROS DEL COMITÉ PROVINCIAL

Silvia Herminia Pérez Pérez
Ortiz Barón, Jesús René
Díaz Pérez, Juan Antonio
Borrego Díaz, Juan Antonio
Martínez Rodríguez, Ramón Osvaldo
Díaz Pérez, Lucía
Izquierdo Morgado, Arquímedes.
Aneiros, Jorge Luis
Pedraja Lema, Juan
Elena Acosta, Juana
Fando Rodríguez, Faustino Agustín
Jacomino, Orelvis
Balmaceda, Pascual
Mora, René
Díaz Pérez, Juan Antonio

PRIMEROS SECRETARIOS DE MUNICIPIOS

Gómez González, Zaida Lucrecia. 1ra Secretaria Mcpal Sancti Spíritus
Olga Lidia Díaz Fernández. Miembro Mcpal Sancti Spíritus
Bernal Valdivia, Miguel Enrique. Miembro Mcpal Sancti Spíritus
Raúl Rodríguez Cañizares. 1er Secretario Mcpal Taguasco
Martín Nazco, Mercedes. Miembro Mcpal Taguasco
Rodríguez Extremera, Julio Rafael. 1er Secretario Mcpal Yaguajay
Peña Hurtado, María Josefa. Miembro Mcpal Yaguajay
León Carballo, Félix. 1er Secretario Mcpal Trinidad
Borroto González, Néstor Rafael. Miembro Mcpal La Sierpe
Carpio Calzada, Norberto. Miembro Mcpal Trinidad
Matos Trimiño, Abel. 1er Secretario Mcpal Cabaiguán
Rodríguez Valero, Martha Rosa. Miembro Mcpal Cabaiguán

PCC CIEGO DE AVILA

Companioni Moreno, Edildo L. 1er Secretario de la Provincia

MIEMBROS DEL COMITÉ PROVINCIAL

Cobo Hernández, Reynaldo
Arza Pascual, Agustín Gregorio
Rodríguez Rodríguez, Gilda
Fernández Pena, Alberto Pastor
Rodríguez Núñez, Eneyda Yoanka
López Utria, Rider Cecilio
Rosa Corzo, Lázaro Ricardo
Gómez Cortés, Olga Rosa
Valdés Quintana, Grisel
Magdalena M, Alberto Eloy
Companioni Moreno, Edildo L.

PRIMEROS SECRETARIOS DE MUNICIPIOS

Taboada Martínez, Alfredo. 1er Secretario Mcpal Ciego de Ávila
Castillo Corzo, Rigoberto. 1er Secretario Mcpal Ciro Redondo
León Reyes, Domingo. 1er Secretario Mcpal Venezuela
Pérez Martínez, Osley. 1er Secretario Mcpal Florencia
Ojeda Torres, Mayelín. Miembro Mcpal Florencia
Sánchez Sardiñas, William. 1er Secretario Mcpal Morón
Capote Castillo, Evelio. Miembro Mcpal Morón
Correa Lorenzo, Tania. Miembro Mcpal Primero de Enero
Martín Jiménez, Norma Reyna. Miembro Mcpal Chambas
Nelson Charles, Martha. Miembro Mcpal Bolivia
Rodríguez Castillo, Nilda Bárbara. Miembro Mcpal Majagua

PCC CAMAGÜEY

Valdés Mesa, Salvador Antonio. 1er Secretario de la Provincia

MIEMBROS DEL COMITÉ PROVINCIAL

Mercedes Escudero Olazábal
Gómez Sánchez, Eusebio
Barba Alonso, Clemente Raúl
García Collazo, Jesús Arturo
Romero Álvarez, Cecilio Abel
Toro de Armas, Gilberto Francisco
Cruz Gómez, Iris
Carriera Montes, Amparo Zaida
Ruiz Campos, José A.
Gómez Sánchez, Eusebio.
Arturo Campillo Acosta

PRIMEROS SECRETARIOS DE MUNICIPIOS

Rodríguez Beltrán, Héctor. 1er Secretario Mcpal Sibanicú
Alfonso Noya Martínez. 1er Secretario Mcpal Universidad de Camagüey
López Leyva, Eduardo. 1er Secretario Mcpal Camagüey
Leal Acosta, Armando. 1er Secretario Mcpal Esmeralda
Morales, Ángel. 1er Secretario Mcpal Minas
Rodríguez Benítez, Norma Irena. Miembro Mcpal Minas
Hernández Baró, Bárbara. 1ra Secretaria Mcpal Guáimaro
Soto Romero, Leonardo. 1er Secretario Mcpal Nuevitas
Marrero, Mayra de la Cruz. Miembro Mcpal Vertientes
González Cárdenas, Isabel Graciela. Miembro Mcpal Jimaguayú
Almeida Martínez, Omar. Miembro Mcpal Carlos Manuel de Céspedes
Fernández del Monte, Anielka. Miembro Mcpal Florida

PCC LAS TUNAS

Jiménez Espinosa, Pedro. 1er Secretario de la Provincia

MIEMBROS DEL COMITÉ PROVINCIAL

Pedro Jiménez Espinosa
Waldo Torres Estoll
Ramadán Reyes, Omar
Licea González, Aniuska R.
Ayala Báez, Juan Carlos
Amat Moro, Vladimir
Pérez Vega, Osvaldo
López Hernández, Julián
Pausa Bello, Evelio
Jerez Santiesteban, Arnaldo
Eleuterio Domínguez Fillort
Jose Luis Fernández Yero
Angel Rafael Peña de la Rosa

PRIMEROS SECRETARIOS DE MUNICIPIOS

Amat Moro, Vladimir. 1er Secretario Mcpal Puerto Padre
Álvarez Torres, Vitalina Rosa. Miembro Mcpal Puerto Padre
Santiago Rodríguez, Ramiro. 1er Secretario Mcpal Jesús Menéndez
Carbonell Couso, Eduardo. Miembro Jesús Menéndez
González Vega, Rodolfo. 1er Secretario Mcpal Amancio Rodríguez
Fernández Delgado, Osvaldo D. Miembro Mcpal Amancio Rodríguez
Varona Moreno, Lázara. 1ra Secretaria Mcpal Las Tunas
Best Rivero, Aleida. Miembro Mcpal Las Tunas
Monte Cervantes, Walter. 1er Secretario Mcpal Majibacoa
Curbelo Hernández, Ramona. Miembro Mcpal Majibacoa
Mejías Ramos, Iris de los A. Miembro Mcpal Colombia
Arrieta Hechavarría, Luz Marda. Miembro Mcpal Jobabo
Díaz Ramírez, Víctor. Miembro Mcpal Manatí

PCC HOLGUÍN

Sierra Cruz, Jorge Luis. 1er Secretario de la Provincia

MIEMBROS DEL COMITÉ PROVINCIAL

Díaz Alcántara, Ramón Valentín
Olivera Fis, Alberto
Gordon Benjamín, Isidora
Mariño Rodríguez, Juvenal
Bárzaga Laffitte, Neuris José
Guasch Estévez, Jorge Luis
Rosales Hernández, Luciano Adalberto
Piferrer Gómez, Josefa Greta
Mesa Castillo, Violeta
Sánchez Hidalgo, Joselín
Cabello Marante, Mario
Domínguez González, Gilberto
Hernández Pérez, Digna Raquel
Sarmiento Sotelo, Manuel
González Aguilar, Eliecer
Estevez Soto, René
Laurencio, Rubén
Infante Rodríguez, José A.

PRIMEROS SECRETARIOS DE MUNICIPIOS

Carlos A. Osorio Remedios. 1er Secretario Mcpal Banes
Díaz Hernández, Eduardo. Miembro Mcpal Banes
Nolberto Santiesteban Velásquez. 1er Secretario Mcpal Holguín
Cobas Cobiella, Juan Carlos. Miembro Mcpal Holguín
Robles Proenza, Fernando Daniel. Miembro Mcpal Holguín
Concepción Morales, Eduardo. 1er Secretario Mcpal Moa
Laffita Leyva, Idelisa. Miembro Mcpal Urbano Noris
Domínguez Morera, Jorge Luis. 1er Secretario Mcpal Mayarí
Pruna Amer, Juan Antonio. Miembro Mcpal Mayarí
Malblanche Noblet, Gustabel. 1er Secretario Mcpal Frank País
Reyes Mestre, Osvaldo. Miembro Mcpal Frank País
Ávila Lorenzo Jose Luis. 1er Secretario Mcpal Cueto
Cáceres Villavicencio, Manuel. 1er Secretario Mcpal Sagua de Tánamo
Rueda Rojas, Reinaldo. 1er Secretario Mcpal Baguanos

PCC GRANMA

Expósito Canto, Lázaro Fernando. 1er Secretario de la Provincia

MIEMBROS DEL COMITÉ PROVINCIAL

Ormán Cala Pascual
Betancourt Téllez, Iris
Fernández Martínez, Roberto Fructuoso
Rodríguez Corría, Nelson
Ferrer Mora, Zhenia Elena
Ferguson Tamayo, Marina
Leyva García, José Antonio
Verdecia Sala, Glicerio de la Cruz
Domínguez Fernández, Rafael
Vázquez Hernández, Arturo
León Miguez, Mario
Verdecia Ramírez, José
González, Camilo
Luis Rafael Virreyes Barreda
Padilla Vera, Juan
Rodríguez Verdecia, Manuel

PRIMEROS SECRETARIOS DE MUNICIPIOS

Zenaida Lugones Téllez. 1era Secretaria Mcpal Niquero
Acosta Hidalgo, Rafael Victoriano. Miembro Mcpal Niquero
Luis Rafael Virreyes Barreda. 1er Secretario Mcpal Bayamo
Gorgozo Suárez, Adrián Pedro. Miembro Mcpal Bayamo
Guillermo Domingo Vega F. 1er Secretario Mcpal Manzanillo
Arias Palomino, Roberto. Miembro Mcpal Manzanillo
Mendoza Morales, Alfredo. 1era Secretaria Mcpal Pilón
Terry Gutiérrez, Yanetsy. Miembro Mcpal Pilón
García Guerra, Carlos. 1er Secretario Mcpal Buey Arriba
Ramos Martínez, Pedro. 1er Secretario Mcpal Cauto Cristo
Samariego González, Verena. 1ra Secretaria Mcpal Campechuela
Naranjo Peña, Víctor Rubén. Miembro Mcpal Cauto Cristo

Ávila León, Vinicio. 1er Secretario Mcpal Jiguaní
Solano Socarrás, Rogelio. 1er Secretario Mcpal Bartolomé Masó
Ríos Sotto, Eugenio. Miembro Mcpal Bartolomé Masó
Infante López, Jesús Antonio. Miembro Mcpal Media Luna
López Guerra, Carlos Arturo. Miembro Mcpal Media Luna
Núñez Castillo, Miguel Antonio. Miembro Mcpal Río Cauto
Reyes Reyes, Cándido. Miembro Mcpal Guisa

PCC SANTIAGO DE CUBA

Enamorado Dáger, Misael. 1er Secretario de la Provincia

MIEMBROS DEL COMITÉ PROVINCIAL

Alcides López Reyes
Rubén de Jesús Videaud Márquez
Amalia Odelinda Valverde Gutiérrez
Hechavarría Acosta, Santiago Rafael
Torres León, Rosa Lidia
Estrada Fong, Carlos Alejandro
Cabal Mirabal, Carlos Alberto
Yero García, Rolando
Ibáñez Arranz, Luis Enrique
Alfonso Rodríguez, Virgen
Cobas Conte, Miriam Isabel
Cuevas Ramos, Jorge
Hendís Hendís, Reynaldo
García Álvarez, Maria de los A.
García de la Cruz, Teófilo
López García, Maria Elena
Peña Osorio, Tomás Gregorio
Gómez González, Evidio
Despaigne Girón, Daniel de Jesús
Larduet Despaigne, Reinaldo
Mazar Antunes, Coralia
Vélez Carrión, Rolando
Yero García, Rolando
Despaigne Girón, Daniel J
Soto, Jorge Luis
Saborit Mendoza, Mariluz
Miranda Lebeque, Pedro
Chacón Justiz, Raúl
Baños González, Mariano Enrique
Lay Bello, Ismael Rafael
Cuevas Ibáñez, Eugenio

PRIMEROS SECRETARIOS DE MUNICIPIOS

Corrales Robert, Laris. 1er Secretario Mcpal Santiago de Cuba
Hernández Romero, Martha. Miembro Mcpal Santiago de Cuba
García Nelson, Irene Ibis. Miembro Mcpal Santiago de Cuba
Fernández Chaveco, Arnel. 1er Secretario Mcpal II Frente
Baute Rosales, Manuel. Miembro Mcpal II Frente
Monier Quintana, Roberto. 1er Secretario Mcpal III Frente
Mora García, Guillermo. Miembro Mcpal III Frente
Centelles Díaz, Juan. 1er Secretario Mcpal Guamá
González Aguilar, Ramón Orlando. 1er Secretario Mcpal Dos Caminos
Yero García, Rolando. 1er Secretario Mcpal Contramaestre
Heredia Betancourt, Salvador. 1er Secretario Mcpal Palma Soriano
García Álvarez, María. 1era Secretaria Mcpal Universidad Stgo de Cuba
Mendoza, Moraima. 1ra Secretaria Mcpal Songo-La Maya
González Coba, Andrés. Miembro Mcpal Songo-La Maya
Reyes Castillo, Miriam. Miembro Mcpal Mella
Batista Vargas, Jorge Luis. 1er Secretario Mcpal San Luis
Pérez, Dionisio. Miembro Mcpal San Luis

PCC GUANTÁNAMO

Velez Carrión, Rolando. 1er Secretario de la Provincia

MIEMBROS DEL COMITÉ PROVINCIAL

Brooks Lobato, Melquíades
Moraga Claro, Orlando
Nelson Martínez, Ramón
Pérez Delgado, Nuria
Linares Viltres, Silvano
Terrero Lores, Amauri
González Blanco, Dioscórides
Rodríguez Velásquez, Marilis
Hernández Fiffe, Ramón
Raúl Leliebre Duvergel

PRIMEROS SECRETARIOS DE MUNICIPIOS

Corbacho Aguijarte, Nelson. 1er Secretario Mcpal Guantánamo
Durán Rodríguez, Eroide. 1er Secretario Mcpal Maisí
Rodríguez Galano, Marlene. 1ra Secretaria Mcpal Baracoa
Azaharez Cuza, Pedro. Miembro Mcpal Baracoa
Díaz, Delvis. 1er Secretario Mcpal San Antonio del Sur
Rodríguez Sánchez, Dionisio. Miembro Mcpal Yateras
Fernández Guindo, Luis Guillermo. Miembro Mcpal Manuel Tames
Delima Rancoll, Fernando. Miembro Mcpal Manuel Tames
Cisneros Díaz, José Felipe. Miembro Mcpal Caimanera
Caballero Zulueta, Uberlinda. Miembro Mcpal Niceto Pérez

CC MUNICIPIO ESPECIAL ISLA DE PINOS

Elizabeth Cámara Báez. 1ra Secretaria de Isla de Pinos

MIEMBROS DEL COMITÉ DEL MUNICIPIO ESPECIAL

Duvergel Rodríguez, Oslayda
Flores Espinosa, Orestes Ramón
Pardo Lazo, Anicia
González Farrat, Emilio
Rodríguez Díaz, Miguel
García Díaz, Roberto Fernández
Unger Pérez, Roberto

UJC BURÓ NACIONAL Y SECRETARIOS PROVINCIALES

Otto Rivero Torres. 1er Secretario UJC Nacional
Julio Martínez Ramírez. 2do Secretario UJC Nacional

Camilo Hernández Suarez. Miembro Buró Nacional
Carmen Rosa Báez. Miembro Buró Nacional
Eugenio Mayón. Miembro Buró Nacional
Francisco Reyes. Miembro Buró Nacional
Javier Labrada. Miembro Buró Nacional
Concepción Rangel, Jose Antonio. Miembro Buró Nacional
Juan Carlos Marsán. Miembro Buró Nacional
Kenia Serrano. Miembro Buró Nacional
Meireles Cardoso. Miembro Buró Nacional
Velázquez López, Victoria. Miembro Buró Nacional
Claudia Felipe Torres. Miembro Buró Nacional. Presidenta FEEM
Hassán Perez Casabona. Miembro Buró Nacional. Presidente FEU
Miriam Y. Martín González- Miembro Buró Nacional. Presidenta UPC
Eduardo Rodríguez Rodríguez. Miembro Buró Nacional. Presidente BJT

Ernesto Díaz Cabezas. 1er Secretario provincia Ciudad La Habana
Juan Carlos García. 1er Secretario provincia La Habana
Eduardo Tirado. 1er Secretario provincia Cienfuegos.
Julio Martínez Ramírez. 1er Secretario provincia Ciego de Ávila
Julio Cesar García Rodríguez. 1er Secretario provincia Camagüey
Ernesto Castillo. 1er Secretario provincia Granma

CONFEDERACIÓN DE TRABAJADORES DE CUBA
CTC
SECRETARIADO NACIONAL DE LA CTC
SECRETARIOS DE SINDICATOS NACIONALES
SINDICATO AGROPECUARIOS Y FORESTALES
SINDICATO TRABAJADORES DE LAS CIENCIAS
SINDICATO NACIONAL TRABAJADORES METALÚRGICOS
SECRETARIOS DE LA CTC EN PROVINCIAS

SECRETARIADO NACIONAL DE LA CTC

Pedro Ross Leal -- Secretario General.
Francisco Durán Harvey – 2do Secretario
Haydé Montes Cabrera -- Educación y Propaganda
Armando Delgado Reyes -- Emulación, Trabajo Voluntario
Luis M. Castanedo Smith -- Asuntos Económicos
Ada Benítez Colao -- Convenios de Trabajo
Raúl Hodelín Lugo -- Asuntos Laborales y Sociales
Leonel González González – Relaciones Internacionales
Bernardo Oliva González -- Secretario Sindicato Tabacaleros
Reinaldo Valdés Grillo -- Secretario CTC Matanzas
Ernesto Freire Cazañas -- Secretario CTC Ciudad de La Habana
Ángel Morffi Lozada -- Secretario CTC Cienfuegos
Olga R. Gómez Cortés -- Secretario Sindicato de la Cultura
Manuel Antonio Ríos Medina -- Secretario Sindicato Industria Ligera
Irma Consuegra Viamontes -- Secretario Sindicato Comercio y Servicios
Diana Mª. García Martínez -- Secretario Sindicato Administración Pública
Blas Berriel Peña -- Secretario Sindicato Agropecuarios y Forestales.

Ermela García Santiago – Directora Esc Nac CTC
José A. Muñoz Lomba – Pres/Comité Control y Revisión
Jorge L. Canela – Director Periódico Trabajadores
Lázaro Calderón -- Miembro

SECRETARIOS DE SINDICATOS NACIONALES

Bernardo Oliva González – Tabacaleros.
Ángel Morffi Lozada -- Química, Minería y Energética.
Olga R. Gómez Cortés – Cultura.
Manuel Antonio Ríos Medina -- Industria Ligera.
Irma Teresa Consuegra Viamontes -- Comercio, Gastronomía y Servicios.
Diana Mª. García Martínez -- Administración Pública.
Blas Berriel Peña -- Agropecuarios y Forestales.
Manuel Cordero Águila -- Industria Azucarera.
Luis G. Abreu Mejías -- Educación, Ciencia y Deporte.
José A. Roque Arias – Defensa.
Raimundo M. Navarro Fernández – Salud.
María del Carmen Rodríguez – Miembro Secretariado Salud
Rafael Mesa Bravo – Construcción.
Francisco Castillo Falcón -- Industria Alimenticia.
Ángel Villarreal Bravo – Metalúrgicos.
Martha Cabrisas Alfonso – Ciencias, Tecnología y Medio Ambiente.
Zoila Fernández – ex Secretario Ciencias, Tecnología y Medio Ambiente
Martha Aida Cabrisas Alfonso. Ciencias.
José L. Justo Villamil -- Marina Mercante, Puertos y Pesca.
Rodolfo Benito Jiménez Polanco -- Hotelería y Turismo.
Bárbara Sarría Aparicio -- Comunicación, Informática y Electrónica.
Fernando Pérez Concepción – Transporte.
Pedro Galeano. Arquitectos e Ingenieros

SINDICATO AGROPECUARIOS Y FORESTALES

Blas Berriel Peña. Secretario General.
Alfredo Machado López,
Maritza Blanco Parchment,
Tania Pedraza Herrera,
Antonio Borges Borges,
Hipólito Ferradaz Pérez,
Antonio Hernández Carrillo,
José Esquivel Berrio,
Roquelina Sabina,
Arnel Sera Pérez,
Antonio Ceballos Gato,
Reynaldo Martínez Cordero
Onidia Rojas Cardentey.

SINDICATO NACIONAL TRABAJADORES DE LAS CIENCIAS
SECRETARIADO NACIONAL

Marta Cabrisas Alfonso. Secretaria General

Loraine Fernández Gómez
Magali Pinillos Cartaya
Roberto Chávez
Vilma Rojas
Zoila Fernández Montequín
Blanca Morejón Seijas
Teresa Rodríguez Villar
Reynaldo Figueredo Calvo
Carlos Roque García
Cecilia Pozo Armenteros
Marilín Rodríguez Hernández
Anabel Álvarez Acosta

SINDICATO NACIONAL TRABAJADORES METALÚRGICOS

Ángel Villarreal Bravo. Secretario General
Luis Felipe Barallobre Romaguera. 2do Secretario

Carlos Gómez Sánchez
Ramón Cuéllar Beteta
Sara I. Gainza Elías
Juan Carlos Barrera Camacho
Lázaro Rivero Altaloitía
Emilio Pérez Estrada
Omaida Téllez Aguilera
Berto Carballo Casas
Ismayasil Sing Batista
Odessa Martinto García

SECRETARIOS DE LA CTC EN PROVINCIAS

PINAR DEL RÍO
José Cabrera Cabrera. Secretario Provincial

LA HABANA
Juan Jorge Castro Ortiz. Secretario Provincial
Lena M. Sardá Noriega. Buró Provincial

CIUDAD DE LA HABANA
Ernesto Freire Cazañas. Secretario Provincial
Ana Ma. Torre González. Secretaria Mcpal San Miguel del Padrón

MATANZAS
Reinaldo Valdés Grillo. Secretario Provincial

VILLA CLARA
Gustavo Pérez Bermúdez. Secretario Provincial
Evelio Albernas González. Secretario Mcpal Remedios
Alejo O. Marrero González. Secretario Mcpal Manicaragua

CIENFUEGOS
Amarilis Pérez Santana. Secretario Provincial

SANCTI SPÍRITUS
Ramón Osvaldo Martínez Rodríguez. Secretario Provincial

CIEGO DE ÁVILA
Rider López Utria. Secretario Provincial

CAMAGÜEY
Juan J. Polo Vázquez. Secretario Provincial
Humberto Pérez. Secretario Provincial Sindicato Marina, Puertos y Pesca

LAS TUNAS
Omar Ramadán Reyes. Secretario Provincial
Alina Cordoví Montero. Miembro Secretariado Provincial

HOLGUÍN
Juvenal Mariño Rodríguez. Secretario Provincial
Melba R. Abad González. Secretaria Provincial Industria Alimenticia
Clara Luz Rodríguez Nicle. Secretaria Mcpal Moa

GRANMA
Roberto Fernández Martínez. Secretario Provincial
Ormán Calá Pascual. Miembro Secretariado Provincial
Isabel Aguilar Baez. Directora Escuela Provincial CTC

SANTIAGO DE CUBA
Rosa Lidia Torres León. Secretario Provincial
Rafael A. Mesa Gravo. Miembro Secretariado Provincial

GUANTÁNAMO
Melquíades Brook Lobato. Secretario Provincial
Raúl Hodelín Lugo. Miembro Secretariado Provincial

ISLA DE LA JUVENTUD
Luis E. Ávila Bordeloix. Secretario Provincial

DIRECTORES

Y

EJECUTIVOS

DE EMPRESAS

Y

UNIONES ECONOMICAS

Acosta, Fernando. Dir Grupo Industrial Automotriz UNECAMOTO

Agüero Basulto, Joel. Dir/Emp Transporte EAT 7. Camagüey

Aguila Cabezas, Pedro. Subdirector CAI Ramón Ponciano. Fomento

Aguilera Gueton, Marcos R. Dir. Empresa Petróleo del Centro

Albisa Valdés, Benito. Director Grupo Empresarial COMBELL

Alfonso Pérez, Onelio. Director Empresa de Correos de Cuba

Almazan Marín, Alberto. Director Grupo Confecciones Textiles BOGA

Almeida Bosque, Juan. Presidente Inmobiliaria ALMEST S.A.

Alonso Becerra, Beatriz. Directora CITMAEL (Informática)

Álvarez Borrego, Pedro. Director ALIMPORT (Alimentos)

Álvarez Moya, Fray. Dir/Emp productos lácteos

Alvarez Vázques, Alfredo A. Director Empresa Avícola La Demajagua

Arabi Gutierrez, Raúl. Director Empresa Confecciones PUNTEX

Argilés, Héctor. Director Empresa comercial TRD Caribe.

Árias Cardeso, José. Director CAI Amancio Rodríguez. Las Tunas

Barba Alonso, Clamente. Dir/ Pecuaria Rectángulo. Guáimaro

Basulto Torres, Oscar. Co-presidente Corporación Habanos S.A.

Barreras, Jorge. Director Empresas Cadena Islazul

Bencomo, Eduardo. Presidente Banco Financiero Internacional. Cimex

Bermudez Cutiño, Jesús. Director Antex, S.A.

Bernal León, Luis. Presidente Grupo de Industrias de Defensa

Benítez, Tomás. Director Unión Eléctrica

Borges Vivó, José Manuel. Director Aerogaviota, S.A.

Borroto Nordelo, Carlos. Director Bioplantas Ciego de Ávila

Cabrera Balboa, José I. Director Cervecería Tînima. Camagüey

Cabrisas, Ricardo. Director CIMEX

Calderín Furniel, César. Dir/Emp Conservas de Vegetales. Camagüey

Callejas Díaz, Luis M. Dir. Fundición Hierro/Acero. Holguín

Campa Huergo, Concepción. Dirtra Centro Producción Vacunas y Sueros

Campillo Acosta, Arturo. Dir/Emp Pecuaria Rectángulo. Camagüey

Casals, Hector. Director Corporación Cuba-Ron.

Casanova, Alfonso. Director Grupo Gran Caribe. (Sector turismo)

Castañedo Cancio, Nilo R. Dir Empresa Bioactivos Químicos.

Castro Ruz, Ramón. Director Empresa Genética Valle de Picadura

Castro Soto del Valle, Alexis. Subdirector Empresa Gran Caribe
Cuenca, Ramón César. Representante Casa Bancaria André (Suiza)
Choong Estupiñán, Antonio L. Director SASA, S.A. (autos).
Cordoví Miranda, Ana G. Directora Textilera Bellotex. Matanzas
Cruz Moya, Cila Ma. Directora CAI Efraín Alfonso. Ranchuelos
Cruz, Enrique. Dir. Emp Tabaco San Luis. Pinar del Río
De la Nuez, Raúl. Director Unión del Níquel
De Los Reyes, Antonio. Director Compañía Siderúrgica ACINOX.
De Hombre Marcial, Jesús. Dir/Comercializadora DIVEP. Camagüey
De la Rosa Peña, Raúl. Dir/Emp Abastecimiento y Ventas. Camagüey
Delgado Hernández, Roger. Dir. Empresa Citrícola Victoria de Girón
Díaz Díaz, Cándido. Dir Empresa Genética Niña Bonita
Díaz Canel, Daniel. Director Poliplast
Díaz, Pedro Lenin. Director Turistica Isla Azul.
Díaz Sosa, Manuel. Dir/Cadena turística Rumbos de Cuba.
Díaz Suarez, Adolfo. Director Corporación ALIMPORT.
Duarte Ramos, Fausto. Director Empresa Avícola. Camagüey
Durand Silveira, Reynaldo. Director Ferias Agropecuarias
Echevarría Díaz, Nicolas. Dir Granja Forrajera. Madruga
Escobar, Alejandro. Director Grupo Hotelero Gran Caribe
Estévez Soto, René. Director Empresa Níquel Che Guevara. Moa
Estévez Olazábal, Carlos. Dir/Emp Materiales Construcción. Camagüey
Fernández Cívico, Eladio. Director Empresa GEOCUBA
Fernández Guerra, Maurilio. Dir CAI Arrocero. Río Cauto
Fernández, Ibrahim. Director IACC
Fernández, José A. Dir/Empresa comunicaciones ETECSA
Ferrer Martín, Nelson. Director CUBATEL S. A. (telecom)
Flores Carbonel, Roger. Dir/Emp Rrefractarios. Camagüey
Flores, Ernesto. Dir/Em Textil CAONEX. Camagüey
Fraga Artiles, Luis. Director Empresa naviera SERMAR, S.A.
Fraga Castro, José A. Director farmacéutica LABIOFARM
Fundora, Humberto. Dir/Emp comunicaciones MOVITEL
Gálvez Guillén, Juan F. Dir/Emp Tenería y Calzado. Camagüey
García Díaz, José. Director Empresa perfumería SÚCHEL

García Gil, Luisa. Dir Empresa de Conservas. Holguín
García Jiménez, Leonardo. Dir/Constructora ECOA 18. Camagüey
García Nelson, Irene. Gerente Casa Cambio CADECA. Stgo de Cuba
Garnica Sanchez, José. Director Pecuaria de Vertientes
Gesteira, Daiby. Directora Empresa SOFTCAL (Programación)
Godínez, Luis. Director Empresa Nacional Aviación Agrícola
Gómez Acosta, Lorenzo. Dir Emp. Cultivos Varios Sola. Cubitas
González, Juan Antonio. Vicepresidente Grupo Electrónica
González, Julio. Dir/Empresa Radiocomunicaciones de Cuba
González Ríos, Oscar. Director Grupo Empresarial Campismo
González, Deisy. Directora Laboratorios AICO
Gonzalez, Magalys. Directora Emp. Turística ITH
González Cabrera, Lidia Ma. Subdirectora Pecuaria Máximo Gómez.
González Cabrera, Arcadio. Presidente Coop. Juan González. Cabaiguán
González Bermudez, Fernando. Dir Empresa Animales laboratorios
Grana, Rafael de la. Director Refinería Espirituana Sergio Soto.
Guerrero Mestre, Rolando. Director CAI Fernando de Dios. Holguín
Gutierrez Calzado, Carlos. Presidente laboratorios DALMER
Guillot, Andrés. Dir/Grupo Electrónica para el turismo
Guzmán, Arturo. Director Empresa Cubalse
Hernández Martínez, Alfredo. Director CIMEQ
Hernández Falao, Ángel R. Presidente Grupo Empresarial Cubaniquel
Hernández Rifat, Pedro. Director Unión Textil.
Hernández, Raquel. Directora Cadena Horizontes
Hernández, Eduardo. Vicedirector Corporación CORAL
Hernández García, Pedro L. Director UBPC El Coronel. Jovellanos
Hernández Hernández, Reynaldo. Dir/Agropecuaria Unión de Reyes.
Herrera Hernández, Ernesto. Dir/UBPC Las Nuevas. La Sierpe
Herrera López, Pablo. Director Empresa Gas Embotellado. Matanzas
Hernández García, Pedro L. Dir/ UBPC El Coronel. Jovellanos.
Hernández, Víctor Fidel. Director Empresa Avícola Pinar del Río
Rey, Yliana Rey. Directora Unión de empresas Súchel
Ladrón de Guevara, Jorge. Dir Empresa Cultivos Varios. Mayarí
Laurencio, Rubén. Dir/Empresa Níquel Rene Ramos Latour. Moa

León Linares, Jorge L. Director Empresa Ómnibus La Habana
León Rodríguez, Pedro. Director Empresa Porcina. Camagüey
Lefrán Sarduy, Carlos M. Director Emp. Militar Indust PLAMEC
Leyva Sánchez, Angela T. Directora Empresa Jardín Botánico
López, Orlando. Director Fábrica Cemento Nuevitas
López Valdés, Alfredo Z. Director Unión Eléctrica. La Habana
Lomas Morales, Marta. Directora Grupo turístico Cubanacán
López Martínez, José J. Dir/Emp Informática EREA- 5. Camagüey
López Rueda, Federico. Dir/Arrocera Ruta Invasora. Camagüey
Llagunto, Eloy. Director Cubazucar
Llanos, Vicente. Director Grupo Maquinaria Agrícola. Gimag.
Maciques, Abraham. Presidente Palacio de las Convenciones
Martínez, Eloy. Director Termoeléctrica Matanzas
Martinez, Enrique. Director Grupo Cítrico.
Martínez Rodríguez, Antonio. Dir Hotel Nacional.
Marrero Cruz, Manuel. Presidente Grupo Gaviota S.A.
Marrero Montejo, Diego. Director Empresa Cárnica. Camagüey
Mazorra Miranda, Amado. Dir/Emp Mtto. Cubapetróleo.
Mejías Zamarión, Alexis. Director tiendas de divisas TRD Caribe
Millares, Manuel. Director CUBALSE
Mir López, Juan M. Director Cooperativa Nicaragua Libre. Palmira
Miranda Luis, Fidel. Director Fertilizantes Nitrogenados Nuevitas
Monzote González, Jesús. Dir CAI Hector Molina. San Nicolás
Monroy Rogel, Francisco. Dir/Empresa Proyectos EPIA 11. Camagüey
Morales, Rafael. Director Unión de Construcciones Militares
Morales Leal, Andrés. Dir/Pecuaria Triángulo 3. Camagüey
Morejón, María Isabel. Directora de Cuba Electrónica
Mustelier Argudín, Nelson A. Dir/Emp Const y Servicios Ing.
Nail Pérez Guizán. Director Empresa Cítricos Ceballos.
Nápoles Baryolo, Marcos. Presidente Coop 26 de Julio. Florida
Oliva Bernal, Cueli. Dir. Emp. Genética Fajardo. Granma
Oliva Roberto. Vicepresidente Cadena Turística Rumbos
Ortiz Ríos, María E. Directora Integración Poligráfica
Otero, Claudio. Director Grupo de la Electrónica

Otero Costafreda, Claudio. Director Unión del Niquel. Moa
Pedrera Fonseca, Hugo. Director Geominera. Camagüey
Padrón Medina, Raul. Director Empresa de Servicios Técnicos
Pacheco, Adonis Faraón. Dir Emp. Refinería de Petróleo. Stgo de Cuba
Pérez Lamas, Juan. Director Empresa Cultivos Varios Horquita
Pérez León, Carlos. Director CAI Cítricos Jagüey Grande.
Perez, Orlando. Sub-director del Cimex.
Pérez García, Conrado V. Director CAI Siboney. Sibanicú
Pérez Ponce, Juan Nivaldo. Dir Emp. Ing. Genética y Biotecnología
Pérez Rodríguez, Mario. Director Constructora ECOI-8. Esmeralda
Pérez Rodríguez, Pedro. Director Empresa CUBAMETALES
Pérez Rospide, Luis. Presidente Gaviota, S.A.
Pérez Macías, Sergio. Dir/Emp Informática Ferrocarriles SIFER.
Pérez Rodríguez, Alain. Dir/Emp Bebidas y Refrescos. Camagüey
Plasencia, Sergio. Director Empresa Habaguanex. (Sector turismo)
Portal, Marcos. Director Grupo Cementos Cubanos
Porto Valdés, Heracleo F. Dir/Constructora ECOI 8. Camagüey
Posada Rodríguez, Roger. Dir/Emp Informática del Minagri. Camagüey
Pozo Galano, Isidro. Subdirector Emp. Provincial Pesca. Granma
Pruna, Juan Antonio. Director Unión Eléctrica de Cuba
Quesada, Ana María. Directora Unión del Plástico.
Quiros López, Lázaro. Director Empresas Unidas CAN (Avícolas)
Reyes Fernández, Héctor. Dir/Empresa Alimentaría. Camagüey
Reyes Mestre, Orlando. Dir Planta Eléctrica. Holguín.
Rodríguez Carballosa, Víctor L. Dir/Emp Metálica Paco Cabrera.
Risco Franco, Leonel. Dir/Emp Ind. Ligera. Camagüey
Rivero, Fidel. Director Emp/Petróleo CUPET
Riverón Valls, Luis. Dir/Emp Servicios Informáticos ESI. Camagüey
Roca, Gustavo. Director Industria y Distribución Pescado INDIPES
Rodríguez Ricardo, Alberto. Director Empresa Nacional del Fósforo.
Rodríguez Cardentey, Eduardo. Dir/Emp Tabaco Consolación del Sur
Rodríguez López, Evidio. Director Empresa TRANSTUR.
Rodríguez López-Calleja, Luis A. Presidente GAESA
Rodríguez Milanés, Isidora. Presidenta Coop Angel Verdecia. Granma

Rodríguez García, Juan. Dir/Empresa Confitera. Camagüey
Rojas Rodríguez, René. Director Tecnotex, S.A.
Romero Benítez, Cesar. Dir Complejo Tiendas Encanto.
Romero, Jorge. Director Corporación MEDICUBA
Romero Pérez, Ramón A. Presidente Coop. Agropecuaria 1er Soviet.
Roncourt, Reidal. Presidente Empresa CUBALSE
Rúa, Mercedes. Directora Empresa comercial Panamericana.
Ruíz Medina, Percy. Director Empresa FRUTICOLA
Sabala García, Joaquín. Dir/Empresa de Tejas. Camagüey
Salgado Soto, Eduardo. Dir UBPC de Cauto Cristo.
Sánchez Ramos, Aldo. Director Pescacam. Camagüey
Sánchez Díaz, Alfonso. Director Empresa MEDICUBA
Santana Castro, Hiram. Dir Combinado Cítricos Jagüey Grande
Sarmiento Ricardo, Norge. Dir UBPC Camilo Cienfuegos. Holguín
Sariol Pérez, Rafael. Director Industria Materiales de Construcción
Senarega Madruga, Luis. Director de la Fábrica de Juntas.
Serpa Díaz, Orlando. Presidente Coop Eliseo Reyes. San Luis
Soberon, Francisco. Director Unión Cuba-Petróleo (CUPET)
Socarrás, Belarmino. Director Termoeléctrica Nuevitas
Soto, Iván. Director Corporación Cubanacán S.A.
Tamames González, Angel A. Dir/Emp de Motores. Camagüey
Tamayo Vega, José M. Director Industria de Muebles DUJO
Tera Barrera, Leonardo. Dir/Emp Muebles del Hogar Camagüey
Tieles, Evelio. Director Corporación Alimentos CORAL
Toledo, Ruben. Director Unión de Ferrocarriles
Valdés Menéndez, Ramiro. Presidente Grupo Electrónica COPEXTEL
Valdéz Díaz, Enrique. Director Aeropuerto Jardines del Rey.
Valle la Rosa, Nelson. Director CAI Mario Muñoz. Los Arabos
Varona, Ricardo. Director Empresa Eléctrica de Camagüey
Vazquez, Julio. Director Asociación Naviera Antares
Vega del Valle, Juan José. Presidente Empresa turística Cubanacán
Velázquez Herrera, Rafael. Presidente Coop Abel Santamaría. Holguín
Villanueva, Marta. Directora Grupo TABACUBA
Washington, Herman. Director Empresa Castillo del Morro

Yero, Irma. Directora Corporación HABANATUR.

Zabala, Joaquín. Dir Fábrica Tejas Camagüey

LISTA DE FISCALES Y JUECES,
POR TRIBUNALES PROVINCIALES,
QUE ENCAUZARON Y SENTENCIARON
A LOS OPOSITORES PACÍFICOS
Y A LOS PERIODISTAS INDEPENDIENTES
EN ABRIL DEL AÑO 2003

Tribunal Popular de Pinar del Río

Jueces:
Licenciado Raúl Díaz Iglesias
Licenciado Celso Luis Plasencia Delgado
Carlos Manuel Castro Capetillo
Luis Morales Duarte

Fiscal:
Licenciado Gustavo Elías Fernández Martínez

Tribunal Provincial Ciudad de La Habana

Jueces:
Julio Cesar Viaña Galarraga
Cesar Morales Acosta
Ignacio LLompart Martos
Armando Torres Aguirre
Miriam Silva de la Cruz
Gladis María Padrón Canals
Roberto de Zayas Adán
Gilberto Fortes Barberena
Elizabeth Ma. Aragón Fontanals
Alicia Valle Díaz
Marcos Vinillo Salellas Suárez
Virginia Gainza Rodríguez
Viaña Galárraga
Juana Yamila Pérez Hernández
Ramón Pérez Horta
Pelagio Cortina Lescalles
Aramís Castillo Blanco

Fiscales:
Candidato a Doctor Luis Palenzuela Páez
Licenciado Alexis Ramos Nodal
Edelmira Pedrís Yumar.
Licenciada Tedy Colomar
Licenciado Dimas Herrera Gandol
Licenciado Enrique Núñez Grillo

Tribunal Provincial de La Habana

Jueces:
Tatiana Behar Pantaleón
Mario Ramos Sánchez
Maria Isabel González Pons
Carmen Miriam Coto Echevarria
Teresa Pérez Izquierdo
Mario Ramos Sánchez

Fiscal:
Licenciada Osiris Martínez López

Tribunal Provincial de Matanzas

Jueces:
Licenciada María Mercedes Fagundo Morín
Licenciado Jesús Ramón García Ruiz
Licenciado José Luis Rodríguez González
Gladys Bello Alfonso
Aquilino Padrón Barro

Fiscal:
Licenciada Yuleiky Hernández Bernal

Tribunal Provincial de Villa Clara

Jueces:
Licenciado Delfín Sirgo Carrillo
Licenciada Aixa Rodríguez Hernández
Licenciado Felipe Delgado Barroso
Pedro Duret Hurtado
Gerardo Iglesias Montero

Tribunal Provincial de Sancti Spíritus

Jueces:
Licenciada Carmen Rosa Rojas Álvarez
Licenciado Noel Rodríguez González
Licenciada Yamina Bernal Capote
Magalys Villa Díaz
Orlando Torres Martínez

Tribunal Provincial de Ciego de Ávila

Jueces:
Especialista Odalys Díaz Riera
Licenciado Cecilio Acosta More
Licenciada María Teresa Morales Nieves
Arsenio Casanova Lazo

Fiscal:
Especialista Rodolfo Carbonell Guerrero

Tribunal Provincial de Camagüey

Jueces:
Ramón Rodríguez Bernal
José Felipe García Montero
Máximo Oñoz Nápoles
Alberto León Cabrera
Hedí Ávila Rondón

Tribunal Provincial de Holguín

Jueces:
Alberto Sánchez Concepción
Rene Martines Ramírez
Abigail Borjas Armas
José Arcos Fuentes
Lizandro Pérez Aguilera

Fiscal:
Licenciado Javier Pupo Salazar

Tribunal Provincial de Granma

Jueces:
Licenciado Juan Carlos Gómez Millán
Licenciada Alina Antunez Rodríguez
Licenciado Daniel Diosdado Soler Serrano
Julio César Cedeño Ramírez
Alberto Vega Pérez

Tribunal Provincial de Santiago de Cuba

Jueces:
Licenciado Bartolo González Ramírez
Licenciado Nelson Delgado Rodríguez
Licenciada Ivis Gilbert Díaz
Joaquín Valón Jiménez
Enrique Salas Justiz
Licenciada María Esperanza Milanes Torres
Licenciado José Fernández Lescaille
Licenciado Manuel Meléndez Blanco
Valentín Grillo Solórzano
Nora Marina Galano Rodríguez

Fiscal:
Licenciado Bileardo Amaro Guerra

Tribunal Provincial de Guantánamo

Jueces:
Licenciado Ibraín Elliot González
Licenciada Georgina Pichardo Portuondo
Licenciada Iralis Jardines Lores
Modesto Benigno Lafourcade Jay
Deisy Caboverde Revé

Fiscal:
Licenciado Alfredo Foster Seivewrigth

Tribunal Nueva Gerona, Isla de la Juventud

Jueces:
Licenciado Ernesto Álvarez Medina
Licenciado Teodis Mulens Gutiérrez
Olga E. Machado González
Mirtha Millán Nieves
Radamés Luis Viera Guerra

Fiscal:
Licenciada Irallis Terrero Lafitta

INTELECTUALES QUE APOYARON PÚBLICAMENTE LOS FUSILAMIENTOS Y EL ENCARCELAMIENTO DE LOS DISIDENTES.

Un grupo de escritores y artistas residentes en Cuba firmó una Carta de Apoyo pública a los fusilamientos decretados en 72 horas por el régimen, en marzo del 2003, contra tres cubanos que intentaron abandonar el país, así como suscribieron también la condena establecida por los tribunales del régimen de largos años de prisión a 75 disidentes y opositores pacíficos dentro de Cuba. Este espaldarazo a la represión descarnada del régimen por parte de intelectuales oficialistas, es un caso sin precedentes en los países que implementaron el modelo soviético.

Alicia Alonso

Miguel Barnet

Leo Brouwer

Octavio Cortázar

Abelardo Estorino

Roberto Fabelo

Pablo Armando Fernández

Roberto Fernández Retamar

Julio García Espinosa

Fina García Marruz

Harold Gramatges

Alfredo Guevara

Eusebio Leal

· José Loyola

Carlos Martí

Nancy Morejón

Senel Paz

Amaury Pérez

Graciela Pogolotti

César Portillo de la Luz

Omara Portuondo

Raquel Revuelta

Silvio Rodríguez

Humberto Solís

Marta Valdéz

Chucho Valdéz

Cintio Vitier

OTROS

FUNCIONARIOS

DEL

ESTADO

Tomás J. Agüero Gzlez
Ernesto Ajuria Echarte
Olga Alfonso Pedroso
Estrella Álvarez Rdguez
Enrique Álvarez Gzlez
Armando Amieva Dalboys
Anabel Aragón Díaz
José Barrientos Mtnez.
Armando Basulto Mtnez.
Miguel A. Bayona Abreu
Mayda J. Becerra Yeque
Silvio Benítez Cabrera
Carlos Btcourt de la Torre
Claudio M. Btcourt Araoz
Maria E. Btcourt Naranjo
Marta J. Bouzo Díaz
José I. Carbarroca Neyra
Raúl Castro Barrella
Víctor M. Chica Albanés
Primitivo Contador Rmrez
Armando Cuartas
Ramón Cuenca Montoto
Raúl Dlgdo Machado
Raúl Díaz Rosquete
Galvín Enrique
Juan Ensenat Campos
Orlando Erigolla Guerra
Evelio G. Fdez. Sáez
Francisco Fdez. Peña
Domingo Fdez. León
Lázaro M. García
Juan D. García Gzlez
José W. Gárciga Oramas
Víctor M. Gzlez Valdés
Miguel J. Gzlez Melo
Laura Gzlez López
Luis Gzlez Martorell
Roberto P. Gzlez Anleo
Briones Guido Prieto
Nelson Guzmán Ekelum
Dennis Hermida Griego

Marino Hdez. López
Joaquín Hdez. Llano
Clara Hdez. Pérez
Francisco Dubrolq Ruiz
Manuel Fdez. Crespo
Alberto S. Font Morales
Mirian Gutiérrez Suárez
Raúl Gutiérrez Mantuana
Blanca R. Infante Vidal
Mirian Inzaulgarat García
Víctor Izquierdo Zamora
Juana M. Lara Pérez
German Lahera Almeida
Agustín Lamas Malagón
Rolando Matheu Rdguez
Miguel Maury Guerrero
Alexis Pérez Álvarez
Francisco Piedra Rencurrell
Salvador Prats Mtnez
Manuel V. Prieto Espino
José A. Prieto Schez
Eriberto Puente Orta
Mariano Puente Balseiro
Orlando Pujol Acosta
Javier Rosales Árias
Rafael Rosendo Ojeda
Pelayo Ruenes Fdez.
Jorge L. Ruíz Miyares
Antonio R. Ruíz Besil
Luis San Martín Ramos
Julián Santizo Rdguez
Jesús F. Santos Cartaya
Rafael Sec Pérez
Gonzalo Suárez Ramos
Andrés Suárez Pérez
Tomás Bolaños Rdguez
Eduardo Valentín
Michael Montes de Oca
Alberto Velazco
Waldo Viel Rdguez
Rafael Yaech Solís

Pedro Roque Padrón

Daniel Massip Benitez
Jose M. Miñoso Schez
Gabriel Montalvo Álvarez
Enrique Montero Lezcano
Jorge I. Mora Godoy
Yolanda Moreno Acosta
Juan A. Morente
Francisca Muñoz Muñoz
Moisés Navarro Blanco
Juan Nicolau Gzlez
Magaly Nogueira Morales
Reynaldo Núñez Gallego
Jorge D. Payret Zubiaur
Ydroilio Pérez
José L. Pérez Otero
Jesús Pérez Méndez
Claudio Mndez. Gzlez
Jorge R. Novoa
Eduardo Valido García

José Dlgdo Castro
Miguel Duconger Cuello
Luis A. Mayedo Urra
Roque Núñez Fdez.
Miguel Parente Díaz
Lázaro Thondike Rdguez
Fulgencio Vega Calero

Jerónimo Carol Oliva
Félix Caso Vázquez
Miguel Castañeda Izquierdo
Diógenes Chávez Rdguez
Evelio Cruz Gil
Celestino Dlgdo Lainés
Armando Depestre Castañeda
Jorge Díaz Núñez
Florentino Jiménez Padrón
Ángel Zaldivar Velázquez

Crescencio Aguilera Schez
Juan B. Aguilera Amelo
Gerardo Ancedo Miedes
Ricardo Ballester Parra
Ángel Bell Ramos
José Btcourt Btcourt
Paulino Buides Gómez
Osiris Bustamante Barbán
Ismael Capote Gzlez
Orlando Díaz Feairn
Leonardo Duconger Coello
Oscar Estrada Cedeño
José A. Fdez. Peña
Alberto Fdez. Lemus
Alfredo Fdez. Cabrera
César García Medina
Isidro Gómez
Daniel Gómez Gómez
Rolando Gómez Cuesta
Nelson Gzlez Legón
Jesús Gzlez Escribano
Roberto Gzlez Caso
Francisco Hdez. Serrate
Oscar Hdez. Rdguez
Orestes Hdez. Cruz
Onelio Kindelán Olivero
Juan G. Licea Figueredo
Miguel López Velazco
José Marrero Lorenzo
Francisco Marrero Oliveros
Marcelino Marrero Oliveros
Guillermo Martí Lamberk
Sergio C. Mtnez. Pérez
Argimiro Masvidal Fdez
Rodolfo Molina Aspuru
Onelio Ortiz Lijo
Luis L. Pardo Alonso
Francisco Peláez García
Gilberto Peña Pantoja
Orlando Pérez López
Catalino Ramos Reina

Miguel Ramos Borroto
Héctor Santiago Ruíz
Juan E. Sosa Núñez
Alberto Soto Lavastida
Luis Toranzo Comas
Juan A. Urgelles Silot
Carlos Vigo Campbell
Vicente Yant Celestién
Namecio Zayas Rdguez

Francisco Carbonel
Fernando P. Comas Pérez
Armando Díaz Edelberto
Gastón Díaz Gzlez
Norberto Hdez. Curbelo
Juan Carretero
Jose A. Arbessú
Julián López Díaz
Roberto Márquez Orozco
Fernando Ravelo Renedo
Julían Torres Rizo
Evelio Vázquez

Rita M. Álvarez Ibarra
Isabel Cuello Tápanes
Laura Monteagudo Fortún

Bienvenido Abierno Govín
Alcides Alberteris Pérez
Raúl Antigua Castañón
Ovam Banuera Pérez
Rosa Barroso Barrientos
Eloy A. Bastos Rizo
Carlos Benet Pérez
Rafael Benítez Vasco
Moisés Blanco Navarro
José J. Blanco Herrera
Orlando Brito Pestana
José I. Cabarroca Neyra
Juan Cabrera Pedroso

José Cañeiro García
Ángel Capote Rdguez
Héctor Carbonel Méndez
Laureano Cardoso Toledo
Carlos Castanell
José Castro Linares
Gerardo Castro La O
Luis Castro Dueñas
Roberto Chile Pérez
Lucía Coll Blanco
Carlos Collazo Usallán
Leonardo Córdova Pérez
Rafael Dausá Céspedes
Ramón Dlgdo Lorenzo
Raúl Dlgdo Ruiz
Elio Dlgdo Rmrez
José Dlgdo Cárdenas
Jorge Denis Rivero
Gonzalo Deprés Sole
Guido Dialessandro Marino
José Díaz Hidalgo
Cristiano Díaz Callamo
Edelberto Díaz Álvarez
Alberto Díaz Vigo
Evelio Dorta Gzlez
Inocencio Durán Romero
Ricardo Escartín Fdez.
Jesús Fdez. Ponce
Jesús Fdez. Marrero
Rufino Fdez. Mardones
Rafael Fdez. Duany
Bernabé Fdez. Díaz
Olga C. Fdez. Ríos
Paulo Fdez. Alberto
Even F. Fontaine Ortiz
Gustavo Funcora Hdez.
Gaudencio Gaizán Soto
Arvelio García Rivas
Omar García Rmrez
Ramón García Carbó
Domingo García Rdguez

Olga García Bielsa
Alfredo García Almeida
Roberto Gil Gil
Wilfredo Gzlez Rmrez
José Gzlez Quevedo
Andrés Gzlez Garrido
Félix Gzlez
Alberto Guzmán Pérez
Julio Heredia Pérez
Justo Hdez. Castell
René Hdez.
Santo Hdez. Cuesto
Alfonso Herrera Perdomo
José Hidalgo Rdguez
Luis Fumero Aragón
Fidel G. Galdurralde
Luis Lazo Carranza
Emiliano León García
Eduardo León del Hoyo
Carlos Limonti Hdez.
Javier G. Marín Alfonso
Plácido Marrero Rdguez
Sergio Mtnez. Barroso
Modesto Mtnez. Loriga
Carlos Mederos Vázquez
Marcelino Medina Gzlez
Carlos Medina Rapetti
José L. Méndez Méndez
Jorge J. Morales Pedraza
Gilberto Moré Céspedes
José L. Morejón Soto
José Noriega Hdez.
Rafael R. Ojeda
Luis F. Pacheco Silva
Jacinto Pantoja Aguilera
Rafael N. Paz García
Roberto Peralta
Alfredo J. Pérez Rivero
Jorge A. Pérez Roselló
Carlos Pérez Ceijas
Alexis Pérez Álvarez

Segundo Piñán
Jesús Reyes Arencibia
Guido Schez Robert
Rigoberto L. Schez
Osmundo Schez Lemus
Osmani Schez Bárzaga
Enrique Sicard Quintana
Clemente Soriano Pérez
Manuel Sotolongo Rdguez
Osvaldo Sotolongo Cañizares
Francisco Tejido Montenegro
Jorge J. Torre Díaz
Manuel Torres Rdguez
José Torres Álvarez
Bernardo Toscano Sardiñas
María E. Tuero
Oscar Valdés Acosta
Héctor Valdés Terga
René Valenzuela Acebal
Evelio Vázquez Becerra
Jorge J. Vega Vignon
Francisco Ventura Torriente
Enrique Zayas Castro
Enrique G. Zayas Bringas
Rolando Pérez Alfonso

Teófilo Acosta Rdguez
Patricia Álvarez Curbelo
Felipe R. Álvarez Rosa
Miguel Álvarez Schez
Armando Alvisa Rivero
Carlos Alzugaray Treto
Luis Amacor Guerrero
Alina Amaro Alayo
Mercedes Arce Rdguez
Juan Bacudy Pizard
Nelson Bango Mauri
Luis Beatón Fonseca
Onelio Benítez Mendoza
Pedro F. Borrego Salado

Newton Briones Montoto
Miguel Calcines Armas
Roberto Carbajal Acebal
Sara Catalá Barroetabena
Carlos Ciano Zannetti
José Concepción Mtnez.
Antonio Cruz Pérez
Fernando Cruz García
Julio Cubría Peregrino
Manuel Davis Schez
Jorge de la Vega
Sergio Díaz Torres
Arístides Díaz Ruborosa
Millán Chang Germán
Nadia A. Díaz Fdez.
Tomás Díaz Acosta
Natacha Dmguez Suárez
Julio Espinosa Aguilera
Norma Fdez. Abiagua
Osmel Fuentes Lavín
Néstor García Iturbe
Julio García Gutiérrez
Lázaro García Caicedo
Fernando García Bielsa
José A. García Torres
María R. Gentile Mtnez.
Ciro A. Gómez García
Fernando Gzlez Paneque
José Gzlez Guzmán
Francisco Gzlez Gzlez
Benigno Guanche Rdguez
Juan Hdez. Acen
Juan G. Herrera
José F. Hidalgo Falcón
Carlos Hurtado Labrador
Héctor Igarza Cabrera
Juan R. Laforté Osorio
Pedro E. Llopis Salles
Eligio López Gzlez
Ernesto Marcel García
José Mtnez. Cordovés

Eduardo Mtnez. Borbonet
Sergio Mtnez. Barroso
Sergio Mtnez. Gzlez
Virginia Mtnez. Garza
Pilar Medero Dmguez
Marcial Milán Ruiz
José Méndez Rdguez
Felipe Milanés Fajardo
Marcial Millian Ruiz
José Montenegro Rdguez
Mario Monzón Barata
Miguel A. Nuñez Martín
Rafael Ocaña Santiesteban
Orlando S. Ocaña Díaz
Pedro P. Oviedo López
Joaquín Peláez Mtnez.
Gerardo L. Pérez Tejera
Lázaro T. Pérez Rey
Alredo Pila de Armas
Pedro Piñeiro Schez
Angel Pino Rdguez
José L. Ponce Caraballo
Ramón Prado Rdguez
Orlando Prende Gutiérrez
Jorge Rmrez Hdez.
Roberto Regalado Álvarez
Ramón Schez Parodi
Elio Savón Oliva
Diosdado Suárez Lozano
Edmundo Suárez Hdez.
Álvaro Tamayo Fonseca
Hugo E. Yedra Díaz
Pedro Villanueva Romero

Rubén Alayón Schez
Pablo Almeida García
Otton Bada
Nelson B. Barrera López
Antonio Bello Díaz
Rafael Bello Díaz

Luis E. Benítez Montero
Lorenzo Bosque Almeida
Humberto Cachón Gacita
Santos Canut Gzlez
Pablo Capote Medina
Segundo Carsoso Dobarganes
Dámaso Castañeda Btcourt
Boris Castillo Barroso
René Ceballo Prats
Marilin Ceballo Prats
Alfredo Ceballo Carballo
Eladio Cuesta Rdguez
Richard Darlington
Orelbis Dávila Ríos
Luis Dlgdo Pérez
Ricardo Cruz Fdez.
Pablo A. Díaz Galindo
Fidel A. Diez Tornés
Edi E. Duménigo
José Durán Torres
Lázaro Espinosa Ronet
Esther Fábrega Izquierdo
Antonio Fdez. Pajón
Juan Fdez. Díaz
Walter Ferrat
Hugoberto Fornaris Gzlez
Alexis Frutos Weedem
José Galbán del Río
Omar García Ramos
José García Madrigal
Pedro Gómez Hdez.
Enrique Gómez Carlis
Leandro Gzlez García
Francisco Gzlez García
Oscar Gutiérrez Fdez
Mario Hdez. del Llano
Rubén Hidalgo
Carlos Infante Salesas
Tirso Joanicot Luis
Abelardo Licea Baborit
Vivan Loyola

Geovando Mtnez. Hdez.
Miguel Mayo Cabrera
Héctor Mtnez. Ilisástegui
Carlos M. Medina Pérez
Guillermo Méndez Pérez
Jose Molina Mauri
Eduardo Morales Monteagudo
Nilda Muñoz Rdguez
Daniel Noa Monzón
Roberto Oliva
Elio Oliva López
Félix Ona
Pedro Palacio Monterrey
Yolanda Pascual
Blás A. Pereira Luna
Pedro P. Pérez Cancio
Ramón Pérez Soria
Sergio A. Medina Medina
Reinaldo Polanco Vilar
Jorge Pollo García
Francisco L. Popa Casayas
Ernesto A. Reyes Herrera
Félix A. Schez Suárez
Eulalia Sarcais Piña
Rolando Sarcaf Elías
Antonio Solís Ferreiro
Arquímedes Steven Reyes
Humberto Torres Rdguez
Daniel Valdés Sierra
Carlos Valdivia
Rafael Vera Reinaldo
Enrique Vilaboy Morales
Reinaldo Vilar Polanco
Alberto Rojas
Mercedes Castillo

Carlos E. Acevedo Ventosa
José M. Álvarez Gómez
Ismael S. Arcia Dmguez
Manuel B. Ayuso Fdez

Raúl Bejerano Pedraza
Víctor F. Betharte Alfonso
Javier Beduén Mtnez.
Jesús Buergo Concepción
Alberto Cabrera Barrio
Jorge Cacuso Abad
Pablo Carrero Suárez
Gabriel Carillo Campanería
Ángel Fdez. Romero
Leandro Froilán
Pedro Silvio Gzlez
José Gzlez Figueredo
Daniel Herrera Pérez
Arnaldo Hutchison-Cooke
Pedro Lago Gómez
Evelio Machado Mederos
Francisco Mtnez. Bulnez
Alfonso Mtnez. Braulio
Eduardo Mederos Gzlez
Rafael Montiel Ramón
Haydee Moreno Fdez.
Sergio Oliva Guerra
Roberto Oroza Ruano
Iván Oviedo García
Manuel Pardinas Ajeno
Jorge Reyes Vega
Reineri R. Rojas López
Julián F. Ruíz Torrez
Chafik H. Saker Zenni
Manuel Schez Herrera
Dulce C. Schez Cabrera
Raymundo Stgo Humet
Eric Splinter Hdez.
Sergio Suárez Núñez
Richard Wilson
Félix Wilson Hdez.

Eduardo Adán García
Eduardo Araoz Ageo
Juan L. Ayala López

Ramón Benítez Dlgdo
Víctor Bordón Machado
Andrés Calveira Padilla
Manuel Cano Santana
Juan D. Castro Mtnez.
Amado Collazo Iglesias
Alfredo Concho Bacallao
Abelardo Crespo Arias
Teodoro Cruz
Francisco Cruz Ávila
Feliciano Díaz Pacheco
Juan C. Díaz Mtnez.
Giraldo Díaz García
Leonor Díaz Enamorado
Nazario Fdez. Biosca
Pablo A. Ferrer Schez
Nelson Fleites Rdguez
Alberto F. Flores Sol
Antonio Frade Gzlez
Ángel A. Galán Arias
René García Gómez
Esther Gavilán Rosales
Juan P. Gzlez Quevedo
Ángel V. Gzlez Pérez
Enrique Gzlez Montaner
Ida M. Gzlez Llorens
Francisco Gzlez Gzlez
Gonzalo Gzlez Cueto
Bruno Hdez. Cabrera
Darío Ibáñez Fajardo
José A. Gzlez Marrero
Luis J. Laffitte Rdguez
Israel Kennedy Valerino
Roger López García
Manuel Mtnez. Arredondo
Melquíades Matos Vázquez
Luis G. Mazorra Pérez
José Meléndez Álvarez
Alberto Méndez Córdova
Manuel Monteagudo García
René Morejón Valdés

René J. Mujica Cantelar
Inés Nuñez Díaz
José F. Odriozola Diez
Ramón Oroza Naverán
Gonzalo Pérez Hidalgo
Juan C. Pérez Cuesta
José M. Pérez Cernada
Juan M. Roque Rmrez
Hugo Ruíz Rdguez
Ismael Sené Alegret
Jesús Sierra Acuña
Humberto Vázquez García

Luis Aizcorbe Cayado
Ramón Alonso Medina
José Barroso Despaigne
Alexis Cedeño Fdez.
Ramón Cruz Ochoa
Segundo Dubarganes Cardoso
Raul Lemourt Arceo
Benjamín Muñoz Peñalver
Salomón Schez Lobaina
Baloy Suárez Álvarez
Norma Valhuerdi García
Esperanza Vilato López
Isáura Osana Díaz Gómez
Olga Gzlez Mtnez.
Pedro M. Soca Pascual
Francisco Alfonso Ledesma
Orlando Arias García
Enrique Carreño Gómez
Armando Guerra Funcast
Armando Hdez. Fdez.
Conrado Moreno Álvarez
José Nodal Suarez
Manuel Ocaña
Adelma Pérez Moral
Erasmo Alfonzo Machado
René P. Álvarez Gzlez
Rolando Álvarez Fdez.

Miguel I. Armada Estrada
Jorge Ubaldo Cadelo Serret
Héctor Cuervo Pérez
Emilio Fdez. Vaula
Roberto Fdez. Vázquez
Alfredo Gzlez Rojas
Juan L. Gzlez Pascual
Silvio Gzlez Lamar
Antonio Guardado Azaret
Alexis Imbert Fonseca
Juan Gzlez Ballester
Reynaldo Legón Badillo
Narco Lescalle Buitrago
Silvia B. Lluvet Hdez
Jesús E. Lores Reyes
José Maceda Urra
Regino Méndez Gómez
Ida B. Paz Escalante
Juan Perera Cumerma
José R. Pérez Alfonso
Humberto Ramos Díaz
Daniel Salas Plutín
Rolando Salup Canto
Jorge Sosa Chacón
Arnaldo Tosco García
Orlán Vladis
José Almagro Vázquez
Héctor Álvarez Torres
José M. Barrios García
Bienvenido Blanco Arrastría
Miguel Cortina Castro
Avelino Arriba Romani
Antonio Díaz Medina
Jorge A. Díaz Alonso
Joaquín C. García Alonso
Pedro Gzlez Mateo
Reinaldo Jalet
Angel A. León Cervantes
Guillermo Mendoza Rivera
Gregorio Monagás Curbelo
Ciro A. Morales Bello

Nelson Nuevas Mtnez
Valentín Pita Romero
Delfín Téllez Hdez
Reinaldo Valet

Pedro Albuerne Hdez.
Gregorio Álvarez Miranda
Jesús Arboleya Cervera
Eduardo C. Ávila Tortoza
Alexis Bandrich Vega
Noel Berguez Ferrer
Justo Btcourt
José Btcourt
José Boajasán Marrawi
Santiago Brugal Almanza
Juan Carbonel Cordero
Luis Carreras Martorell
Amado César Díaz
Evidio Dupuy Anaya
Herbert Essidet García
Wilfredo Fdez. Vega
Silvio Fdez. Borrell
Norma Fornent Álvarez
Maria A. Herrera Schez
Juan G. Herrera Rmrez
Héctor Ilisástigui Mtnez
Arturo Guzmán Nolazas
Calixto Iñiguez Salazar
Rosa López Carandell
Virgilio Lora Quesada
Juan Mtnez. Triana
Eduardo Lastra
Gerardo Millán Barrios
Jose P. Muguercia
Joaquín Pentón Cejas
René I. Pérez Rdguez
Isaías Pérez Rmrez
Eliano H. Rmrez Hdez
Alfonso Santos Tobernas
Leonardo Santos Armas

Amado N. Soto García
Carlos G. Suárez Valdés
Eric Valdés Vivó Mtnez
Luis F. Velozo Higueras
Pedro Santizo Lescailles
Luis M. Soler Gzlez
Isidro Gómez Santos
Alejandro Peláez Ceijó
Gustavo F. Polz

Ramón Aguilera Gzlez
Pedro S. Albistur Oliva
Juan L. Alfonso Padrón
Cosme Alfonso Vega
Heriberto Almeida Navarro
Luis Almora Bocourt
Román Alonso Mesa
Alberto Álvarez Alfonso
Silvio Álvarez Martí
Leonides Álvarez Jiménez
Ricardo Azcuy Rdguez
Argelio Blanco Rdguez
José R. Borroto Chávez
Pedro Cabrera Larrañaga
Rafael Calzado
Cornelio Calás López
Ángel Cambra Licea
Valentín Candía Regueira
José Carbó Reyes
Adalio S. Cué Sierra
Camilo Toro Díaz
Adrián Dlgdo Gzlez
Osvaldo Díaz Quintero
Santiago Díaz Maceo
Jorge M. Díaz Estrada
Danilo Díaz
Mayda T. Díaz Reyes
Germán Doimeadiós Rdguez
Luis Dmguez Galán
Reynaldo Dmguez Rdguez

Cástulo Durán Romero
Miguel Fdez. Puisseaux
Rogelio Florat Salazar
Orlando Fuentes Escobar
Luis Galán Dmguez
Gilberto Gámez Águila
Felipe García Sariego
Raúl García Quiñones
Jesús S. García Cárdenas
Reynaldo García Alfonso
Jorge F. García Rosabal
Petra Sonia Gómez Porta
Gaspar Gzlez Laplace
Héctor Gzlez Jerez
Ramón R. Gzlez García
Alfonso Gzlez García
Evelio Hdez. Cagiga
Alexis Herrera
Pedro Hidalgo Guevara
Carlos Iglesias Mildentein
Julián Iribar Guethon
Orlando Justo Cortina
Roberto Labrador Romar
Jorge N. Lamadrid Mascaró
Rafael Leyva
Luis A. Leyva Mirabal
Antonio Lombart Danut
Abelardo López Hdez
Reynaldo Marcano Pérez
Norman Mtnez. Faxas
Julio Miranda Miranda
Francisco Montana La Cese
Juan A. Morales Almaguer
Juan Mulkay Gutiérrez
Mario Muñoz Guerra
Luis Ona Fdez.
Antolín Oquendo Ceballo
Orlando Oropesa
Emilio Pagán Fuentes
Crecencio Palenzuela Páez
Román H. Pérez Leyva

David Pérez Martín
Rolando F. Pérez Pérez
Alipio Pérez Mayarí
Félix Pérez Lozai
Ciro A. Pérez Hebra
Joaquín Piñeiro Gzlez
Angel Rmrez Fonseca
Juan Rmrez Benitez
Rafael S. Reyes Fdez
Reineri Rojas López
Armando Rojas
Rafael Sainz Suárez
Luis Schez Cabrera
Carlos Sune Baeza
Moisés Vega Roselló
Humberto Villazán Estrada

Rafael Brito García
Orlando Echevarría Fiol
Asdrúbal Galardi Vega
Eladio R. Gzlez Berges
Ana I. Otero Moraguez
José A. Pagés Piñeiro
Osvaldo Sotolongo Cañizares
Angel Limonte Álvarez
Luis Modesto F. Morell
Rafael Sarciñas Gzlez
Mirta Donate Amador
Noris Benítez Mendoza
María Dmguez Dmguez
Ángel Fornaris Téllez
Manuel Mtnez. Galán
Alcibiades Muñoz Gutierrez
Pedro Capo Dlgdo
Orlando Jiménez Hdez.
Manuel Monteverde Orozco
María A. Zayas Rdguez
Rolando Q. Álvarez Valdés
José R. Díaz Izquierdo
Magda Espinosa Vivar

Jorge Gallardo Fdez.
Maritza Gutiérrez Rdguez
Tania Vázquez Garcilazo
Roberto Álvarez Barrera
Pablo A. Gzlez Díaz
Manuel Iglesias Paredes
Norberto Mogues Vázquez
Juan Pérez
Sofía Tania Sorell
Osmel Yauner Heredia
Héctor Zayas Quiala
Denia Bada Gzlez
Elba García Valdés
Zoraida Gzlez Rdguez
Julia Gzlez Céspedes
Rolando Saker
Miguel Chang Germán
Efraín Correa Rdguez
Guilo Dalesandro Marino
Alfonso Fraga Pérez
Rilde García Rdguez
José García Oramas
José García Herrera
Luis Gzlez Verdecia
Pedro Gzlez Díaz
Tamara Gzlez Rdguez
José Ramón Granda
Ramón Grenier Mirandez
Pedro Hurtado Rivas
Jesús Jiménez Escobar
Jorge Lago Silva
Rafael Guardia Mestre
Fausto Leyva Mirabal
Rodrigo Malmierca Díaz
Anselmo Montiel Pérez
Hector Moya Mtnez.
Juan F. Peña Borrego
Carlos A. Schez Rdguez
Ezequiel Suárez Matos
Domingo Vázquez Santana
Onelio R. Beovides López

Agustín Broche Gzlez
Octavio Castilla Cangas
Cipriano Castro Sáez
Rafael de la Paz
Mary J. del Pino Cruz
Roberto R. García Planas
Armando García Luis
Omar Goderich Alcedo
Miguel Gzlez Campanioni
Pedro J. Gzlez Borrell
Julio F. López Miera
Alberto R. Martell Gzlez
Salvador T. Méndez Pérez
Gerardo J. Noa Suarez
Jorge R. Nodarse Nodarse
Eladio Pérez Schez
Reneido M. Pérez Rdguez
Jorge M. Pérez San Pedro
Cristobal Pupo Tellez
Carlos Reyes Villafuerte
Pedro Castillo Barrueta
Ángela Gutiérrez
Conrado Milanés Burges
Jesús Aguiar Santos
Raúl Azanza Páez
Juan Bandera Pérez
Orestes Enrique Rdguez
Tomás Escandón Carvajal
Florencio Gzlez Torres
José García Bargo-Dirube
Julio C. Gzlez Marchante
Angel A. Lozano Falcón
Roberto Magaña Castro
Andrés Maqueira Medina
Orestes Pla Naranjo
Francisco Pomares Fdez
Alfredo Quiñones Gzlez
Luis M. Rmrez Rdguez
Antonio Schez Núñez
Manuel Santana Fraíz
Delia Tamayo

David Torras Fernaz
Eduardo Torres Ravelo
Honorato Valdés Miranda
Leónides Velázquez Jardines
Enrique M. Cicard Labrada
Gonzalo Díaz Díaz
Rafael Durán
Luis T. Galego García
José García Rosquete
Gema Gutiérrez-Balmaseda
René Matías
José Canut Gzlez
Valentín Llanes Silva
Ciro Mantilla Márquez
José L. Moreira
Víctor Neira
Elva Palenzuela Páez
José R. Peña
Pedro L. Pinero Eirín
Guido Prieto Briones
Lino Salazar Chia
Miguel Sicard Labrada
Efraín Tabares
Adolfo Valdés García
Nelson Quesada Rivero

Francisco Creceski Montero
María V. Gzlez Ordóñez
Mercedes Verdecia Ceballos
Radamés Zamora Quiala
Ana Cira Albo Campos
Ramiro Bouzón García
Pedro Campos Santos
Gustavo Carballosa Puig
Ada Felicia Castañón
Georgina Chabán Montalvo
Eduardo Correa García
Eloisa Dorval
Reinaldo García Vicens
Ester Gzlez Suárez
Isela Gzlez Benítez

Caridad Gzlez
Roberto Infante Prado
Juan Pérez Maura
Fidel Lamorut Prerol
Milagro Mtnez. Reinosa
Mayda Molina Mtnez
Norma Ortiz Yero
Julio Padrón Arencibia
Carlos M. Parra
Alberto Morales Candales
Lourdes Pérez-Puebles
María Christina Ramos
Adrián Ruíz Guerra
Sonia Salanueva Gzlez
Angel Salazar Zaldivar
Norma Soto Carreño
Maritea Tamayo Hadelín
Alnilio Zabiaur Mir
Carlos Zamora Rdguez
Raúl Zayas Linares

Luis Alonso Ballester
José A. Assa Álvarez
Olimpio Falcón Suárez
Ernesto Ferrer Machín
Epifanio Pellicier Lara
David Ezequiel Valdés
Israel Benítez Batista
Oscar Dam
Edith Franco Martín
Iraida Hdez. Carmenate
José Hierrezuelo Pérez
Fernando Bellón Vera
Gonzalo Ibarra Brito
Héctor R. Botello Schez
Ofelia Hdez. Izquierdo
Manuel Rosaenz Cortés
Luis Mtnez. Menocal
Haydee Ortega Díaz

LISTA DE DIPUTADOS
POR LAS SIGUIENTES PROVINCIAS

Pinar del Río

La Habana

Ciudad La Habana

Matanzas

Cienfuegos

Villa Clara

Sancti Spíritus

Ciego de Ávila

Camagüey

Las Tunas

Holguín

Granma

Santiago de Cuba

Guantánamo

Isla de la Juventud

ELEGIDOS EN EL 2003
A LA ASAMBLEA NACIONAL
DEL PODER POPULAR

DIPUTADOS DE LA PROVINCIA DE

PINAR DEL RIO

**ELEGIDOS EN EL 2003
A LA ASAMBLEA NACIONAL
DEL PODER POPULAR**

Cristina Clevo Lugones
Ernesto Barreto Castillo
Gonzalo Rodríguez Pérez
Jesús Prieto Medina
José R. Escandell Rodríguez
José F. Pimentel Pimentel
Luisa Ferrer Domínguez
Nictia Rodríguez Ramos
Ronal Suárez Ramos
Sixto L. Martínez Martínez
Adalberto Fernández Jiménez
Alejandrina Naite Cabeza
Alejandrina J. Amaro Labrador
Ana E. Caballero Ollero
Caridad Piloto Hernández
Ángel López Mirabal
Carlos M. Cardoso Ortega
Vidal Pérez Baños
Manuel Torres Pérez
María Concepción González
María E. González González
Olga L. Regueira Rabeiro
Fermina Guzmán Plasencia
Gil R. González González
Roberto Díaz Rodríguez
José A. Díaz Duque
Lorenzo Toledo Gutiérrez
Olga L. Tapia Iglesias
Magalys Piñeiro Rvelo
Rubén Remigio Ferro
Sergio R. Mena Núñez
Abel E. Prieto Jiménez
Juan A. Escalona Reguera
Jaime Crombet Hernández-Baquero
Luis M. Castanedo Smith
Iraida Hernández Machín
Pedro M. Pérez Betancourt
Caridad Diego Bello
María Y. Ferrer Gómez

Cristina Clevo Lugones
Universitaria, licenciada en economía. Económica CPA "Eduardo García". Pertenece al Comité Municipal de la ANAP. Vanguardia nacional del sector campesino. Ha recibido reconocimientos y estímulos de la anec por la empresa tabacalera. Municipio: Pinar del Río

Ernesto Barreto Castillo
Universitario. Ingeniero mecánico. Presidente de la Asamblea Municipal del Poder Popular de Pinar del Río. Trabajó en el sector del transporte. Es presidente de la Asamblea Municipal del Poder Popular desde 1999 y delegado a la Asamblea Provincial. Delegado al V congreso del PCC y vicepresidente del consejo de defensa. Municipio: Pinar del Río

Gonzalo Rodríguez Pérez
Universitario. Delegado territorial del Ministerio de la Agricultura. En 1968 fue jefe de abastecimiento en la Columna Juvenil del Centenario. En 1986 fue elegido presidente de la ANAP en Minas de Matahambre y luego promovido a la provincial como vicepresidente. Fue elegido el 24 de febrero de 1993 diputado a la Asamblea Nacional del Poder Popular por el Municipio de Viñales.

Jesús Prieto Medina
Universitario, economista. Director de economía y planificación dirección municipal. En 1975 fue promovido como jefe de capacitación del DESA. Fue designado en 1977 como jefe del plan agropecuario del municipio de Mantua. En 1985 cursó la Escuela Provincial de Dirección de la Economía, y luego fue designado director de la Agrupación #1 de la ECOA #1 en la región occidental. Municipio: Sandino

José Ramón Escandell Rodríguez
Universitario, licenciado en educación primaria. Presidente Consejo Popular "Arroyos de Mantua" desde 1999. Comenzó su vida laboral en el año 1981 como maestro primario. Cumplió misión internacionalista en Angola desde 1981-1982, fue como maestro y se convirtió en combatiente, posee la medalla combatiente internacionalista de II grado con más de 6 acciones combativas. Municipio: Mantua

José Fermín Pimentel Pimentel
Enseñanza medio superior. Presidente del Consejo Popular Punta de la Sierra. Comenzó su vida laboral en 1970 en la cooperativa "Sabino Pupo" como pequeño agricultor hasta 1978 en que asumió su presidencia. Fue promovido a administrador de la granja tabacalera de Punta de la Sierra, y posteriormente jefe de la UBPC, luego ocupó el cargo de presidente del Consejo Popular de Punta de la Sierra y delegado a la Asamblea Provincial desde 1996. Municipio: Guane

Luisa Ferrer Domínguez
Universitaria. Presidenta del Consejo Popular "Cuba Libre" desde 1997. Fue profesora y directora de secundarias básicas, asesora y dirigente regional y provincial. Es presidenta de la comisión de deporte y miembro de la Asamblea Municipal del Poder Popular. Municipio: Pinar del Río

Nictia Rodríguez Ramos
Médico especialista en otorrinolaringología, en el hospital Abel Santamaría. Ingresó en los CDR en el año 1967 al igual que en la FMC en el municipio de Guane. Cumplió misión internacionalista en Argelia desde 1985 hasta 1987. Trabajadora destacada en 1995 y 1998. Municipio: Guane

Ronal Suárez Ramos
Universitario. Periodista. Fue subdirector y director del periódico Guerrillero, director de TELE-Pinar y corresponsal del diario Granma. Entre 1966 y 1970 presidente de la UPEC en Pinar del Río. Fundador de las Milicias Nacionales Revolucionarias y de los CDR, participó en Girón y en la Crisis de Octubre. Entre 1982 y 1992, delegado a la Asamblea Provincial del Poder Popular en Pinar del Río y presidente de dos de sus comisiones permanentes. Municipio: Pinar del Río

Sixto Luis Martínez Martínez
Universitario. Presidente de Consejo Popular "El Corojo". Nació el 28-03-1947 en San Luis, Pinar del Río. Fue alfabetizador y fundador de los CDR, profesor de química en San Juan y Martínez. En el 2001, presidente de Consejo Popular "El Corojo". Vanguardia provincial de educación.

Adalberto Fernández Jiménez
Nivel medio superior. En 1992 presidente de la cooperativa "Antonio Guiteras", luego en 1999, presidente de la CPA "República de Chile". Miembro del buró municipal y del Comité Provincial de la ANAP. Municipio: Viñales

Alejandrina Naite Cabeza
50 años. Enseñanza media superior. Jefa de atención social de la comunidad Las Terrazas. Secretaria de delegación y de bloque en los CDR y en la FMC,miembro de su Comité Provincial y participante de sus IV y VII congresos. Militante del partido desde 1989. Delegada de la Asamblea Provincial desde 1998. Municipio: Candelaria.

Alejandrina Juana Amaro Labrador
Universitaria. Jefa de enfermería en el provincial de salud. En 1975 fue auxiliar de enfermería en Consolación del Sur. En 1977 pasó a enfermera pediatra; promovida en 1981 a profesora de enfermería y luego directora de tal escuela. En 1985, vanguardia nacional del sindicato de la salud, en 1995 y hasta 1998 obtuvo la misma categoría. Municipio: San Juan y Martínez

Ana Eumelia Caballero Ollero
Universitaria. vicepresidenta de la Asamblea Municipal. Maestra desde 1981. En 1995 elegida delegada de circunscripción y presidenta del Consejo Popular "Pablo de la Torriente Brau". En 1999 fue vicepresidenta de la Asamblea Municipal de Bahía Honda. Ingresó a la UJC en 1983 y en 1988 al partido. Candidata al Comité Central en 1999. Diputada a la Asamblea Nacional. Municipio: Bahía Honda

Caridad Piloto Hernández
Enseñanza media superior. Técnica de control y distribución de medicamentos en el sectorial municipal de salud. Comenzó en 1968 como maestra popular y desde 1972 trabajó como administradora de farmacia. En 1994 pasó a atender la actividad de medicamentos en el sectorial de salud. Ha alcanzado reconocimientos como trabajadora destacada del sector de la salud (1999, 2000, 2001); cederista destacada (1985); cuadro destacado en 1999, y en ese mismo año fue trabajadora destacada para optar por el premio anual del ministro de salud. Municipio: San Cristóbal

Ángel López Mirabal
Universitario. Director provincial educación. Comenzó como maestro terapeuta en la escuela "Israel González". Cumplió misión internacionalista en Nicaragua. Cursó la escuela provincial de Preparación Para la Defensa del 1er nivel. Delegado al Poder Popular por el Municipio de Candelaria.

Carlos Manuel Cardoso Ortega
Universitario. Primer secretario del PCC municipal. Fue electo miembro del Municipal de la UJC y del buró. Luego, primer secretario del Comité Municipal hasta 1989. Elevado en 1999 al buró municipal del PCC, y en 1995 promovido a primer secretario del PCC en La Palma y miembro del Comité Provincial. Municipio: San Cristóbal

Vidal Pérez Baños
Universitario. Presidente de la Asamblea Provincial del Poder Popular. Desde 1969 cuadro de la UJC. Segundo, y primer secretario del PCC del municipio de San Luis. En 1988 es miembro del buró provincial del PCC. Vicepresidente del consejo de defensa provincial. Cumplió misión internacionalista en Nicaragua. Diputado a la Asamblea Nacional del Poder Popular desde 1996. Municipio: San Luis

Manuel Torres Pérez
Enseñanza media superior. Presidente del Consejo Popular "Niceto Pérez". Obrero agrícola. Luego administrador de la Tienda del Pueblo de Niceto Pérez. Desde 1976 es presidente del Consejo Popular de Niceto Pérez. Municipio: San Cristóbal

María del Carmen Concepción González
Universitaria. Primera secretaria del Comité Provincial del PCC. En 1972 era oficinista. Ingresó en el centro de perfeccionamiento educacional hasta culminar sus estudios superiores. En 1987 es instructora municipal del PCC, en 1989 promovida al buró provincial y en 1990 a primera secretaria del PCC provincial. En el V congreso del PCC en 1997 fue electa miembro del Comité Central del partido. Diputada a la Asamblea Nacional del Poder Popular. Municipio: Consolación del Sur

María Elena González González
Enseñanza media superior. Presidenta del Consejo Popular "La Conchita" desde 1003. Comenzó su actividad laboral 1972, ocupó diferentes responsabilidades en la agricultura y luego dentro del sector de la cultura. Diputada a la Asamblea Nacional del Poder Popular y presidenta de la Comisión de Órganos Locales. Municipio: Pinar del Río

Olga Lidia Regueira Rabeiro
Universitaria. Presidenta Consejo Popular "Puerta de Golpe". Comenzó como maestra primaria. Miembro del secretariado municipal de la FMC. Delegada a la Asamblea Municipal del Poder Popular y presidenta del Consejo Popular. Municipio: Consolación del Sur

Fermina Guzmán Plasencia
Universitaria. Funcionaria del PCC municipal. Maestra primaria, hasta 1994. Graduada de la escuela provincial del PCC en 1996. Delegada a la Asamblea Provincial de la FMC, así como delegada municipal a la asamblea del PCC. Es delegada de la Asamblea Municipal del Poder Popular y a la Asamblea Nacional por el municipio Consolación del Sur

Gil Ramón González González
Universitario. Rector Universidad de Pinar del Río. Ocupó diferentes responsabilidades en las organizaciones políticas y de masas, ha realizado más de 40 misiones relacionadas con el deporte y la educación superior. Ostenta la medalla "Jesús Menéndez" otorgada por el Consejo de Estado. Municipio: Pinar del Río

Roberto Díaz Rodríguez
Grado escolar: enseñanza media superior. Ocupación: presidente Asamblea Municipal Poder Popular. Comenzó su vida laboral en 1980 como obrero de la CPA "José Martí", en 1982 pasa a cuadro profesional desempeñando sus funciones en la UJC, ctc y CDR. En 1992 pasa a miembro profesional del comité ejecutivo del Poder Popular; en 1994 es elegido vicepresidente de la Asamblea Municipal y en 1995 es promovido a presidente. Ha sido cuadro destacado del municipio y de la provincia en el año 2001. Municipio: San Juan y Martínez

José Antonio Díaz Duque
Ingeniero geofísico. Delegado territorial del CITMA. Fue vicedecano de tecnología y vicerrector de investigaciones científicas y de postgrado en la universidad de Pinar del Río. En 1996 delegado provincial del Ministerio de Ciencia, Tecnología y Medio. Diputado a la Asamblea Nacional del Poder Popular desde 1993, y vicepresidente de su comisión de educación, cultura, ciencia y tecnología. Municipio: Pinar del Río

Lorenzo Toledo Gutiérrez
Economista. Presidente de la Asamblea Municipal del Poder Popular. En 1973 fue secretario general del Sindicato Agropecuario. De 1981 a 1986 director municipal de planificación, y vicepresidente de la Asamblea Muncipal del Poder Popular, y en 1988 presidente de la misma. Municipio: La Palma

Olga Lidia Tapia Iglesias
Universitaria. Primera secretaria PCC municipal desde el año 2000. Comenzó de maestra y cuadro de la UJC. En 1993 fue miembro del secretariado municipal de la FMC. En 1995, delegada del Poder Popular, presidiendo la comisión de órganos locales de la Asamblea Municipal. En 1996 pasó a ser instructora del Comité Municipal del PCC. Municipio Bahía Honda

Magalys Piñeiro Rvelo
Abogada. Directora provincial de Justicia. En 1984 fue asesora jurídica en la dirección municipal de la vivienda. En 1991 trabaja como juez. En el 2001 fue cuadro destacado del gobierno en la provincia y cuadro destacado del estado y el gobierno del Ministerio de Justicia. Municipio: La Palma

Rubén Remigio Ferro
Universitario. Presidente del Tribunal Supremo Popular. Fue dirigente de la FEEM, la FEU, la UJC y del PCC. Presidente del Tribunal Municipal Popular de Bahía Honda, y de San Cristóbal. Luego, juez provincial, presidente de la sala y presidente del tribunal provincial popular de Pinar del Río. En 1996 fue designado funcionario del Comité Central del PCC en el área de atención a los órganos estatales y judiciales. En el año 1997 fue vicepresidente del tribunal supremo popular. Municipio: Mantua

Sergio Reina Mena Núñez
Enseñanza media superior. Jefe sección de servicios agrícolas. Vanguardia nacional FAR. Capitán de la reserva. Vanguardia provincial del sindicato arrocero, militante del PCC y actualmente es miembro del Comité Municipal y provincial del PCC. Municipio: Los Palacios

Abel Enrique Prieto Jiménez
Universitario. Miembro del Consejo de Estado, miembro del Buró Político, Ministro de Cultura desde 1997. Fue profesor de la Universidad de La Habana, director de la Editorial Ciencias Políticas, presidente de la UNEAC. Tiene varias publicaciones. En el IV congreso del PCC fue electo miembro del Comité Central y del Buró Político. Es diputado a la Asamblea Nacional del Poder Popular desde 1993. Municipio: Consolación del Sur

Juan Aníbal Escalona Reguera
Universitario. Fiscal General de la República. Participó en la lucha contra Batista. Fue sustituto del ministro de las FAR para la defensa civil y Ministro de Justicia. Internacionalista en Angola. Miembro del Comité Central en el II congreso del PCC. Diputado a la Asamblea Nacional del Poder Popular desde 1981, y su presidente de 1990 a 1993. Municipio: Pinar del Río

Jaime Alberto Crombet Hernández-Baquero
Universitario. Fue dirigente de la AJR, presidente de la FEU, primer secretario de la UJC, jefe de la Columna Juvenil del Centenario, primer secretario del PCC Camaguey, Ciudad de La Habana, y Pinar del Río. Miembro del Secretariado del CC y vicepresidente del Consejo de Ministros. Coronel de las reservas de las FAR. Vicepresidente de la Asamblea Nacional del Poder Popular desde 1993. Municipio: San Cristóbal

Luis Manuel Castanedo Smith
Universitario. Miembro del secretariado de la CTC. Fue dirigente de la FEEM, FEU y la UJC. Secretario general de la sección sindical y del núcleo del partido del CAI "Esteban López". Segundo secretario del sindicato azucarero en Matanzas y miembro del sindicato nacional. Es miembro del secretariado nacional de la CTC. Es diputado a la Asamblea Nacional desde 1998. Municipio: Minas de Matahambre

Iraida Hernández Machín
Universitaria. Presidenta de la Asamblea Municipal del Poder Popular. Comenzó como maestra de adultos. Fue subdirectora municipal de educación. En 1997 fue delegada del Poder Popular de circunscripción, y vicepresidenta de la Asamblea Municipal, y desde 1998 su presidenta. Diputada a la Asamblea Nacional. Cuadro provincial los CDR, y la FMC. Municipio: Minas de Matahambres.

Pedro Miguel Pérez Betancourt
Universitario. En 1962 fue comandante de lanchas torpederas. En 1973 y 1974 estuvo en Siria. En 1986 se le designó Jefe de la Marina de Guerra Revolucionaria. Condecorado en múltiples ocasiones. Es miembro del Comité Central. Es diputado a la Asamblea Nacional del Poder Popular. Municipio: Los Palacios

Caridad del Rosario Diego Bello
Universitaria. Jefa de la Oficina de Atención a los Asuntos Religiosos del Comité Central del partido, desde 1993. Durante su trayectoria estudiantil y laboral ocupó diferentes responsabilidades en la UJC, organización en la que llegó a ser miembro de su buró nacional. Fue electa miembro del Comité Central en el IV congreso del PCC. En 1992 empezó a trabajar en el departamento de Educación, Ciencia y Deportes del CC. Fue electa diputada en 1998 a la V legislatura de la Asamblea Nacional del Poder Popular y miembro del Consejo de Estado. Municipio: Sandino

María Yolanda Ferrer Gómez
Universitaria. Licenciada en ciencias políticas. Secretaria general de la Federación de Mujeres Cubanas desde 1990. Miembro del Comité Central del PCC desde su II congreso y elegida miembro suplente del Buró Político en el III congreso. Es diputada a la Asamblea Nacional del Poder Popular desde 1986. En 1992 se le designó como presidenta de la Asociación de Amistad Cuba-Vietnam, responsabilidad que atiende hasta hoy. En 1996 fue elegida como miembro del comité de expertas que en la Organización de Naciones Unidas se encarga de evaluar el cumplimiento de la convención sobre la eliminación de todas las formas de discriminación contra la mujer, cargo en el que fue reelecta en el 2001 y que desempeña hasta el momento. Municipio: Pinar del Río

DIPUTADOS DE LA PROVINCIA DE

LA HABANA

ELEGIDOS EN EL 2003
A LA ASAMBLEA NACIONAL
DEL PODER POPULAR

Mayda C. Godoy Fariñas
Orlando Lugo Fonte
Elda Fernández Acosta
Olga Lidia Calvo García
Elizabeth A. Moya García
Caridad Fuentes Rivero
Esteban Pérez Fernández
Mercedes Guerra González
Reynaldo Peña Borroto
Martha M. González Bargos
Julio César García García
Tamara Valido Benítez
Livia Herrera Ñópez
Lázaro Villalonga Bermúdez
Aymara Soto Rosa
Belkis Lastra Romero
Lino Pérez Álvarez
Irma Castro Rodríguez
Silvio Rodríguez Domínguez
Tubal Páez Hernández
Samuel C. Rodiles Planas
Carmen R. López Rodríguez
Carlos M. Collazo Carrasco
Iván Ordaz Curbelo
Ramiro Valdés Menéndez
Paula Rita Brito Sánchez
Abelardo Álvarez Gil
Luis Molina Heredia
Carlos M. Valenciaga Díaz
Antonio E. Hernández López
José A. Carrillo Gómez
Jesús Monzote González
Juan Jorge Castro Ortiz
Elsa Rojas Hernández
Pedro Sáez Montejo
Fernando González Bermúdez
Ramón Castro Ruz
Wilfredo A. Lorenzo Felipe
Míriam Brito Sarroca
Ángel E. Gárate Domínguez

Alcides López Labrada
Nicolás Echeverría Díaz

Mayda Concepción Godoy Fariñas
Universitaria. Vicepresidenta Asamblea Municipal. Maestra desde 1978. En 1989 promovida a directora de escuela primaria, y en 1992 de la escuela municipal del PCC. En 1995 elegida al buró municipal. En 1998 al Comité Provincial del PCC. Delegada Municipio: Guanajay

Orlando Lugo Fonte
Universitario. Presidente de la ANAP. De 1959 a 1962 en el Ejército Rebelde. En 1962 1er Sec. seccional PCC en Pinar del Río. En 1965 organizador y 2do. Sec. del PCC en Guane. En 1983-1987 1er. Sec. PCC Pinar del Rio. Presidente de la ANAP desde el VII Congreso. Miembro del Comité Central. Diputado a la Asamblea Nacional desde 1976 y miembro del Consejo de Estado desde 1986. Municipio: Güira de Melena

Elda Fernández Acosta
Universitaria. Especialista de cuadros del MINAZ. Maestra y desde 1997 profesora universitaria. ANIR-ista destacada. En 1997 metodóloga y jefa de inspección municipal. Delegada a la Asamblea Nacional por el Municipio: Mariel.

Olga Lidia Calvo García
Universitaria. Educadora círculo infantil. Fue maestra de preescolar. Miembro del Comité Municipal de la CTC y del provincial del Sindicato de Educación. Delegada a la Asamblea Municipal del Poder Popular desde el año 2000, Municipio: Nueva Paz.

Elizabeth Alejandra Moya García
Universitaria. Directora fábrica "Gustavo Machín". Comenzó su vida laboral en la FMC municipal de Jaruco, donde fue miembro del secretariado y 2da. Secretaria. En 1991 pasó a la fábrica Gustavo Machín como jefa de producción, siendo promovida posteriormente a directora, hasta la actualidad. Ha sido militante de las organizaciones políticas y de masas. Fue Secretaria General del comité de base del PCC, y posteriormente del núcleo del partido, miembro del Comité Municipal del PCC y delegada a la Asamblea Provincial. Ha participado en forum de ciencia y técnica. Municipio: Jaruco

Caridad Fuentes Rivero
Nivel escolar: Medio Superior. Presidenta de Consejo Popular "Lincoln". Alfabetizadora. Estuvo en el MININT, en el departamento de relaciones internacionales, hasta 1971. Pasó a la empresa cañera Lincoln, en finanzas hasta 1992. Delegada del Poder Popular desde 1976. Diputada a la Asamblea Nacional desde 1993. Municipio: Artemisa.

Esteban Pérez Fernández
Ingeniero Mecánico. Profesor de la escuela "Olo Pantoja". Secretario sindical municipal y provincial del sector agropecuario. En 1996 cursó la escuela nacional de la CTC y en 1998 la del PCC "Ñico López". Delegado a la Asamblea Mcpal Poder Popular. Municipio: San Antonio.

Mercedes Guerra González
Universitaria. Metodóloga de educación municipal. Desde 1978 maestra primaria, y metodóloga del municipal San José de las Lajas. Miembro del Comité Municipal del PCC. Ha recibido varios reconocimientos. Municipio: Güines

Reynaldo Peña Borroto
Medio Superior. Entrenador de lucha en el "Cerro Pelado". Graduado de la EIDE de Bauta. Participó en tres Juegos Olímpicos y dos Panamericanos en lucha greco-romana. Es "hijo ilustre" de La Habana y Madruga. Municipio: Madruga

Martha María González Bargos
Media superior. Desde 1993 presidenta Consejo Popular "Los Malayos". Trabajó en el hospital Manuel Fajardo y el policlínico de Bejucal. Delegada a congresos de la CTC. Acuartelada durante Girón y la Crisis de Octubre por la Cruz Roja. Internacionalista en Irak. Municipio: Bejucal

Julio César García García
Universitario. Vicepresidente Consejo Admón. provincial. Subdirector desde 1988 del Instituto "Turcios Lima", luego director del "Yuri Gagarin". Militante del PCC. Designado en 1996 director municipal de educación. Cuadro destacado a nivel provincial. Municipio: Caimito

Tamara Valido Benítez
Abogada. Presidenta Asamblea Municipal. Juez penal en el tribunal municipal de San José de las Lajas. En el año 2000 vicepresidenta de la Asamblea Municipal. Desde 1999 miembro de los comités municipal y provincial de la FMC. Delegada por el Municipio: San José

Livia de la Caridad Herrera Ñópez
Universitaria. Secretaria de la Asamblea Municipal. Profesora de secundaria desde 1989 en Isla de la Juventud. En 1991 en el Instituto habanero "Machaco Ameijeiras". En 1994 metodóloga municipal y promovida a directora del Instituto "Blas Roca". Municipal. Municipio: Batabanó

Lázaro Villalonga Bermúdez
Media Superior. Presidente Asamblea Municipal. Desde 1974 maestro primario rural. Miembro del comité de base y municipal de la UJP. En 1979 vicepresidente de la organización pioneros "José Martí". Hasta 1983 dirigente municipal y luego provincial en la UJC y del PCC. En el año 2001 es seleccionado cuadro destacado. Municipio: Santa Cruz

Aymara Soto Rosa
Medio Superior. Funcionaria UJC municipal. Comenzó su vida laboral en 1998 como auxiliar pedagógica en el círculo infantil "Granito de Azúcar"; incorporándose a la licenciatura en la educación preescolar en el pedagógico de Güines. En septiembre del 2001 hasta febrero del 2002 cursó la escuela nacional de la UJC. Fue promovida a funcionaria de vida interna. En el mandato anterior fue electa delegada, siendo ratificada en el actual. Delegada a la Asamblea Nacional por el Municipio: San Nicolás

Belkis de los Milagros Lastra Romero
Contadora. Gerente BANDEC municipal. Pionera. Cederista, coordinadora de zona. Labora en el banco de Güira de Melena. Militante de la UJC en 1985, y en 1996 del buró municipal del PCC. Delegada a la Asamblea Municipal, Provincial y Nacional del Poder Popular: Güira de Melena.

Lino Pérez Álvarez
Universitario. Presidente Asamblea Municipal. Profesor de filosofía de la Academia Naval. Internacionalista en Angola. Delegado del Poder Popular desde 1992. En 1993 presidente del Consejo Popular de Baracoa. Delegado a la Asamblea Provincial y desde 1998 diputado a la Asamblea Nacional. Miembro del buró municipal del PCC. Delegado por el Municipio: Bauta

Irma Castro Rodríguez
Universitaria. Jefa del grupo municipal de geriatría. Enfermera del policlínico de Alquízar. Subjefa de enfermería hasta 1990. Militante del PCC desde 1984. Recibió la medalla 20 años en la salud pública y de vanguardia provincial. Delegada a la Asamblea Provincial y Nacional del Poder Popular. Municipio: Alquízar.

Silvio Rodríguez Domínguez
Enseñanza media. Cantautor. De 1964 a 1967 pasó el SMO. Periodista en Juventud Rebelde. Hasta 1969 laboró en el ICRT. Fundador de la canción protesta. A partir de 1995 inauguró los estudios de grabación "Ojalá", "Abdala" y Eusebio Delfín. Diputado a la Asamblea Nacional del Poder Popular desde 1998. Municipio: San Antonio de los Baños

Tubal Páez Hernández
Universitario. Presidente UPEC. En 1965 fue 1er. Secretario del PCC de Jaruco. Subdirector del periódico Granma hasta 1986. En 1987 pasó a subdirector de la revista Bohemia. En 1988, director del periódico El Habanero. Vicepresidente de la Federación Latinoamericana de Periodistas. Diputado a la Asamblea Nacional desde 1993 por el municipio: Jaruco

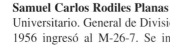

Samuel Carlos Rodiles Planas
Universitario. General de División e Inspector de las FAR. En 1956 ingresó al M-26-7. Se incorporó al Ejército Rebelde. Desde 1959 pasó a la PNR y luego al MINFAR. Combatiente de Playa Girón. En 1980, 2do Jefe en Angola. Jefe EM del Ejército Occidental, y Jefe militar en Angola. 2do Jefe del Ejército Occidental. Miembro del CC. Delegado a la Asamblea Nacional por el municipio: Güines.

Carmen Rosa López Rodríguez
Universitaria. 1ra. Secretaria PCC municipal. Dirigente sindical desde 1985, secretaria general de la CTC en el municipio de Guanajay en 1987, y miembro del secretariado de provincia Habana. Fue promovida en 1994 a cuadro profesional del PCC como miembro del buró y 1ra. Secretaria en los municipios de Guanajay y Caimito. Municipio: Caimito

Carlos Manuel Collazo Carrasco
Universitario. Instructor del PCC municipal. En 1985 oficial de batería coheteril. Pasó en 1989 a la dirección municipal del INDER. Trabajó en la dirección del Combinado Avícola en Artemisa. Cursó en el 2001 la "Ñico López" del PCC. Vanguardia de las FAR (1986) y servicio distinguido FAR (1987). Delegado a la Asamblea Nacional Municipio: Artemisa

Iván Ordaz Curbelo
Universitario. Miembro del buró provincial del partido. Se inició en 1985 como jefe del Dpto. de medicina física y cuadro de la UJC. En 1996 1er. Secretario del PCC, municipio San Antonio de los Baños. En 1999 pasó a San José de las Lajas como 1er. Sec. Del PCC. Promovido al buró provincial en La Habana (2001). Municipio: San José

Ramiro Valdés Menéndez
Universitario. Miembro del Consejo de Estado. Cmdte de la Revolución. Moncadista y expedicionario Granma. Capitán Rebelde. Ministro del Interior en dos ocasiones. Viceprimer Ministro. Miembro del Buró Político hasta 1986. Vicepresidente del Consejo de Estado. Miembro del CC. Presidente del grupo MIC. Delegado por el Municipio Artemisa.

Paula Rita Brito Sánchez
Universitaria. Directora curso superación para jóvenes. Maestra Voluntaria. Directora de educación de adultos, de escuela primaria, del IPE, del centro de reeducación de menores, jefa de cuadros municipal. De 1986-1992 delegada y ejecutiva en el Poder Popular municipal. Delegada a la Asamblea Nacional del Poder Popular por el municipio Melena.

Abelardo Álvarez Gil
Universitario. Jefe Dpto. Cuadros del CC. Cuadro profesional del PCC desde 1969. De 1981 a 1990 fue Jefe Dpto. Organización del CC. Miembro del CC desde el III Congreso. Internacionalista en Angola (1988). Diputado a la Asamblea Nacional desde 1993. Municipio: Melena del Sur.

Luis Molina Heredia
Ingeniero. Director del CAI Manuel Fajardo. Comenzó en 1969 en el central Manuel Isla. Ingresó en la UJC en 1970. Internacionalista en Angola. Delegado a la Asamblea Nacional del Poder Popular por el municipio de Quivicán.

Carlos Manuel Valenciaga Díaz
Universitario. Secretario personal de Fidel Castro. Miembro del Consejo de Estado. Dirigente en la OPIM, la UJC, la FEEM y presidente de la FEU. Diputado a la Asamblea Nacional del Poder Popular por el municipio de San José

Antonio Evidio Hernández López
Universitario. Funcionario del Comité Central del PCC. Cuadro profesional del PCC desde 1962. Sec. del PCC en municipios (Mariel 1970-1971). Miembro del Comité Provincial PCC. Delegado a la Asamblea Provincial y diputado a la Asamblea Nacional. Municipio: Mariel.

José Antonio Carrillo Gómez
Universitario. 2do. Jefe Dir. política de las FAR . Graduado de la escuela de guerra Antonio maceo. Iinternacionalista en Angola. 2do jefe y jefe Sección Política Ejército Occidental. Jefe sección política grupo blindado Rescate de Sanguily. Miembro del CC del PCC. Municipio: Nueva Paz

Juan Jorge Castro Ortiz
Universitario. Secretario general CTC provincial. Llamado al SMG (1968). Sec. Organizador Plan Alquízar. Cuadro municipal Sindicato Agropecuario (1972), Secretario General CTC Alquízar y de la provincia (1976). Ingresó en 1978 al PCC. Miembro del secretariado CTC provincial (1979). Diputado a la Asamblea Nacional (1993). Municipio: Quivicán

Elsa Rojas Hernández
Universitaria. Sec. general FMC provincial desde 1993. Cuadro sindical del municipio San José (1981) y Sec general FMC (1983). Pasó a la provincia. En 1982 ingresó al PCC como miembro del Comité Provincial. En 1989 es elegida delegada a la Asamblea Provincial del Poder Popular. Diputada desde 1993. Municipio: Güines

Fernando Mario González Bermúdez
Médico. Director de CENPALAB. Fue investigador en el CENIC. En 1975 obtuvo la categoría de doctor en ciencias. En 1976 subdirector del CENSA y luego director del Instituto de Zoología. Dirigió la inversión y puesta en marcha del complejo científico-productivo CENPALAB. Es cuadro destacado del CITMA desde 1993. Desde 1998 es diputado a la Asamblea Nacional, ha sido elegido delegado directo al IV y V congresos del PCC. Municipio: Bejucal.

Pedro Sáez Montejo
Universitario. 1er. Secretario PCC provincia Ciudad de La Habana. Egresado de la escuela militar Camilo Cienfuegos. Miembro del buró nacional de la UJC y su 2do. Secretario hasta 1988. Internacionalista. Ingresó al PCC en 1975. 1er. Secretario provincial Sancti Spíritus (1994-1997). 1er. Secretario en La Habana hasta el 2003. Miembro del Buró Político del PCC. Delegado a la Asamblea Nacional por el municipio Artemisa

Jesús Monzote González
Universitario. Delegado del MINAZ. Perteneció a las MNR, estuvo en Girón y la Crisis de Octubre. Ayudante del Ministro del MINCEX. Director de la Empresa Valle del Perú y del CAI Hector Molina. Delegado a la Asamblea Nacional del Poder Popular. Municipio: San Nicolás

Ramón Castro Ruz
Enseñanza media. Asesor de los ministros de la agricultura y del azúcar. En 1963 jefe de producción de caña en Oriente. En 1968 director del plan genético Valle de Picadura. Es fundador del PCC. Hermano de Fidel Castro. Diputado a la Asamblea Nacional. Municipio: Santa Cruz

Wilfredo Alfonso Lorenzo Felipe
Universitario. Director provincial de salud. Médico en Caimito, y su vicepresidente (1994) de salud. En 1996 fue promovido vicepresidente del consejo de administración, cuadro del PCC provincial, y luego miembro de su Comité Provincial. Municipio: Bauta

Miriam Brito Sarroca
Universitario. Secretaria Asamblea Provincial. Profesora de literatura (1981) y miembro del municipal UJC. De 1980-1992 cuadro municipal. Coordinadora provincial de los CDR (1994). Miembro del Comité Provincial del PCC (1986). En 1997 diputada municipio: Guanajay

Ángel Enrique Gárate Domínguez
Universitario. Presidente de la Asamblea Provincial. Maestro (1973). Vice y Presidente del Poder Popular en Caimito (1984-1990). 1er. Secretario PCC municipio Mariel. Delegado al V congreso del PCC y miembro de su Comité Central. Diputado por el Municipio: Alquízar

Alcides López Labrada
Universitario. Delegado provincial de la agricultura. Cuadro de la FEU (1988). De 1990 a 1993 dirigente empresarial en la agricultura, y del buró provincial del PCC en Guantánamo (1993). En 1995 viceministro de agricultura. Miembro del Comité Provincial del PCC. Municipio: Batabanó

Nicolás Echeverría Díaz
Ing. Agrópecuario. Administrador granja Sur Genética desde 1976. Obrero agrícola y técnico (1966). Ha recibido varias condecoraciones: medalla Marcos Martí, lucha contra bandidos, combatiente producción y defensa y Lázaro Peña, distinciones de las FAR. Municipio: Madruga

DIPUTADOS DE LA PROVINCIA DE

CIUDAD DE LA HABANA

ELEGIDOS EN EL 2003

A LA ASAMBLEA NACIONAL

DEL PODER POPULAR

Randy Alonso Falcón
Carlos A. Cremata Malberti
Leonel González González
Claudia Felipe Torres
Irma Sehwerert Mileham
Rosa A.Colás Lara
Airalda Alfonso Valiente
Jorge J. Gómez Barranco
Alejandra Hernández Leonard
Manuel A. Manso Pacheco
Jacqueline Hernández Magaña
Carlos F. Bocourt Chartrand
Jorge Alfonso García
Enrique Fabelo Menéndez
Martha B. d'Alvaré González
Antonio Martínez Rodríguez
Emilio Interián Rodríguez
Félix Armas Machado
Edel E. Correa Mijares
Carlos Vega Tacoronte
Mayra T. Lassalle Noval
Luis R. Pino Naranjo
Luis Raúl García
Gregorio Betancourt Carballo
Arnaldo R. Rubio García
Roberto Fernández Retamar
Leopoldo Cintra Frías
Carlos Lage Dávila
Ricardo Alarcón Quesada
Juan Contino Aslán
Felipe R. Pérez Roque
Juan E. Lazo Hernández
Pedro Ross Leal
José M. Miyar Barruecos
Otto Rivero Torres
Ulises Rosales Del Toro
Hassan Pérez Casabona
Evert Sánchez Pita
Sandra Alayón Enríquez
Dalia S. Rodríguez Peralta

Julián Landa Blanco
Carlos Liranza García
Teresa G. Zamora Mora
Danny M. Gullón Gallardo
Gudelia X. Díaz Bejerano
Olivia T. González Gay
Rolando Sarría Díaz
Rolando Segura Jiménez
Reinaldo Romero Pérez
Mercedes B. Abreu García
Amado A. Núñez Allarde
Raúl Carmona Ruiz
Antonio E. Vargas González
Celina V. Sánchez González
Sergio Corrieri Hernández
Concepción Campa Huergo
Ivonne Grass Delgado
Génesis Izquierdo Montes
Ramón Pardo Guerra
Vicente Rodríguez Jiménez
Carlos M. Gutiérrez Calzado
Luis Isidro Ibáñez Cruz
Emelia C. Icart Pereira
Harry Villegas Tamayo
María E. Pelegrín Morales
Jose María Rubiera Torres
Pastor F. Arencibia Massó
Rodrigo Álvarez Cambras
Ana De La Torre González
Ricardo Castellón Vázquez
Jorge C. González Pérez
Luis J. Senarega Madruga
Leonardo E. Martínez López
José L. Toledo Santander
Jesús Raúl Díaz Llarrux
Gerardo E. Hernández Suárez
Juan J. Pérez Bances
María J. Ruiz Mederos
Nidia D. Martínez Pití
Lázaro R. León Pedraza

Jesús L. Collado Rivero
Inés M. González Quesada
Olga Lidia Gómez Sáez
Adela Isis Phineg Ríos
Marcia Cobas Ruiz
Elia C. Moreno Socorro
Maura C. Casamayor Llinás
Eva E. Rivalta Castillo
María T. Ferrer Madrazo
Enrique J. Gómez Cabeza
Francisco E. Delgado Castillo
Raúl Suárez Ramos
Tania A. González Pérez
Alberto Juantorena Danger
Mercedes L. Puentes Trillo
Lorenzo Londaistsbeher Hdez
Genoveva Morales Morán
Juana Cruz Cruz
Ana F. Quirot Moret
Nérida Quintero Martínez
Alfredo Morales Cartaya
Luis C. Góngora Domínguez
Rosa E. Simeón Negrín
Josefina Fernández Ramos
Miguel Barnet Lanza
Melba Hernández Rodríguez
Delsa E. Puebla Viltre
Ramón Samada Suárez
Eusebio Leal Spengler
Rogelio Polanco Fuentes
Rolando Vázquez Martínez
Elia R. Lemus Lago

Randy Alonso Falcón
Universitario. Miembro del comité nacional de la UJC. Fue presidente de la FEU en periodismo, y vicepresidente en la universidad de La Habana, y miembro de su secretariado nacional. En 1996 es subdirector de la Editora Abril, (UJC), director de las revistas Alma Mater, Somos Jóvenes y Juventud Técnica. Presidente de la OCLAE. Desde 1995 militante del PCC, y jefe de las Mesas Redondas. Municipio: La Habana del Este

Carlos Alberto Cremata Malberti
Universitario. Director del teatro infantil La Colmenita. Ha recibido la medalla "Abel Santamaría", el premio "Los Zapaticos de Rosa", distinción por la cultura nacional, 1999. Vanguardia nacional del sindicato de la cultura. Es miembro de la presidencia de la UNEAC: Guanabacoa

Leonel González González
Universitario. Miembro del secretariado de la CTC, a cargo de las relaciones internacionales. Fue profesor de inglés. En 1972 alcanzó la militancia de la UJC. Fue secretario general de la CTC en Cienfuegos y presidente de la ANIR. Diputado a la Asamblea Nacional desde 1973. Representante de la CTC ante la Conferencia Internacional del Trabajo. Municipio: La Lisa

Claudia Felipe Torres
Enseñanza Media Superior. Presidenta de la FEEM. Delegada al XIV y XV festivales de la juventud y los estudiantes. Militante de la UJC en 1999. Graduada de la Escuela Lenin. Es miembro del Comité nacional de la UJC. Municipio: Cerro

Irma Sehwerert Mileham
Medio superior. Jubilada. Desde 1962 trabajó en el Centro de Investigaciones Pesqueras. En 1968 en el Ministerio de la Industria Básica. Miembro del sindicato nacional químico- minero-energético. En 1993 se jubila y pasó a militar en el núcleo zonal no. 71 del Cotorro. Ha recibido varios reconocimientos y condecoraciones. En su condición de madre del "héroe de la república de Cuba" René González participa en la "batalla de ideas por la liberación de los cinco compañeros prisioneros del imperio." Municipio: Arroyo Naranjo

Rosa América Colás Lara
Ingeniera agrónoma- tecnóloga química. Es dependiente-cajera. Ha sido delegada en distintas ocasiones a sus asambleas municipales y provinciales. Es miembro de los comités municipal, provincial y nacional del SNTCGS, del secretariado nacional y del consejo nacional de la CTC. Vanguardia Nacional en 11 ocasiones. Municipio: Arroyo Naranjo

Airalda de la Caridad Alfonso Valiente
Universitario. Realizó el servicio social en Guantánamo. En 1997 trabajó en el Instituto Nacional de Higiene, y fue responsable en La Habana del Este del programa de enfermedades de transmisión digestiva. Es delegada de la circunscripción 71 de Alamar-Este, desde el 2000. Es delegada y cederista. Municipio: La Habana del Este

Jorge Jesús Gómez Barranco
Universitario. Director del Grupo Moncada. Trabajó en la JUCEPLAN. Fue subdirector del Teatro Nacional de Cuba, profesor de estética y teoría del arte en la ENA, guionista, comentarista, y director en programas de radio y televisión. Fundador del café cantante. Miembro del Centro Nacional de Música Popular, y de Cubadisco. Municipio:10 de Octubre

Alejandra Regla Hernández Leonard
Universitario. Investigadora auxiliar en el Instituto Nacional de Investigaciones en Metrología. Perteneció a las BTJ y la ANIR. Delegada a asambleas municipales de la UJC y PCC. Secretaria general de la UJC y del PCC de su centro, miembro del Comité Municipal del PCC, presidenta de CDR, delegada a la Asamblea Municipal del Poder Popular. Municipio: La Habana Vieja

Manuel Agustín Manso Pacheco
Universitario. Presidente del Consejo Popular Buenavista desde el 2000. Delegado de la circunscripción 44. Fue director de escuelas en Camagüey y Ciudad de La Habana. Ingresó en la UJC en 1987 y en el PCC en 1992. Miembro del Bon UJC-MININT. Municipio: Playa

Jacqueline Hernández Magaña
Téc. Economía y contabilidad. Trabajó en la revista Cuba Internacional, en la Academia de Ciencias. En 1992 pasó a cuadro profesional de la UJC. En 1996 fue 1ra. secretaria de la UJC en La Habana del Este, y militante del PCC. En 1999 pasó la escuela del PCC "Ñico López". Delegada a la Asamblea Municipal del Poder Popular por La Habana del Este

Carlos Fermín Bocourt Chartrand
Universitario. Inició el magisterio en Minas del Frío y en Tarará. Se graduó de la especialidad sordo-pedagogía en la URSS. En 1978 se inició de metodólogo para la enseñanza de sordos. Subdirector de la escuela "Cheché Alfonso". Internacionalista en Nicaragua. De 1985 a 1989, director del centro experimental de sordos. Funcionario del CC. Municipio: Cerro

Jorge Alfonso García
Universitario. Director de industria y servicios culturales del MINCULT. Fue comercializador en la empresa Cuba-frutas. En 1990 es miembro del comité nacional de la UJC. En 1992 pasó al Ministerio de Cultura. En el 2001 presidente de la sección de cultura de la Cámara de Comercio. Ingresó en el PCC en el año 1985. Delegado desde 1997 y vicepresidente de la Asamblea Municipal Plaza de la Revolución

Enrique Fabelo Menéndez
Universitario. Vicepresidente de la Asamblea Municipal. Miembro de la PNR y el MININT. Presidente del Consejo Popular de Alamar-Este. En el año 2002 fue ascendido a capitán. Es miembro de la comisión de cuadros, y de orden interno de la Asamblea Municipal Habana del Este

Martha Beatriz d'Alvaré González
Universitaria. Alfabetizadora. Militante de la UJC desde 1963. En 1965 trabajó en la dirección municipal de trabajo en El Cerro, y en 1989 pasó a la dirección provincial. De 1990 a 1996 fue elegida vanguardia nacional. En 1997 fue directora municipal de atención a los combatientes. Es militante del partido desde 1983. Es actualmente miembro del Comité Municipal de la FMC en el territorio. Municipio: Plaza de la Revolución

Antonio Martínez Rodríguez
Universitario. Director del Hotel Nacional de Cuba. Cooperó con el M-26-7. Diputado en dos ocasiones a la Asamblea Nacional y ejerció como presidente de la comisión de asuntos constitucionales y jurídicos. En 1998 y 2001 fue seleccionado cuadro destacado del estado. Delegado por el municipio Playa

Emilio Interián Rodríguez
Médico veterinario. Se asoció a la ANAP en 1993. Es activista jurídico de su cooperativa. En el 2002 fue electo miembro del Comité Provincial de la ANAP. Delegado al XIV Festival Mundial de la Juventud y los Estudiantes. Ha sido vanguardia de la ANAP nacional y de los CDR, y fue delegado al 9no. Congreso de la ANAP. Municipio: Arroyo Naranjo

Félix Pedro de Armas Machado
Abogado. Fue jefe de la Reforma Urbana en Santa Cruz del Norte. Luego director municipal de justicia. En 1985 asesor jurídico en la empresa Construcción y Montaje. En 1988 jefe del Depto. Jurídico. En 1990 director municipal de viviendas en Centro Habana. En 1993 vicepresidente del Consejo Popular Pueblo Nuevo, vicepresidente y presidente del comité ejecutivo municipal. Miembro del buró ejecutivo municipal del PCC. Delegado a la Asamblea Provincial del Poder Popular. Municipio: Centro Habana

Edel Esteban Correa Mijares
Universitario. En 1981 ingresó a las FAR. Internacionalista en angola. En 1984 ingresó en el MININT. En 1995 presidente del Consejo Popular de Playa. En 1997 vicepresidente de la Asamblea Municipal del Poder Popular, y en 1999 presidente. Municipio: Playa

Carlos Vega Tacoronte
Universitario. En 1971 fue maestro, metodólogo, asesor y director de escuelas primarias rurales en San José de las Latas y San Antonio de las Vegas. Electo presidente de la comisión de órganos locales en el X mandato del Poder Popular y por cuatro períodos consecutivos como delegado de circunscripción. Destacado como cuadro en el gobierno provincial. Municipio: Arroyo Naranjo

Mayra Teresa Lassalle Noval
Ingeniera industrial. De 1986 a 1997 trabajó en el MININT, con el grado de mayor. Delegada al Poder Popular desde 1995 y vicepresidenta de la comisión municipal de industria y turismo. En 1997 vicepresidenta de la Asamblea Municipal del Poder Popular, y en 2002 su presidenta. Miembro del buró municipal del PCC. Municipio: Plaza de la Revolución

Luis Ramiro Pino Naranjo
Enseñanza Media Superior. Primer secretario del PCC en 10 de Octubre. Desde 1982 trabajó en los ómnibus nacionales. En 1984, inspector de aduana. Perteneció al buró municipal de la UJC en Regla, y al Comité Provincial. En el PCC fue 1er. Secretario de San Miguel del Padrón y 10 de Octubre. Es miembro del Comité Provincial de Ciudad de La Habana desde 1999.

Luis Raúl García
Universitario. Funcionario del Comité Central. En 1960 se incorporó a la AJR, fue alfabetizador. Comenzó en el Ministerio de Comunicaciones. En 1969 pasó la escuela del partido Ñico López, y de ahí a funcionario del Comité Central, en los departamentos de educación, de organización y de cuadros. En 1997 fue elegido delegado a la Asamblea Provincial del Poder Popular. Municipio: Plaza de la Revolución

Gregorio Samuel Betancourt Carballo
Universitario. Ingresó en la escuela militar Camilo Cienfuegos. En 1976, en la Interarmas Antonio Maceo. Allí sería profesor de filosofía marxista, y desde 1987 profesor de historia. Miembro del PCC y presidente del consejo de defensa del Consejo Popular en Jacomino. Delegado a la Asamblea Nacional del Poder Popular Municipio: San Miguel del Padrón

Arnaldo Rafael Rubio García
Universitario. Especialista en radio electrónica MINFAR. En 1982 estudió artillería. En 1987 se graduó del ITM. Es militante de la UJC desde 1983. En 1993 ingresó en el PCC. Desde el 2001 trabaja en el MINFAR. Ha sido ascendido al grado de mayor. Recibió el sello forjadores del futuro y otras condecoraciones y medallas. Municipio: Playa

Roberto Fernández Retamar
Universitario. Presidente de la Casa de las Américas. Fundador y director del Centro de Estudios Martianos hasta 1986. Diputado a la Asamblea Nacional y miembro del Consejo de Estado. Municipio: Playa

Leopoldo Cintra Frías
Universitario. Jefe del Ejército Occidental. Miembro del Comité Central del PCC. Miembro del Buró Político. General de Cuerpo de Ejército. Diputado a la Asamblea Nacional del Poder Popular. Municipio: Arroyo Naranjo

Carlos Lage Dávila
Universitario. Secretario del Comité Ejecutivo del Consejo de Ministros y Vicepresidente del Consejo de Estado. Miembro del Buró Político del Partido. Diputado a la Asamblea Nacional desde 1976. Municipio: Plaza de la Revolución

Ricardo Alarcón De Quesada
Universitario. Presidente de la Asamblea Nacional del Poder Popular. Miembro del Comité Central del Partido desde el Segundo Congreso y electo integrante de su Buró Político desde el IV Congreso. Municipio: Plaza de la Revolución

Juan Contino Aslán
Universitario. Coordinador Nacional de los CDR. Diputado a la Asamblea Nacional del Poder Popular, miembro del Comité Central del PCC y del Consejo de Estado. Municipio: Playa

Felipe Ramón Pérez Roque
Universitario. Ministro de Relaciones Exteriores. Es Diputado a la Asamblea Nacional del Poder Popular desde 1986 y Miembro del Consejo de Estado desde 1993. Municipio: Arroyo Naranjo

Juan Esteban Lazo Hernández
Universitario. Jefe de Departamento del Comité Central. Miembro del Buró Político. Diputado desde 1981 y desde 1992 Vicepresidente del Consejo de Estado. Municipio: Arroyo Naranjo

Pedro Ross Leal
Universitario. Secretario General de la Central de Trabajadores de Cuba. Miembro del Buró Político y del Consejo de Estado. Diputado a la Asamblea Nacional desde 1986. Municipio: San Miguel del Padrón.

José Miguel Miyar Barruecos
Universitario. Secretario del Consejo de Estado. Diputado a la Asamblea Nacional. Miembro del Comité Central. Municipio: 10 de Octubre

Otto Rivero Torres
Universitario. Primer Secretario del Comité Nacional de la UJC. Diputado a la Asamblea Nacional desde 1993 y Miembro del Consejo de Estado. Municipio: Marianao

Ulises Rosales Del Toro
Universitario. Ministro del Azúcar. General de División. Miembro del Comité Central del Partido desde el I Congreso y de su Buró Político a partir del III. Diputado a la Asamblea Nacional. Municipio: Centro Habana

Hassan Pérez Casabona
Universitario. Presidente de la FEU Nacional. Militante del PCC. Diputado a la Asamblea Nacional del Poder Popular. Municipio: La Habana de Este

Evert Sánchez Pita
Universitario. Administrador del Laboratorio de Control Biológico. En 1973 comenzó a trabajar en Planificación Física, hasta su actual centro de trabajo, el CIDEM. En 1992 pasó a a la Empresa de Gastronomía como Administrador. Delegado del Poder Popular y Presidente del Consejo le fueron otorgados diplomas y reconocimientos por ser el mejor Presidente del Municipio, fue fundador de los Consejos Populares y Delegado a la Asamblea Provincial desde 1985-1989. Presidente de la Comisión de Salud de la Asamblea Municipal desde 1989- 1997. Municipio: Cerro

Sandra Alayón Enríquez
Universitaria. Gerente Banco Nacional de Cuba. Dirigente estudiantil, vicepresidenta de la FEEM. En 1983 inició en el BNC. Ha resultado Destacada y Mejor Joven a diferentes niveles. En 1982 ingresó en la UJC, desempeñándose como Secretaria Ideológica y miembro del Comité de la UJC del BNC. En 1973 se incorporó a los CDR, y es coordinadora de zona. En 1974 ingresó a la FMC, y fue Secretaria General de la Delegación. Desde 1977 dirigente sindical. En 1986 adquirió la militancia del PCC. Municipio: San Miguel del Padrón

Dalia Silvestre Rodríguez Peralta
Veterinaria. Especialista en Virología del CENEDI. Durante su vida laboral ha contribuido al desarrollo científico-técnico de la Medicina Veterinaria, como es en el caso de la enfermedad hemorrágica del conejo. Internacionalista en Etiopía de 1981 a 1983. Secretaria de la Delegación de la FMC. Miembro del Comité Municipal de la CTC de La Lisa, Presidenta de la Comisión de Auditores Voluntarios, Miembro del Secretariado Municipal y Provincial del Sindicato Agropecuario y Vicepresidente de la ANIR Municipal. Delegada al XVIII Congreso de la CTC. Delegada a la Asamblea Municipal del Poder Popular. Municipio: La Lisa

Julián De La Paz Landa Blanco
Superior. Presidente Asamblea Municipal Poder Popular. En 1983 fue profesor en el Instituto Politécnico de Amistad Cubano- Soviética. Fue miembro del Comité Municipal de la UJC en Playa. En 1991 se trasladó al Instituto Politécnico René O' Reine como Profesor y después Director. Fue Vanguardia Nacional del Sindicato de la Educación. Desde 1996 integró el Comité Municipal del PCC en 10 de Octubre. Delegado de la Asamblea Provincial del Poder Popular en 1998. Municipio: 10 de Octubre

Carlos Liranza García
Universitario. Especialista Cuadros Estado Mayor Ejército Occidental. Desde 1987 y hasta el 88 ocupó el cargo de Jefe de Taller de Reparación de Armamentos Naval y del 88 al 90 en Escuadrillas de Buques Barreminas de la Base Naval Occidental. De 1993 al 98 Primer Oficial en la jefatura MGR Estado Mayor. Ejército Occidental. Presidente del Consejo Popular Eléctrico desde 1998 hasta el 2000. Municipio: Arroyo Naranjo

Teresa García Zamora Mora
Universitario. Presidenta Consejo Popular San Isidro. Ha trabajado en Secundaria Básica, Preuniversitario, Instituto de Economía y en la FOC. Fue representante de Educación en el Consejo Popular y Presidenta del Consejo Popular de San Isidro. Ha desempeñado diferentes cargos en la sección sindical de su centro. Fue electa precandidata al VIII Congreso de ese sindicato. Municipio: La Habana Vieja

Danny Martín Gullón Gallardo
Abogado. 1er. Oficial Departamento Antidrogas del MININT. Graduado en la Academia Naval como Teniente de Corbeta. Se incorporó a la Marina de Guerra como Jefe de Destacamento Especial de la Infantería de Marina, y luego pasó a laborar en la Academia ocupando el cargo de Organización y Control. En 1989 cursó estudios militares y ocupó el cargo Oficial Operativo, pasando después al MININT. En el 2000 pasó al Depto. Antidrogas, lugar donde se desempeña en la actualidad como Primer Oficial, con el grado de Mayor. Municipio: 10 de Octubre

Gudelia Xiomara Díaz Bejerano
Matemática. Jefe Dpto. ATM de Educación Provincial.. En 1960 inició su vida laboral en la escuela primaria "Arístides Viera". En 1961 y hasta 1969 trabajó en Ciudad Escolar Libertad como Directora y profesora. Posteriormente ocupó varias responsabilidades en el Municipio de Educación de la Lisa. Ha sido Vanguardia a nivel Municipal, Provincial y Nacional por siete años consecutivos. Es Fundadora de la FMC, los CDR y las MTT, donde ha ocupado diferentes responsabilidades. Es Delegada de base del Poder Popular desde 1987 y Presidenta de la Comisión Permanente de Educación, Cultura y Deportes. Municipio: La Lisa

Olivia Teresa González Gay
Universitaria. Especialista Farmacéutica. Desempeñó diferentes cargos en la FEEM y la UJC. Es trabajadora de la Empresa de Productos Biológicos Carlos J. Finlay. Militante del PCC desde 1995. Ha participado en misiones técnicas y de colaboración en Perú, España, Alemania y la ex URSS. Participó como autora en la confección del primer medicamento con propiedades antineuríticas (COMPVIT-B). En el 2001 resultó Vanguardia Nacional del Sindicato de las Ciencias. Municipio: Centro Habana

Rolando Sarría Díaz
Lic. Geografía. Especialista en Capacitación. Profesor en 1970, Director de la Escuela Taller José Antonio Echeverría, en Alamar, y de la Secundaria Tony Santiago. De 1983 a 1989 fue Subdirector y Secretario Docente en las Escuelas Urselia Díaz Báez y Enrique Hart Dávalos, hasta que se trasladó como Profesor para la Secundaria Víctor Muñoz. Se incorporó a la Fiscalía General de la República en 1990. Delegado a las Asambleas Municipales de La Habana del Este y Guanabacoa. Diputado a la Asamblea Nacional por el municipio Guanabacoa

Rolando Segura Jiménez
Periodista. Reportero del Sistema Informativo de la TVC. En 1991 se inició de periodista del Telecentro CHTV. Internacionalista en Zimbabwe y Guinea Ecuatorial. En el 2002 impartió cursos sobre Comunicación Social en la Universidad Autónoma de Baja California, como profesor adjunto de la Universidad de la Habana. Miembro del Comité Nacional de la UPEC. Fue delegado al 6to. Congreso de la UPEC. Participa en las Mesas Redonda y Tribunas Abiertas. Municipio: Centro Habana

Reinaldo Romero Pérez
Medio Superior. Mayor del Ministerio del Interior. En 1966 se incorporó a la Base Coheteril de la DAAFAR, en Managua, hasta 1965, en que comenzó en el MININT. Entre 1979 y 1985 cumplió 4 misiones fuera del país. Desde 1995 es Delegado de la Circunscripción #14 (Callejón de Andrade), del Consejo Popular Pocitos-Palmar. Recibió las XX Aniversario del Moncada, del Granma, Lucha Contra Bandidos y Servicio Distinguido por 30 años en el MININT. Municipio: Marianao

Mercedes Bárbara Abreu García
Universitaria. Vicepresidenta de la Asamblea Municipal del Poder Popular. De 1981 a 1983 laboró en el Instituto José Maceo, de la Isla de la Juventud. En 1984 fue Jefa de cátedra de Marxismo en el Instituto Antón Makarenko", de Batabanó. De 1996 al 2002 fue miembro de la Asamblea Municipal del Poder Popular de Marianao, Vicepresidenta y Presidenta del Consejo Popular Pogolotti– Finlay-Belén. Internacionalista en Angola. En el 2001 ingresó en la ACRC y actualmente es miembro del Comité Municipal del PCC. Municipio: Marianao

Amado Arecio Núñez Allarde
Universitario. Presidente CP San Pedro-Cotorro. Fue Administrador de vaquería. En 1982 internacionalista en Etiopía. Es delegado desde 1990, y desde 1998 delegado a la Asamblea Provincial del Poder Popular de Ciudad de La Habana. Es fundador de los CDR y miembro de la ACRC. Diputado a la Asamblea Nacional del Poder Popular Municipio El Cotorro

Raúl Carmona Ruiz
Ingeniero Militar. Cadete en la Escuela de Artillería. Militante de la UJC. Se graduó còn grado de Teniente, y continuó sus estudios en la Escuela Superior de las FAR Máximo Gómez. Internacionalista en Angola como Jefe de Batería de Artillería. Profesor de la Escuela de Artillería y profesor de Exploración de la Inter-Armas General Antonio Maceo. Delegado de la Circunscripción # 32 de Casa Blanca en 1997 y reelecto en el 2000, donde fue Presidente del Consejo Popular hasta el 2002. Es miembro de la Asociación de Combatientes de la Revolución Cubana. Municipio: Regla

Antonio Eugenio Vargas González
Médico. Director Municipal de Salud. Internacionalista en 1976 en Angola. De 1981 a 1986 tuvo la responsabilidad de Director de Salud en Yaguajay, desde 1987 a 1992 se desempeñó como Vicedirector del Hospital Nacional. Fue electo delegado al Poder Popular, actualmente es Vicepresidente del CAM, en el Cotorro y Director Municipal de Salud. Ha recibido la Orden al Mérito José A. Echeverría, Vanguardia Nacional de 1987 al 1996, Medalla Combatiente Internacionalista, Distinción Servicio Distinguido de las FAR, Medalla Victoria Cuba-RPA. Municipio: Cotorro

Celina Viceida Sánchez González
Superior. Presidenta Consejo Párraga. Comenzó a trabajar en el CVP "Ciro Frías" en 1981, y luego pasó a la Dirección Municipal de la Vivienda como técnica en Obras de Arquitectura y Remodelación en Inversiones. Fue Secretaria General del C/B y miembro del Comité Municipal de la UJC. Secretaria General de la sección sindical, Secretaria de Recreación y Divulgación en el Sindicato de la Construcción municipal. En 1995 fue electa Delegada y Vicepresidenta del Consejo y en 1998 Delegada Provincial. Municipio: Arroyo Naranjo

Sergio Corrieri Hernández
Universitario. Profesor de teatro del Instituto Superior de Arte. Fundador, actor y director del Grupo Teatro "Estudio" y posteriormente Teatro "Escambray" (1968-1985). En 1985 ocupó la Vicepresidencia del Instituto Cubano de Radio y Televisión. En 1987 pasó a Jefe del Departamento de Cultura del Comité Central del Partido y desde 1990 es Presidente del Instituto Cubano de Amistad con los Pueblos. Diputado a la Asamblea Nacional del Poder Popular y miembro del Consejo de Estado desde 1998. Miembro del Comité Central del Partido desde 1980 y Diputado a la Asamblea Nacional del Poder Popular. Municipio Playa

Concepción Campa Huergo
Doctora Honoris Causa de la Universidad de La Habana y de Villa Clara. Directora General del Instituto "Carlos J. Finlay". Heroína del Trabajo de la República de Cuba. Fue jefa del Grupo Especial para el Desarrollo de la Vacuna Antimeningocóccica. Es Investigadora Titular del Ministerio de Ciencia, Tecnología y Medio Ambiente. Asesora del Programa de Vacuna de la OMS. Miembro del Comité Nacional de la FMC. Diputada a la Asamblea Nacional desde 1993 y miembro del Comité Central del Partido y de su Buró Político desde 1991. Municipio: Playa

Ivonne Grass Delgado
Abogada. Directora de Seguridad Social. Dirección Provincial de Trabajo. Ingresa en la Fiscalía Militar como Instructora Fiscal. En 1989 fue jefa Fiscal del municipio de San Miguel del Padrón. Ocupó cargos en la FEEM y la FEU y milita en el PCC desde 1992. Es Diputada a la Asamblea Nacional del Poder Popular y Secretaria de la Comisión de Trabajo Permanente de Asuntos Constitucionales y Jurídicos. Diputada a la Asamblea Nacional por el municipio San Miguel del Padrón.

Génesis Izquierdo Montes
Universitario. Secretario de la Comisión de Defensa en la Asamblea Nacional del Poder Popular. Fundador de las Tropas coheteriles de la DAAFAR. Diputado a la Asamblea Nacional del Poder Popular desde 1992. Fundador de los Consejos Populares desde 1995 y delegado de circunscripción desde 1988. Internacionalistas en Angola y Etiopía. Presidente del Consejo Popular Almendares. Municipio: Playa

Ramón Pardo Guerra
Universitario. Jefe del Estado Mayor Nacional de la Defensa Civil. Combatió en la Sierra y en la Columna Invasora con Ernesto Guevara. Cursó la Escuela Superior de Guerra, y más tarde estudió en la Academia del Estado Mayor General de las Fuerzas Armadas en la ex URSS. Ocupó diversas responsabilidades en el Ejército Occidental, desde el mando de unidades hasta Jefe de Ejército, alcanzando el grado de General de División. Es miembro del Comité Central y Diputado a la Asamblea Nacional del Poder Popular. Municipio: Boyeros

Vicente Arturo Rodríguez Jiménez
Universitario. Presidente de la Asamblea Municipal del Poder Popular. Combatiente de la clandestinidad y Miembro del M-26-7o. Participó en la Crisis de Octubre, en la Lucha en el Escambray, fue alfabetizador, y movilizado en 10 Zafras del Pueblo. En 1976 fue Director de la Vivienda. Fundador del PCC. En 1980 y desde 1990 es Presidente del Consejo Popular de Guanabacoa Campo. En 1992 fue electo Diputado la Asamblea Nacional. Municipio: Guanabacoa

Carlos Manuel Gutiérrez Calzado
Médico. Director del Centro Nacional de Investigaciones Científicas (CENIC). Fue Brigadista y perteneció a la AJR. Ocupó diferentes responsabilidades en la FEU y la UJC. En 1966 pasó a las FAR como médico militar. En 1969 pasó a trabajar en la investigación científica, en el CENSA y en el CENIC. Investigador Titular y Doctor en Ciencias. Ha trabajado en numerosas investigaciones y posee más de treinta publicaciones. Es miembro del Comité Central del Partido y Diputado a la Asamblea Nacional. Municipio: La Lisa

Luis Isidro Ibáñez Cruz
Universitario. Ocupación: Director de la Empresa Nacional de Aeropuertos y Servicios Aeronáuticos de Cuba. Ocupó diferentes responsabilidades en la Aviación Agrícola de La Habana, Camagüey. Subdirector y después director del Aeropuerto José Martí y de los aeropuertos de la zona occidental de la Aviación Civil. Miembro del Buró del PCC de Boyeros. Diputado y miembro de la Comisión de Transporte y Servicios de la Asamblea Nacional. Municipio: Marianao

Emelia Consuelo Icart Pereira
Directora del Centro Psicopedagógico La Castellana. Se graduò de la Escuela Normal de Maestros en 1958. Trabajó en la Ciudad Escolar "Libertad". Se gradúa como psicopedagoga en la especialidad de retraso mental y como tal trabaja en el Hogar de Impedidos Físicos y Mentales No.1. Es secretaria del Grupo Nacional de Defectología. Es Diputada a la Asamblea Nacional. Municipio: Arroyo Naranjo

Harry Villegas Tamayo
Universitario. Vicepresidente Secretario Ejecutivo de la Dirección Nacional de la Asociación de Combatientes de la Revolución Cubana. Luchó en la Sierra Maestra bajo Ernesto Che Guevara. Participó en El Escambray. Fundador del PCC. Participó junto al Che en el Congo y en Bolivia. Cumplió 3 misiones internacionalistas en Angola. Miembro del Comité Central del PCC. Delegado de circunscripción y Diputado desde la constitución de la Asamblea Nacional. Municipio: Cotorro

María Elsa Pelegrín Morales
Jefa Dpto Relaciones Públicas de la Agencia de Información Nacional (AIN). Licenciada en Periodismo en 1979. Se inició en Prensa Latina como redactora. En 1979 trabajó como corresponsal de la AIN en Guantánamo y Ciudad de La Habana. Fue promovida a corresponsal jefa y luego a la responsabilidad que actualmente desempeña. Fue Vanguardia Provincial del Sindicato de la Cultura en 1985. Laboró durante 22 meses en la República Popular de Angola. En el VII mandato fue electa Delegada a la Asamblea Provincial. Tomó parte de las Comisiones Permanentes de Trabajo de Educación, Cultura, Ciencias y Atención a los Órganos Locales. Es Diputada a la Asamblea Nacional desde 1998. Desde el X mandato es Delegada de circunscripción. Municipio: La Habana del Este

Jose María Rubiera Torres
Universitario. Jefe del Departamento Nacional de Pronósticos del Instituto de Meteorología. Culminó estudios de licenciatura y doctorado en Geografía. Se dedicó a la Meteorología ocupando diferentes cargos. Ha cumplido tres misiones internacionalistas civiles y ocupa cargos en organizaciones regionales e internacionales vinculadas a la Meteorología. Municipio: Boyeros

Pastor Felipe Arencibia Massó
Media Superior. Actor, Locutor y Promotor cultural. Pasó curso de artillería antiaérea en la Base Granma, combatiente de Playa Girón, e internacionalista en Mozambique. Diputado a la Asamblea Nacional, miembro del Comité Provincial de la CTC, Vanguardia Nacional por cuatro años consecutivos. Municipio: Plaza de la Revolución

Rodrigo Álvarez Cambras
Universitario. Director del Hospital Ortopédico Frank País. Héroe Nacional del. Internacionalista en África. Miembro de varios Comités Científicos del MINSAP y Profesor del Instituto Superior de Ciencias Médicas. Delegado a los cinco congresos del Partido y miembro de su Comité Central. Diputado a la Asamblea Nacional del Poder Popular, y Presidente de la Asociación de Amistad Cubano-Árabe. Municipio: La Lisa

Ana María De La Torre González
Universitaria. Secretaria de la Comisión Permanente de los Servicios de la Asamblea Nacional del Poder Popular. Fue vicepresidenta de los pioneros a nivel municipal, ha tenido responsabilidades en CDR y la FMC y dirigió el Comité de Base de la UJC. Fue docente. En 1997 fue miembro del Secretariado de la CTC municipal en San Miguel del Padrón. Diputada a la Asamblea Nacional Municipio San Miguel del Padrón

Ricardo Castellón Vázquez
Universitario. Jefe del Departamento de Organización del Trabajo y los Salarios. Internacionalista en Angola y en Guinea. Presidente del Consejo Popular de Colón en 1992, y de su Comisión de Asuntos Económicos entre 1993 y 1994 y actualmente es Presidente de la Comisión de Trabajo, Vivienda y Construcción . Diputado a la Asamblea Nacional y miembro de la Comisión de Asuntos Económicos Municipio: Centro Habana

Jorge Caridad González Pérez
Rector de la Universidad de Ciencias Médicas. Graduado en 1975 de Ciencias Médicas y Doctorado en Alemania. Vanguardia Nacional por doce años consecutivos, certificado Proeza Laboral y Orden Lázaro Peña. Diputado a la Asamblea Nacional Municipio: San Miguel del Padrón

Luis Jesús Senarega Madruga
Técnico medio. Director de la Empresa AUTOPARTES. En la fábrica de Juntas inició su trabajo y llegó a director. Fue Director de la Empresa TRANSIMPORT hasta el 2001 pasando a dirigir la Empresa Independiente FUSA. Miembro del Comité Municipal del PCC del Cotorro y delegado de cirscunscripción desde 1994 al 2000. Diputado a la Asamblea Nacional desde 1998 y Cuadro Destacado del SIME. Municipio: Cotorro

Leonardo Eugenio Martínez López
Ing. Textil. Presidente de la Comisión de Actividad Productiva de la Asamblea Nacional. Laboró en el Combinado Textil Hilatex. Fue director de Empresas de Industrias Locales del Poder Popular. Ingresó al PCC en 1984. Miembro del Comité Provincial del PCC. Diputado a la Asamblea Nacional Municipio: San Miguel del Padrón

José Luis Toledo Santander
Universitario. Decano de la Facultad de Derecho de la Universidad de La Habana. Militante de la UJC. Presidente de Colegios Electorales. Fiscal en Sancti Spíritus, Ciego de Ávila y Ciudad de La Habana. En 1993 fue electo Vicefiscal de la República. Diputado a la Asamblea Nacional Municipio: Plaza de la Revolución

Jesús Raúl Díaz Llarrux
Químico. Vicepresidente de la Administración Provincial Ciudad de La Habana. En 1986 pasa a cuadro del PCC, como instructor y miembro del Buró. En 1992 fue electo delegado por su circunscripción y luego Presidente de la Asamblea en Centro Habana. Desde 1993 es Diputado a la Asamblea Nacional. Municipio: Centro Habana

Gerardo Enrique Hernández Suárez
Universitario. Presidente Consejo Popular Las Guásimas. Trabajó en la Dirección Nacional de los CDR y en el PCC Municipal de Arroyo Naranjo. En 1968 fue administrador de la granja avícola La Vaquita. En 1984 funda el movimiento de microbrigadas en Las Guásimas. Es Cuadro Destacado del Estado. Diputado a la Asamblea Nacional desde 1986. Municipio: Arroyo Naranjo

Juan Jose Pérez Bances
Universitario. Miembro del Secretariado Nacional de los CDR. Cursó estudios en la Escuela Superior del Partido Ñico López. En 1981 ingresó al PCC. En el 2001 Jefe del Dpto. Ideológico en la Dirección Nacional de los CDR. Diputado a la Asamblea Nacional. Municipio: Marianao

María Josefa Ruiz Mederos
Universitario. Secretaria de la Comisión Permanente de Educación, Cultura y Deporte de la Asamblea Nacional del Poder Popular. Profesora en el Pedagógico y en el ISPJAE. Diputada a la Asamblea Nacional. Presidió el Grupo Parlamentario Amistad con Níger. Municipio: Marianao

Nidia Diana Martínez Pití
Directora del Hospital Pediátrico William Soler. Directora de de Salud, Atención Médica de Holguín. Directora del Hospital Pediátrico de Holguín. Es Diputada a la Asamblea Nacional. Es miembro del Comité Nacional de la FMC. Municipio: Boyeros

Lázaro Rolando León Pedraza
Universitario. Funcionario del Consejo de Estado. De 1968 a 1972 cuadro del PCC en Las Villas. En 1979 pasó al MINREX en la Embajada de Cuba en el Congo. Graduado del Instituto Superior de Economía. Internacionalista en Angola. Delegado de circunscripción. Diputado a la Asamblea Nacional. Municipio: 10 de Octubre

Jesús Lorenzo Collado Rivero
Enseñanza Media Superior. Presidente del Consejo Popular San Agustín. En 1961 se incorporó al Destacamento de Alfabetizadores "Conrado Benítez García". Durante 18 años ocupó cargos en la UJC el Partido. En sus 34 años de permanencia en las FAR ha realizado diferentes funciones y ocupado varios cargos. Ostenta el grado de teniente coronel y fungió como profesor de Marxismo durante cinco años. Vanguardia de las FAR. Desde 1986 es delegado del Poder Popular. Presidente fundador del Consejo Popular San Agustín hasta la fecha. Diputado a la Asamblea Nacional del Poder Popular desde 1997. Ha obtenido varias medallas y condecoraciones por su labor. Municipio: La Lisa

Inés María González Quesada
Química. Profesora del Instituto Amistad Cubano Etíope de Güira de Melena. Secretaria y cuadro provincial de la UJC. Miembro provincial del Sindicato en 1994 y en 1999, Sec General del Sindicato Provincial de la Cultura. Miembro del Comité Nacional del Sindicato de la Cultura, y del Consejo Nacional de la CTC. Municipio: La Habana Vieja

Olga Lidia Gómez Sáez
Universitaria. Vicepresidenta del Consejo Popular Armada. Graduada de la ESPA. Integró el equipo nacional de atletismo. Medallas de oro en Centroamericanos. Militante del PCC, delegada de Circunscripción Municipio: Boyeros

Adela Isis Phineg Ríos
Universitaria. Maestra Primaria. Captada por la FMC y los CDR para el curso de Formadores de Maestros Emergentes. Comenzó en la escuela José María de Mendive. Ocupó responsabilidades en la UJC y el PCC. Jefa zonal de preescolar. Delegada de circunscripción y Diputada a la Asamblea Nacional. Municipio: Boyeros

Marcia Cobas Ruiz
Universitario. Miembro del Provincial del PCC en Ciudad de La Habana. Jefa de laboratorio en el CAI azucarero Camilo Cienfuegos de La Habana. En 1987 promovida a cuadro del PCC, miembro del Buró en La Lisa y Playa. En 1992 fue seleccionada miembro del Consejo Nacional de la CTC. En el III Congreso del PCC fue electa miembro suplente del CC. Delegada a la Asamblea Provincial del Poder Popular en las elecciones del año 1988. Municipio: La Lisa

Elia Caridad Moreno Socorro
Universitaria. 1ra Secretaria del Comité Municipal PCC. Internacionalista en Angola. En 1985 pasó a la UJC nacional. En 1994 es miembro del Comité Municipal del PCC y en 1995 Secretaria del PCC del Aeropuerto José Martí. Promovida al Buró Municipal, y en 1997 se ocupa de las esferas de Educación, Salud, Ciencia, Deportes y la Cultura y posteriormente la esfera de Organización, Política- Ideológica. Diputada por el municipio Boyeros

Maura Cristina Casamayor Llinás
Química. Dirigente de la UJC en el politécnico Mártires de Girón. Pasó al Centro de Investigaciones y Desarrollo del MININT en 1984. Delegada del Poder Popular desde1992. Federada Destacada. Vanguardia de CDR. Delegada de municipio. Municipio: Boyeros

Eva Esther Rivalta Castillo
Universitaria. Directora TRANSCARGO del MITRANS desde 1993. Alfabetizadora. Formadora de maestros en la Sierra Maestra. Directora de Secundaria en Ciudad Escolar Libertad. En 1968 pasa a la Empresa Cubana de Fletes. Diputada por el Municipio La Habana Vieja

María Teresa Ferrer Madrazo
Vicedecana de la Salvador Allende. Profesora de Defectología en las escuelas Julio Antonio Mella, y Salvador Allende. Miembro del Comité Municipal del PCC Boyeros y Delegada del Poder Popular. Participó en el V Congreso del PCC y V de la FMC. Municipio: Cerro

Enrique Javier Gómez Cabeza
Universitario. Primer Secretario de la UJC en Ciudad de La Habana desde 1998. Fue Presidente de la FEU en el IPSJAE, y miembro del Secretariado Nacional. 1er. Sec del Comité Municipal UJC Plaza de la Revolución, 2do. Y 1er Secretario del Comité UJC Ciudad de La Habana. Es miembro del Buró Nacional de la UJC desde 1998, del Comité del PCC en Ciudad de La Habana. Diputado al Municipio Boyeros

Francisco Emilio Delgado Castillo
Media Superior. Ejecutor de Obras. Integró la AJR en 1960. Par ticipó en la Sierra Maestra con las Brigadas Juveniles de trabajo revolucionarias y escaló cinco veces el Pico Turquino, realizando el recorrido desde la Sierra Maestra hasta la Sierra Cristal. En las FAR permaneció por 16 años. Se licenció y comenzó a trabajar en la ECOA # 6 donde ocupó diferentes responsabilidades; fue Vanguardia Nacional por 11 años. Participó en varias conferencias sindicales, fue Delegado al XVII Congreso de la CTC. Diputado a la Asamblea Nacional del Poder Popular por el Municipio 10 de Octubre.

Raúl Suárez Ramos
Universitario. Director del Memorial Martin Luther King. Militó en la Juventud Ortodoxa, colaboró con el M-26-7. Ocupa diferentes responsabilidades en la Iglesia Bautista. Dentro del Movimiento Ecuménico Cubano desarrolla proyectos de beneficio popular. Apoya desde su inicio la Caravana de Amistad Estados Unidos - Cuba de los Pastores por la Paz. Es el director del Centro Memorial Martin Luther King desde 1997. Diputado a la Asamblea Nacional desde 1993. Municipio: Marianao

Tania Amor González Pérez
Universitaria. Directora del Hospital Salvador Allende. Graduada de Medicina inicia su vida laboral en el hospital Joaquín Albarrán. En 1980 hizo la especialidad en Gastroenterología y pasa a trabajar al Hospital Salvador Allende; y en 1988 es nombrada su directora, cargo que desempeña actualmente. Ingresó en el PCC en 1977 y ha ocupado en este distintas responsabilidades a nivel de núcleo, Comité, Buró y Municipio. Fue Delegada al IV Congreo del Partido donde fue electa miembro del Comité Central. Internacionalista en Angola. Delegada a la Asamblea Provincial del Poder Popular y Diputada a la Asamblea Nacional. Municipio: Cerro

Alberto Juantorena Danger
Universitario. Vicepresidente del INDER. Fue miembro del Comité Nacional de la UJC. Fue Campeón Olímpico y Mundial y fue declarado en varias ocasiones Mejor Atleta de Cuba y de Latinoamérica. En 1976 y en 1978 fue elegido el Mejor Atleta del Mundo. En 1984 pasó a funcionario del Comité Ejecutivo del Consejo de Ministros. Es Diputado a la Asamblea Nacional del Poder Popular y fue Delegado al V Congreso del Partido. Municipio: Guanabacoa

Mercedes Linda Puentes Trillo
Primera Oficial de la Dirección de Seguridad Pública. Graduada en Electrónica. Trabajó en Comunicaciones del MININT y como profesora en técnica policial y de video. En la PNR fue oficial de instrucción como primer teniente. En 1986 es delegada y diputada del Consejo Popular de Jesús del Monte. Diputada a la Asamblea Nacional del Poder Popular Municipio: 10 de Octubre

Lorenzo Londaistsbeher Hernández
Universitario. Presidente del Consejo Popular Santo Suárez. Inicia sus labores en el Hospital Fructuoso Rodríguez, donde ocupa varios cargos y en 1978 ingresa a estudiar Medicina, desempeñando diversas responsabilidades en la FEU. Trabajó en un consultorio en el puerto de La Habana donde alternó como secretario del Sindicato de los Trabajadores de la Salud y más tarde pasó a funcionario del Sindicato Nacional. Desde 1992 es elegido como delegado y un año después pasó a Presidente del Consejo Popular de Santos Suárez, labor que realiza actualmente. Es Diputado a la Asamblea Nacional del Poder Popular. Municipio: 10 de Octubre

Genoveva Morales Morán
Universitaria. Presidenta del Consejo Popular Las Cañas. Ingresó en 1963 en el Instituto Pedagógico Makarenko. En 1987 cumplió misión internacionalista en Cabo Verde. En 1989 fue elegida delegada del Poder Popular. Ocupó diferentes responsabilidades en la Asamblea Municipal del Poder Popular, primero como Secretaria de la Asamblea y después como Vicepresidenta de la Comisión de Prevención y Atención Social. Fue Vicepresidenta del Consejo Popular "Las Cañas" y es su Presidenta desde el 2000. Diputada a la Asamblea Nacional desde 1993. Municipio: Cerro

Juana Cruz Cruz
Ingeniera de alimentos. Jefa de producción de "La Güinera". Vanguardia a nivel de empresa y provincia. Técnico en Alimentos de una empresa agropecuaria de las FAR y Técnico en la Terminal de Combustible de Regla. Delegada de circunscripción. En 1997 fue elegida Vicepresidenta y luego Presidenta del Consejo Popular "Villa II". Diputada a la Asamblea Nacional del Poder Popular. Municipio: Guanabacoa.

Ana Fidelia Quirot Moret
Universitaria. Campeona Panamericana, Iberoamericana, Centroamericana y del Caribe y Mundial. Ganadora de 5 Copas del Grand Prix, Medallista en dos Juegos Olímpicos y Juegos Mundiales Universitarios. En 1989 seleccionada la Mejor Atleta del Mundo y la mejor de Cuba en varias ocasiones. Actualmente Bicampeona Mundial en los 800 m y récord nacional de Cuba en 1 500 m planos. Delegada al V Congreso del Partido. Diputada a la Asamblea Nacional. Municipio: San Miguel del Padrón

Nérida Quintero Martínez
Química. Secretaria General de la FMC en Ciudad de La Habana. Profesora en la Escuela Nacional de Arte. Cuadro del PCC a nivel de centro, municipio y provincia. Miembro del Secretariado Nacional de la FMC. Delegada al V Congreso del PCC. Diputada a la Asamblea Nacional. Municipio: La Habana del Este

Alfredo Morales Cartaya
Biólogo. Ministro de Trabajo y Seguridad Social. Dirigente estudiantiles en la UJC y la FEU. Fue secretario general del Sindicato de la Educación. Miembro del Secretariado Nacional de la CTC y Secretario General en la capital. Miembro del Buró Provincial del PCC, y del CC en el III Congreso. Diputado a la Asamblea Nacional Municipio 10 de Octubre

Luis Carlos Góngora Domínguez
Universitario. Presidente de la Asamblea Municipal del Poder Popular. Cadete de las FAR. Fue 2do. jefe de Departamento en el MINFAR. Delegado del Poder Popular a nivel de circunscripción. Delegado a la Asamblea Provincial del Poder Popular. Ostenta la Medalla Ignacio Agramonte de 1ra., 2da. y 3ra. clases, Medalla de Producción y Defensa, Medalla por 20 años de servicio, Medalla 40 Aniversario de las FAR, cuatro Distinciones de Servicio Distinguido, dos de Producción y Defensa, así como el Sello Laureado de la UJC. Municipio: Boyeros

Rosa Elena Simeón Negrín
Médica. Ministra de Ciencia, Tecnología y Medio Ambiente. Dirigente en el CENIC y en el CENSA, Presidenta de la Academia de Ciencias. Miembro activo de organizaciones científicas nacionales e internacionales. Diputada a la Asamblea Nacional y Miembro del Consejo de Estado. Municipio: La Habana del Este

Josefina Fernández Ramos
Técnica Agropecuaria. Pesidenta del Consejo Popular Vista Alegre. Alfabetizadora. Profesora del Tecnológico Libertad. Cuadro provincial y nacional de la UJC. Jefa de Area en el Comité Militar 10 de Octubre. Delegada de circunscripción en 1995. Militante del PCC. Municipio: 10 de Octubre

Miguel Barnet Lanza
Universitario. Escritor y folclorista oficialista. Fundador de la AJR. Se graduó del Instituto de Etnología y Folclor. Crea en 1994 la Fundación Fernando Ortiz. Trabajó en el Conjunto Folclórico Nacional. Designado por el gobierno al Consejo Ejecutivo de la UNESCO. Diputado a la Asamblea Nacional. Presidente de la Cátedra de Estudios Fernando Ortiz. Vicepresidente de la UNEAC. Municipio: Guanabacoa

Melba Hernández Rodríguez Del Rey
Universitaria. Miembro del Comité Central del Partido. Asaltante del Cuartel Moncada. Participó en los preparativos de la expedición del Granma. Se incorporó al III Frente del Ejército Rebelde. Directora del Reclusorio Nacional de Mujeres, Embajadora en Viet Nam y Kampuchea. Diputada a la Asamblea Nacional desde 1993.

Delsa Esther Puebla Viltre
Universitario. Jefa de la Oficina de Atención a Combatientes y Familias. Colaboró con el Movimiento 26 de Julio, y en 1957 se incorporó al Ejército Rebelde. Realizó misiones de la Comandancia en Santiago de Cuba e integró el Pelotón Femenino Mariana Grajales. Marchó junto a Fidel en la Caravana de la Libertad y cumplió la misión de atender a las familias de los combatientes y a los hijos y familiares de los soldados de la repùblica caídos o presos. Es la primera cubana que ostenta los grados de General de Brigada de las FAR. Es miembro del Comité Nacional de la FMC. Ha recibido numerosas condecoraciones, entre ellas Heroína de la República de Cuba y Orden Mariana Grajales. Diputada a la Asamblea Nacional. Municipio: Centro Habana

Ramón Samada Suárez
Universitario. Primer Secretario del PCC en La Habana del Este. Presidente de la FEU de la Facultad de Transporte y miembro del Secretariado de la FEU en el Instituto Superior Politécnico "José Antonio Echeverría", donde cursó estudios de ingeniero e n Transporte Marítimo. Fue elegido Segundo Secretario de la UJC en Marianao y posteriormente pasó a ser Primer Secretario de la UJC en Ciudad de La Habana. Internacionalista en Etiopía. Fue delegado al V Congreso del Partido. Diputado a la Asamblea Nacional. Municipio: La Habana del Este

Eusebio Leal Spengler
Universitario. Católico. Historiador de la Ciudad de La
Habana y Director del Museo de la Ciudad. Colaboró con el
M-26-7. Delegado al IV y V Congresos del Partido donde fue
elegido y ratificado miembro del Comité Central. Designado
en 1968 para organizar y dirigir las obras de restauración de La
Habana Vieja, cuya pr imera sección como Museo de la Ciudad. Diputado a
la Asamblea Nacional Municipio: La Habana Vieja

Rogelio Polanco Fuentes
Universitario. Director del Periódico Juventud Rebelde.
Dirigente en la organización de Pioneros, la FEEM y la UJC.
Miembro del Buró Nacional de la UJC. Vanguardia Nacional
por tres años consecutivos. En 1984 recibió a propuesta de la
UJC la Orden al Mérito "José Antonio Echeverría" . Es
graduado del Instituto Superior de Relaciones Internacionales "Raúl Roa
García" con excelentes resultados. Presidió la Comisión Organizadora del
XIV Festival de la Juventud y los Estudiantes. Fue Presidente de la OCLAE.
Municipio: Centro Habana

Rolando Vázquez Martínez
Miembro del Buró Provincial del Partido en Ciudad de La
Habana. Ingresa en 1969 en la Escuela Militar Camilo
Cienfuegos de Matanzas y posteriormente en Ciudad de La
Habana. Graduado del ISPJAE en Ingeniería Eléctrica. Ingresa
a las FAR y cumple misión internacionalista en Angola. En el
Partido ha ocupado diferentes responsabilidades como instructor, miembro
del Buró Ejecutivo Municipal y Provincial. Fue delegado al V Congreso del
Partido y elegido miembro del Comité Central. Es Diputado a la Asamblea
Nacional del Poder Popular. Municipio: Regla

Elia Rosa Lemus Lago
Universitaria. Funcionaria del Consejo de Estado. Jefa del
Departamento de Trabajo Educativo del MINSAP. Profesora
de la Facultad de Medicina "Piti Fajardo". Militante del PCC
desde 1995. Internacionalistas en Guatemala y El Salvador. Es
autora de los libros **Educación Médica y Atención Primaria
de Salud** y **Campaña por la Esperanza**, por el que obtuvo Premio Relevante
y Distinción Especial en el Forum de Ciencia y Técnica del 2001. Resultó
seleccionada Cuadro Destacado del Sistema Nacional de Salud en el año
2000. Municipio: Cerro

DIPUTADOS DE LA PROVINCIA DE

MATANZAS

ELEGIDOS EN EL 2003

A LA ASAMBLEA NACIONAL

DEL PODER POPULAR

Amable Tobías Casanova González
Jorge Luis Méndez de la Fe
José Ramón de Lázaro Bencomo
Alfredo Santamarina Linares
Edith Padrón Jiménez
Ernesto Ruiz Ramos
Joaquín Quintas Solá
José Ramón Fernández Álvarez
Roberto Tomás Díaz Sotolongo
Elia Ferrer Silva
Felicia Beltrán Suárez
Heberto Anca Morejón
Jorge Luis Rodríguez López
Liván Izquierdo Alonso
José Roberto Peña Luis
Roberto León Richards Aguiar
María Caridad Sierra González
Juan Miguel González Quintana
Luis Guillermo Abreu Mejías
Blas Berriel Peña
Juan Carlos Solares Carreño
Niuska Jérez Fernández
Reynaldo Valdés Grillo
Rosa María Segura Correa
Ventura de Jesús García Gutiérrez
Mirian Yanet Martín González
Osleidys Menéndez Sáez
Sidelsys Suárez Sánchez
Mercedes García González
Tania León Silveira
Víctor Fidel Gaute López
Manuel Hernández Valdés
Sergio Samuel Arce Martínez
Magalys González Esperón
Yenia Hernández Carmenate
Luis Manuel Dueñas Madem
Martha Beatriz Almanza González
Roger Delgado Hernández
Yadira García Vera
Nilo Tomás Díaz Fundora

Amable Tobías Casanova González
Universitario. Presidente del Consejo Popular Australia. En 1979 ayudante de mecánico en el CAI Australia. En 1980 mecánico de centrífuga por Turnos. Presidente de CDR y coordinador de zona y municipio, y miembro del Comité Provincial. Desde 1979 es afiliado a la CTC. Ha sido secretario de Nncleo, secretario del comité del CAI y miembro del Comité Municipal y Provincial. Delegado de Circunscripción. Municipio Jagüey Grande

Jorge Luis Méndez de la Fe
Universitario. Jefe Sección Política del Ejército Central. Graduado en la URSS en 1977 de piloto de Caza. Prestó servicio en la Brigada Aérea Playa Girón. En 1984 estudió en la academia Político Militar "Lenin", en la URSS. Militante del Partido desde 1982. Diputado por el Municipio: Unión de Reyes

José Ramón de Lázaro Bencomo
Universitario. Escultor. Ha creado un movimiento cultural de exposiciones populares en fábricas, parques y lugares públicos en La Habana. Entre sus obras más relevantes se encuentran la Plaza de la Revolución de Holguín (1979), Bayamo (1982) y Santa Clara (1988) al Comandante Ernesto Che Guevara. Sobre la invasión de la columna # 8 Ciro Redondo (15 Monumentos) y la Tumba al Último Mambí en el Cacahual (1990). Presidente de la Sección de Escultura de la UNEAC (1982/1987). Delegado a la Asmablea Nacional del Poder Popular por el Municipio: Matanzas.

Alfredo Santamarina Linares
Universitario. Presidente Asamblea Municipal del Poder Popular. comenzó de profesor y jefe de cátedra de matemáticas en el Instituto Nicolás Copérnico. Pasó a la dirección del MINED en Matanzas como Metodólogo Inspector de Matemática y Jefe de Educación. Pasó a Subdirector Docente en el Instituto Carlos Marx. De 1993 a 1995 fue director Municipal de Educación. En 1995 Vicepresidente de la Asamblea municipal del Poder Popular de Matanzas. Miembro del Comité Municipal PCC desde 1997. Municipio: Matanzas

Edith Padrón Jiménez
12o Grado. Administradora de comercio. Dirigente en las organizaciones de masas y Políticas. Recogedora de café y de caña. Movilizada en Girón. Miembro del Comité Municipal del PCC y de 1987 a 1990 el Comité Provincial. Delegada de la Asamblea Municipal del Poder Popular. Delegada al IV Congreso del PCC. Municipio: Unión de Reyes.

Ernesto Ruiz Ramos
Graduado en 1978 se de técnico en Planificación Económica. En 1979 ingresó en el SMG. Internacionalista en Angola. Oficial en el EM Municipal Los Arabos. Luego, Jefe del EM del Sector Militar. Diputado por el Municipio: los Arabos.

Joaquín Quintas Solá
Universitario. Jefe del Ejército Central. General de Cuerpo de Ejército. Fue Jefe de Batallón, Jefe del EM de División, Jefe de EM de Ejército, Jefe del Ejército Occidental y Jefe de la DOP del EMG. Miembro del CC del PCC. Diputado a la Asamblea Nacional. Municipio: Matanzas.

José Ramón Fernández Álvarez
Universitario. Vicepresidente del Consejo de Ministros y Presidente del Comité Olímpico Cubano. Fue Director de la Escuela de Cadetes, Viceministro de las FAR, Ministro de Educación. Diputado a la Asamblea Nacional desde 1976 Municipio: Jagüey Grande.

Roberto Tomás Díaz Sotolongo
Abogado. Ministro de Justicia. Fue Dirigente de la UJC y la FEU, presidente del Tribunal Municipal y Provincial de Matanzas. Redactor del Código de la Niñez y la Juventud. En 1999 integró la Comisión Rectora de las Modificaciones al Código Penal y la Ley de Protección de la Independencia y la Soberanía del Pueblo de Cuba en el 2002. Ha Presidido la Comisión Electoral Nacional en los Procesos de Elección de Delegados a las Asambleas Municipales del Poder Popular en los años 1995, 1997 y 2002. actualmente Preside la Comisión Nacional de Drogas. es Diputado a la Asamblea Nacional y miembro del Comité Central del Partido y del Consejo de Estado. Municipio: Jovellanos

Elia Ferrer Silva
Universitaria. Especialista Dirección Cultura Provincial. en 1970 comenzó a trabajar como Maestra Primaria y al mismo tiempo estudió para graduarse. Posteriormente impartió clases en la enseñanza de adultos y en varias secundarias. En 1982 se trasladó al Departamento de Aficionados de la Dirección Provincial de Cultura, atendiendo los clubes juveniles creados en las Casas de Cultura. En 1985 comenzó a trabajar en el área de investigación y desarrollo de la Dirección Provincial de Cultura, responsabilidad que desempeña en la actualidad. Acumula una amplia participación en las organizaciones políticas y de masas. Militante del PCC a los 28 Años. Municipio Perico

Felicia Beltrán Suárez
Media Superior. Enfermera. en 1981 comenzó a trabajar en el Policlínico de Cárdenas, y Posteriormente en la Pasteurizadora del Mismo Municipio, Después fue Trasladada al Policlínico Héroes del Moncada en 1982, Trabajando Entonces en la Enfermería del Ipel, Hasta 1988 en que comenzó como Enfermera en el Consultorio No. 1 de Lagunillas. es Militante del Partido desde 1989 y se incorporó a las Filas de los CDR y a la FMC. Delegada al Congreso de los CDR en 1982 y en el 2001 Vanguardia a Nivel de Zona. Delegada del Poder Popular. Municipio: Cárdenas

Heberto Anca Morejón
Universitario. Presidente Asamblea Municipal Poder Popular. comenzó de Maestro de Educación Física en la escuela Rubén Martínez Villena. Fue electo Delegado atendiendo la esfera Educacional. En la UJC fue Segundo Secretario, Secretario General y miembro del Comité Provincial. En 1986 comenzó a trabajar en la Escuela Victoria de Girón. Es diputado por el Municipio Ciénaga de Zapata

Jorge Luis Rodríguez López
Universitario. Director Empresa Constructora Integral No. 9. En 1985 era Teniente en la Unidad Militar 3481. En 1986 pasó a la Construcción de la Central Termoeléctrica Antonio Guiteras, en 1988 a la base de Supertanqueros. Ha Sido cuadro Destacado del Estado. Diputado a la Asamblea Nacional por el Municipio Jovellanos

Liván Izquierdo Alonso
Universitario. En 1985 plomero en la Ecoa 28. Ocupó responsabilidades sindicales y en la UJC. En 1998 pasó a orientador político de los CDR. En 1991 fue promovido al secretariado provincial, en 1996 pasó coordinador municipal de los CDR. En 1998 fue promovido al Secretariado Provincial a cargo de Organización e Ideología. Diputado a la Asamblea Nacional por el Municipio Ciénaga de Zapata

José Roberto Peña Luis
Universitario. Presidente Asamblea Municipal. comenzó como técnico de construcción en el DAP de Matanzas en 1975. En 1976 ingresa al SMG. Profesor y Director de la Facultad Obrero Campesina de Pedro Betancourt. Entre 1982 y 1985 pasó a la municipal del MINED. Actualmente es miembro del Comité Municipal del PCC. Delegado del Poder Popular. Diputado a la Asamblea Nacional por el Municipio: Pedro Betancourt

Roberto León Richards Aguiar
Miembro del Grupo de Coordinación del Comandante en Jefe desde 1985. Fue miembro del Comité Central del PCC desde el IV Congreso y ratificado en el V Congreso. Se graduó en 1980 en Psicología, con máximas calificaciones, y se diplomó en Cultura Física y Deportes en 1984. Se dedicó durante 20 años a la gimnasia artística, integrando el Equipo Nacional (1970 a 1985), donde fue capitán de equipo y acumuló más de 200 medallas. El Consejo de Estado le otorgó las medallas 20 Aniversario del Moncada (1975), Hazaña laboral (1989) y Abel Santamaría (1983) así como las órdenes Marcelo Salado (1976) y al Mérito Deportivo (1985). Tiene entre sus reconocimientos internacionales, la Orden Olímpica del COI (1977), la Distinción Gimnasta de Clase Mundial Fig (1979), la Orden al Mérito Gimnástico (1987) y 3 botones olímpicos del COI (1972, 76 y 80). Municipio: Cárdenas

María Caridad Sierra González
Universitaria. Profesora de Historia. comenzó en 1972 como profesora y jefa de cátedra en la secundaria Mártires de Bolivia en Cienfuegos. En 1977 se trasladó a Facultad Obrero Campesina de Calimete. Ingresó en el PCC en 1985, tras militar en la UJC 14 años. Es Secretaria General de su núcleo del PCC y miembro del Buró Municipal. Municipio: Calimete

Juan Miguel González Quintana
Gastronómico. comenzó en la Empresa del Papel Capitán Guillermo Geilyn. En 1987 ingresó al SMG en la Unidad 1410. En 1990 se incorporó al Parque Josone, de Varadero. Integró el Contingente "Protesta de Baraguá" en la Agricultura, vinculando las labores agrícolas con la Organización Partidista, de la que fue su Secretario General. En 1990 ingresó en la UJC y en 1991 al PCC. Municipio: Cárdenas

Luis Guillermo Abreu Mejías
Universitario. Secretario General del Sindicato Nacional de Trabajadores de la Educación, la Ciencia y el Deporte. Profesor de Ingeniería Mecánica de la Universidad Central de las Villas. E en 1979 promovido como Secretario General del SNTECD en Villa Clara. Delegado en los últimos cuatro congresos de la CTC y ratificado miembro de su Comité Nacional. Diputado a la Asamblea Nacional. Municipio: Colón

Blas Berriel Peña
Universitario. Secretario General del Sindicato Nacional de Trabajadores Agropecuarios y Forestales. fue Obrero Agrícola y cuadro Municipal de la UJC. en 1989 fue Elegido Secretario General de la CTC en Matanzas. también Realizó tareas de Dirección partidista y Administrativa. en el Xvii Congreso de la CTC fue Elegido miembro del Secretariado Nacional de la Organización Obrera. es Diputado a la Asamblea Nacional desde 1993 y fue Delegado al V Congreso del PCC. por los resultados de su trabajo Ha Recibido Varios reconocimientos y Distinciones. Municipio: los Arabos

Juan Carlos Solares Carreño
Universitario. Director Policlínico Colón Oeste. En 1986 comenzó a laborar como Médico de la Familia Llegando a ser Responsable del Departamento de Medicina General Integral Hasta 1995, Ese año fue Nombrado Director del Programa Materno Infantil. actualmente es Director del Policlínico Colón Oeste. Cumplió Misión Internacionalista en Namibia de 1992 a 1994. Ha Recibido reconocimientos y Distinciones por sus Resultados: Vanguardia Nacional, Medalla de Trabajador Internacionalista, Sello Xviii Congreso de la CTC y Diploma por 5 años en los Órganos del Poder Popular. es Militante del PCC y Delegado del Poder Popular. Municipio: Colón.

Niuska Jérez Fernández
Universitaria. Trabajó en la Empresa de Cultivos Varios de Matanzas en 1989. En 1992 pasó a la UJC Municipal y miembro del Buró en la esfera Obrera y desde 1994 a 1995 en la esfera. Fue también Secretaria de la Sección Sindical. En 1996 pasó al Secretariado de los CDR municipal y provincial en el año 1997. Desde 1999 es miembro del Secretariado Provincial de los CDR, y delegada del Poder Popular. Pertenece a la FMC desde 1980. Diputada por el municipio Matanzas

Reynaldo Valdés Grillo
Universitario. Secretario General de la CTC provincial de Matanzas. En 1970 comenzó a trabajar como maestro en la primaria José de la Luz y Caballero. Fue director de varias escuelas de Colón y promovido a diferentes cargos en la dirección municipal y provincial del sindicato de Educación. Es delegado a la Asamblea Provincial del Poder Popular y miembro del Comité Provincial del Partido. Ha sido Delegado a los Congresos XVI, XVII y XVIII de la CTC, en este último electo miembro de su secretariado nacional. Es diputado a la Asamblea Nacional. Municipio: Varadero

Rosa María Segura Correa
Medio Superior. Miembro del Secretariado FMC Municipal. comenzó en el curso 1980—1981 como maestra de 1er. Grado. De 1981 a 1983 laboró como maestra de 5to. Grado en el área de Humanidades. En 1997 se incorporó al trabajo de la FMC como instructora, siendo promovida a miembro del Secretariado Municipal para atender la esfera de Organización. Desde 1997 es Delegada del Poder Popular. Ha obtenido reconocimientos como el sello 5 años como cuadro de la FMC, el sello por más de 30 donaciones de sangre otorgado por los CDR, reconocimiento a su labor como juez lego en el año 2001. Municipio: Matanzas

Ventura de Jesús García Gutiérrez
Periodista. Se inició en el periódico Girón en 1986 como reportero, Jefe de Información y de Redacción. Secretario del Comité de Base de la UJC. Militante del PCC. Desde 1996 es corresponsal del periódico Granma y presidente de la UPEC en Matanzas. Es miembro del Comité Provincial del PCC. Diputado a la Asamblea Nacional del Poder Popular por el municipio Pedro Betancourt

Mirian Yanet Martín González
Bióloga. Presidenta de la OPJM. Fue Vicepresidenta de la FEU. En 1995 se incorporó como profesora en la Secundaria República de Chile. Miembro del Comité de la UJC en Ciudad Escolar Libertad. En 1996 promovida a cuadro del Comité Municipal de la UJC en Marianao, en 1998 al Comité Provincial. Delegada al VII Congreso de la UJC y electa miembro del Buró Nacional. Municipio: Matanzas

Osleidys Menéndez Sáez
Atleta. Profesora de Educación Física en el 2000. Estudia Licenciatura en Cultura Física. Militante de la UJC en 1996. Medalla de Oro en 1994 en Trinidad Tobago, dos veces campeona Centroamericana, y campeona mundial juvenil 97 y 98. Seleccionada en 1998 la mejor atleta por la IAAF. Campeona Panamerica, 4to. lugar en el Mundial de Sevilla, España, bronce olímpico en Australia, bronce del Grand Prix Qatar. En el 2001 campeona mundial en Edmonton, Canadá, recordista en Rextimoud, Grecia. Diputada a la Asamblea Nacional por el Municipio: Martí

Sidelsys Suárez Sánchez
Universitario. Director del Aeropuerto. Maestro y director de escuelas primarias. Cuadro profesional de la UJC, del buró nacional y 1er Secretario en Matanzas. En 1987 pasó a cuadro del PCC, 2do Secretario municipal Cárdenas, y jefe de Depo del Comité Provincial. Fue 1er Secretario del PCC en Perico y Varadero. Desde 1996 trabaja en el IACC, como inversionista y como director. Internacionalista en Angola. Municipio: Varadero

Mercedes García González
Universitaria. Comenzó en 1977 en la Tintorería de Limonar y en 1983 trabajó en la Empresa Minorista Mixta. Desde 1987 dirige el sindicato municipal de Comercio y Gastronomía y en 1989 fue la 2da. Secretaria de la CTC. En 1990 Secretaria de la FMC en el Municipio, hasta que en 1993 fue seleccionada presidenta del Consejo Popular Horacio Rodríguez. Posteriormente promovida a Vicepresidenta de la Asamblea Municipal y en el 2002 a Presidenta. Se incorporó a las MTT en 1980, pasó escuelas militares, fue vicepresidenta de Zona de Defensa y actualmente es la Jefa del Grupo del Consejo de Defensa. De 1990 a 1993 fue miembro del Comité Provincial de la FMC. Municipio: Limonar.

Tania León Silveira
Superior. Vicepresidenta de la Asamblea Municipal. Técnica en la Empresa de Cultivos Varios de Calimete. En 1991 fue jefa de producción en la granja de cultivos varios, en Colón. Pasó a la UJC municipal a la esfera obrera, y electa como 1ra. Secretaria del municipio de la UJC y miembro de su Comité Provincial. En 1995 es designada Secretaria de la FMC en el municipio de Colón. Municipio: Colón

Víctor Fidel Gaute López
Universitario. 1er Secretario PCC Provincial. En 1984 fue asesor jurídico de la Empresa Terminales Mambisas, y promovido a subdirector comercial, y luego a Director. En 1992 fue elegido vicepresidente de la Asamblea Municipal del Poder Popular en Matanzas y en 1993, a Presidente. En 1992 miembro del Comité Provincial del PCC. En 1996 1er Secretario del PCC de Matanzas y miembro del Buró Provincial. En el V Congreso fue electo miembro del Comité Central. Municipio: Matanzas

Manuel Hernández Valdés
Nivel Escolar: Medio Básico. Ocupación: Caricaturista. en 1963 Trabajó en el Teatro de Títeres, Hoy "Papalote", Hasta 1965 en que Pasó el Servicio Militar Colaborando en Casi Todas las Publicaciones del País. en 1995 comenzó a trabajar en el Fondo Cubano de Bienes Culturales y como Caricaturista del Periódico Girón. Posteriormente Trabajó en los Periódicos Juventud Rebelde y Granma como Caricaturista. Ha Recibido la Distinción por la Cultura Nacional y las Medallas Alejo Carpentier, Félix Elmuza, Raúl Gómez García. recibió el Premio Nacional de Periodismo José Martí en el año 2001 y Pablo Picasso que Otorga la Unesco. Ha Participado Activamente en diferentes Tribunas Abiertas de la Revolución. Municipio: Limonar

Sergio Samuel Arce Martínez
Universitario. Pastor presbiteriano reformado. Pastor de la Iglesia Presbiteriana. Se integró a la Iglesia desde 1941 y como pastor de los Palos en Nueva Paz, organizó las Iglesias del medio rural. En 1956 se graduó en Teología en Princeton, Estados Unidos. Fue profesor y rector del seminario de Matanzas (1969-1984). Diputado a la Asamblea Nacional del Poder Popular por el municipio Perico.

Magalys González Esperón
Universitaria. Directora Provincial de Educación. Maestra de secundaria en Jagüey Grande. En 1978 subdirectora de la secundaria en Jovellanos. De 1980 a 1982, subdirectora en un Instituto de Perfeccionamiento. En 1983 dirige el Instituto de Perfeccionamiento de Jovellanos. En 1992 fue promovida a Directora Municipal del MINED. En 1992 miembro del Comité Municipal del PCC en Jovellanos, y del Comité Provincial. Diputada a la Asamblea Nacional Municipio Calimete

Yenia Hernández Carmenate
Abogada. Asesora Jurídica. Pionera. Vanguardia en la Secundaria Básica. Ingresó en el Instituto Carlos Marx en 1988. Militante de la UJC. En 1997 trabajó de asesora jurídica del sector campesino. En el 2000 obtuvo la doble militancia de la UJC y el PCC, miembro de la Comisión de Cuadros y Secretaria General del comité de base de la agricultura. Diputada por el municipio Martí

Luis Manuel Dueñas Madem
Medio Superior. Director Unidad Básica de Servicios Petróleo. Se graduó de técnico medio en petróleo. Ingresó en la Empresa del Petróleo del Centro en 1977, donde se ha mantenido durante 25 años. Comenzó como ayudante de equipos en 1977 hasta llegar a jefe de pozo. Ha sido destacado y vanguardia a nivel de empresa y provincia. De 1992 a 1994 ocupó el cargo de Secretario General del Comité del PCC de la Empresa y miembro del Buró Municipal del PCC. En 1998 trabajó como jefe de un contingente en las labores de la caña en el CAI Fructuoso Rodríguez. Fue responsable de vigilancia y coordinador de zona de los CDR. Ha obtenido diferentes estímulos y reconocimientos por su Trayectoria Laboral. Municipio: Cárdenas

Martha Beatriz Almanza González
Medio Superior. Presidenta Consejo Popular. Trabajó desde 1979 como educadora de Círculos Infantiles. En 1990 miembro del Secretariado de la FMC de Jovellanos. En 1992 Delegada del Poder Popular y Presidenta del Consejo Popular Jaime López. Ingresó en la UJC en 1976 como Secretaria de base y organizadora. Alcanzó la militancia del PCC. Diputada por el Municipio: Jovellanos

Roger Delgado Hernández
Universitario. Director Empresa Citrícola. Inició su vida laboral en la Empresa de Cítricos "Victoria de Girón", de la cual fue subdirector, y en 1994 Director. Desde 1974 a 1976 fue delegado de una Circunscripción, de nuevo fue elegido delegado en 1984 y miembro del Comité Ejecutivo de Jagüey Grande. Participó como Delegado en el V Congreso del PCC. En 1998 es miembro del Comité Provincial PCC. Diputado a la Asamblea Nacional del Poder Popular desde 1998 Municipio: Jagüey Grande

Yadira García Vera
Ingeniera Química y Ciencias Sociales. Miembro del Buró Político a cargo de la atención de los departamentos Agroalimentario, Industria Básica, Construcción, Transporte y Comunicaciones. Fue 1ra Secretaria del Comité Provincial del PCC en Matanzas de 1993 al 2000. En 1982 fue vicepresidenta de la Organización de Pioneros José Martí hasta 1986 que pasó al Equipo de Coordinación y Apoyo del Comandante en Jefe. Integró el Comité Nacional de la UJC y luego su buró. En el III Congreso del PCC resultó elegida duplente del Comité Central y en los dos últimos al Buró Político. Diputada a la Asamblea Nacional Municipio: Cárdenas

Nilo Tomás Díaz Fundora
Universitario. Presidente Asamblea Provincial del Poder Popular. En 1982 en la Dirección Municipal de Arquitectura y Urbanismo de Colón. En 1983 trabajó en 1983 en la Sección de Ingeniería del Ejército Central. En Noviembre de 1985 fue elegido Delegado de Circunscripción, y ejecutivo de la Asamblea Municipal. Fue vicepresidente y presidente de la Asamblea Municipal de Colón, miembro del Comité y del buró ejecutivo del PCC en Colón. Diputado a la Asamblea Nacional y Presidente de la Asamblea Provincial del Poder Popular en Matanzas. Municipio: Colón

DIPUTADOS DE LA PROVINCIA DE

LAS VILLAS

ELEGIDOS EN EL 2003

A LA ASAMBLEA NACIONAL

DEL PODER POPULAR

Alexis Melgarejo Falero
Bárbara Martínez Rodríguez
Emilia Margarita Ruiz Ruiz
Celedonio Valdés Triana
Celsa Rivera Ferreiro
Eduardo B. Borges Corzo
Eusebia C. Mendiondo Roig
Floralba Grimardit Pérez
Miguel Acebo Cortiñas
Ana María Mari Machado
Nivia E. Ribalta Armenteros
Gladys M. Zuazaga Cabrera
Jesús Álvarez López
José A. Rodríguez Beltrón
Yoerky Sánchez Cuéllar
Rosa B. Enjamio Hernández
Omar Rodríguez López
Lázara E. Martínez Cabrera
Luis R. Cárdenas García
Nilo R. Castañedo Cancio
Mabel Pérez Díaz
María M. Díaz Hernández

Rolando Guevara González
Marisol García Cabrera
Mercedes Luna Rodríguez
José R. Ruiz Hernández
Miguel Díaz-Canel Bermúdez
Orlando Rodríguez Pérez
Orlando R. Homez Bolaños
Teresa Monja Arteaga
Osmel Pérez Negrín
Omar González Jiménez
Eduardo Rodríguez Rodríguez
Pedro Díaz Guerra
Sergio J. Rodríguez Morales
Roberto López Hernández
José A. Alonso Monterrey
Luis S. Herrera Martínez
Víctor Bordón Machado
Daniel Codorniú Pujals
Joaquín Bernal Rodríguez
Martha A. Cabrisas Alfonso
Tomás V. Cárdenas García
Humberto Rodguez. González

Alexis Melgarejo Falero
Universitario. Se inició en 1971 como maestro, en el Municipio de Remedios, y luego pasó a Buenavista. En 1982 fue nombrado Secretario de la Asamblea Municipal del PP de Remedios. En 1986 fue elegido 2do Secretario del Comité Municipal del PCC de Remedios hasta 989 que fu elegido 1er Secretario del Comité Municipal del PCC. En 1994 fue promovido al Buró Provincial del PCC a cargo de la esfera agropecuaria. En 1997 fue elegido Presidente de la Asamblea Provincial del Poder Popular en Villa Clara. Delegado al IV y al V congreso del PCC. Diputado a la Asamblea Nacional en la última Legislatura. Municipio: Remedios

Bárbara Victoria Martínez Rodríguez
Médico. Directora del Sectorial Municipal de Salud de Santa Clara y Vicepresidenta del Poder Popular municipal. Dirigente estudiantil en la FEEM y UJC. Directora del Policlínico XX Aniversario en la Ciudad de Santa Clara. Internacionalista en Honduras. Militante del PCC desde el año 1990 y miembro de su Comité Municipal en Santa Clara, además Delegada de la Circunscripción. Por su trayectoria ha recibido diferentes condecoraciones y distinciones. Municipio: Santa Clara

Emilia Margarita Ruiz Ruiz
Presidenta del Consejo Popular Encrucijada Norte. Se graduó de magisterio en la Escuela Normal de Santa Clara. Fue alfabetizadota y continuó como maestra en la educación Obrero-Campesina. Ocupa el Cargo de Vicepresidenta del Consejo de Defensa de Zona. Ha sido destacada municipal, provincial y vanguardia nacional del INDER en varias ocasiones. Por su trayectoria y méritos ha recibido diferentes distinciones, condecoraciones y reconocimientos. Municipio: Encrucijada

Celedonio Valdés Triana
Universitario. Se inicia como maestro, director, metodólogo e inspector del MINED en el Municipio. En 1992 que pasa a Presidente del Consejo Popular Quinta, en 1998 de Camajuaní hasta la actualidad. Participó permanente en zafras del pueblo. Cumplió Internacionalista como maestro en Nicaragua de 1982 a 1984. Diputado a la Asamblea Nacional desde 1993. Por su trayectoria y Méritos ha recibido diferentes Distinciones y Condecoraciones. Municipio: Camajuaní

Celsa de los Ángeles Rivera Ferreiro
Técnico Medio. Especialista en desarrollo de cuadros. Estuvo en el Ballet de Camagüey, así como en otros organismos de Remedios y Caibarién como el MINED, MINAZ, FMC, MINSAP. En 1973 fue dirigente de la UJC. En 1978 integró el PCC. Desde 1998 labora en el CAI Eriberto Duquesne. Miembro del Comité Municipal de la FMC. Municipio: Remedios

Eduardo Bienvenido Borges Corzo
Matemáticó. Profesor de secundaria Bartolomé Masó. Se Graduó de la escuela militar Camilo Cienfuegos en 1967 como oficial, y luego en la escuela de Artillería. En 1974 pasó a la Reserva. Ingresó a la UJC y luego a l PCC. Desde 1998 pertenece al Comité Municipal del PCC. En 1997 fue Internacionalista en Angola. Ha recibido diferentes distinciones y condecoraciones. Municipio: Corralillo

Eusebia Cristina Mendiondo Roig
Universitaria. Presidenta Asamblea Municipal. Se destacó en las actividades pioneriles y e studiantiles. Cursó e studios de Licenciatura en economía con buenos resultados. Su vida laboral se ha desarrollado en diferentes centros ocupando e ntre otras responsabilidades la de Subdirectora Metodológica del Municipio, Directora Municipal de educación, y posteriormente Vicepresidenta de la Asamblea Municipal y luego Presidenta de la misma. Es delegada de Circunscripción desde 1996, Presidenta de la Asamblea Municipal del Poder Popular y delegada a la Asamblea Provincial del Poder Popular. Cuadro destacado del Gobierno en el ámbito provincial y cuadro destacado del Estado cubano en 2001. Municipio: Caibarién

Floralba Grimardit Pérez
Universitaria. Especialista ambiental del CITMA. Profesora y Directora de S/B y Preuniversitario. Fue Directora Municipal de educación. Prestó servicios en Minas de Frío. En 1976 trabajó en el Instituto del Libro y luego en el Poder Popular hasta 1998 que pasó al CITMA. Perteneció a la AJR, fue miembro de Unidad Femenina Revolucionaria; fundadora de la FMC, CDR y de las MNR. Secretaria de la Asamblea del PP durante seis mandatos, y Diputada a la Asamblea Nacional, miembro de la Comisión Organos Locales. Municipio: Santa Clara

Miguel Acebo Cortiñas
Ingeniero Agrónomo. En 1978 fue Inspector Sanidad Vegetal en Isabela, en Sagua. En 1979 pasó a dirigente de la UJC, en Sagua. En 1980 Técnico en la Empresa Cultivos Varios del municipio. Desde 1987 fue cuadro municipal del PCC en Sagua y Manicaragua. Desde 1993 es Miembro del Buró Provincial PCC de Villa Clara en la Esfera Agroalimentaria. Diputado a la Asamblea Nacional del Poder Popular desde 1998 y miembro del Comité Central. Municipio: Sagua la Grande.

Ana María Mari Machado
Abogada. Fue pionera, estuvo en la FEEM y la FEU. Desde 1986 asesora jurídica del CAI Abel Santamaría. En 1992 pasó a Juez Municipaldde Encrucijada, y en 1993 Presidenta de dicho tribunal. En 1999 pasó a laborar como juez en el Tribunal Provincial, resultando designada en el 2000 Presidenta del Tribunal Provincial de Villa Clara, labor que ha desempeñado hasta la actualidad. Miembro del Comité Provincial de la FMC y Presidenta de CDR. Militó en la UJC 1986 hasta 1993 que pasó al PCC. Desde 1999 es miembro del Comité Provincial del PCC. Municipio: Quemado de Güines

Nivia Elvira Ribalta Armenteros
Universitario. Presidenta del Consejo Popular Villa Alegre. En 1980 comenzó a trabajar en el IPE "Lidia Doce", de Sagua, como Profesora de Enfermería. En 1982 cursó la Licenciatura en Enfermería en el ISCM-VC. Ha sido seleccionada Trabajadora Destacada a diferentes niveles. Fue seleccionada Educadora Ejemplar y Vanguardia Nacional del Sindicato de la Salud. Cursó la Escuela Provincial de Preparación de la Defensa. Es delegada de Circunscripción. Municipio: Sagua la Grande

Gladys María Zuazaga Cabrera
Médico. Desarrolló su vida estudiantil en el municipio de Sagua. En febrero de 1985 se incorporó al Hospital Provincial "Manuel Ascunce Domenech". En 1985 se trasladó al Hospital "Mártires 9 de Abril", de Sagua y desde 1994 ocupa el cargo de Directora de dicho centro. Ocupó responsabilidades en la UJC y el Partido en su territorio. Fue electa Diputada a la Asamblea del PP en 1998. Delegada al IV Congreso del PCC en el 1991, invitada al V Congreso en 1997. Municipio: Sagua la Grande

Jesús Álvarez López
Universitario. Periodista. En el 1985 comenzó a trabajar como periodista en la emisora CMHW, donde ha sido seleccionado en ocho ocasiones Vanguardia Nacional. Ha obtenido más de treinta premios nacionales en concursos periodísticos y Festivales de la Radio. Fue fundador de las MTT en 1980. Es dirigente sindical de base desde 1986 y miembro del Comité Provincial de la CTC. Cumplió misión internacionalista en Angola del 1989 a 1991. Es delegado a la Asamblea Provincial del Poder Popular y Presidente de su Comisión Agroalimentaria. Municipio: Santa Clara

José Antonio Rodríguez Beltrón
Universitario. Jefe del Consejo La Herradura. Se graduó como Licenciado en Educación Primaria en 1991. Y ocupó el cargo de Subdirector Docente del campamento de Exploradores del Plan Turquino, municipio Manicaragua. En 1986 fue electo Delegado de su Circunscripción, en 1988 Presidente del Consejo Popular de Jibacoa. Y en 1997 Presidente del Consejo Popular de La Herradura, hasta la fecha.Cumplió Misión Internacionalista en Nicaragua, en el 1982, como Maestro Primario. Ha participado en Eventos Municipales, Provinciales y Nacionales. Fue invitado a las Sesiones de la Asamblea Provincial en el 2001 y en el 2002. Municipio: Manicaragua

Yoerky Sánchez Cuéllar
Estudiante. Pionero. Jefe de Colectivo de la FEEM, Presidente de la Cátedra de la OCLAE, Jefe de Brigada de la FEU. Viajó a Venezuela en el 2000 con Fidel y a Argelia al XV Festival de la Juventud 2001. Orador en las Tribunas Antimperialistas de Caibarién, Manicaragua, Ranchuelo, Santa Clara, Sagua la Grande, Batabanó, Santo Domingo y Placetas. Publicó un libro con sus décimas. Municipio: Manicaragua

Rosa Belkis Enjamio Hernández
Universitaria. Directora del Museo. Profesora de Literatura en el municipio Abreu. En 91-92 pasó al IPUEC José de San Martín. Ha sido seleccionada varios años como Mejor cuadro a nivel de organismo. En el 2001 recibió reconocimiento por su aporte a la conservación del Patrimonio Cultural. Mejor Cuadro 97-2001. Sello por 5 años Cuadro de la Cultura (1997). Fue seleccionada como Cuadro Destacado Provincial y en los últimos 5 años en el municipio. Municipio: Manicaragua

Omar Rodríguez López
Universitario. Presidente de la Asamblea Municipal Poder Popular. En su vida laboral ha desempeñado diversas responsabilidades en la Salud, la Educación y los Órganos del Poder Popular. En 1997 ocupó el cargo de vicepresidente de la Administración en Villa Clara. En el 2001 es electo presidente de la Asamblea Municipal en Santa Clara. Ha cursado escuelas de la defensa y el Partido con resultados sobresalientes. Ha participado en varias zafras azucareras. Municipio: Santa Clara

Lázara Esperanza Martínez Cabrera
Universitaria. Directora del CAI "Carlos Baliño". Se graduó en el año 1974 como Química Azucarera, en el Instituto Tecnológico "Pedro María" y matriculó en la UCLV alcanzando el título de Ingeniera Química. Su vida laboral la inició en el CAI Carlos Baliño, donde ha ocupado diferentes cargos como son: "Calculista de Laboratorio", Químico de Turno, Jefe de Laboratorio, Jefe del Departamento de NMCC, jefe de la sala de análisis y actualmente es directora del CAI. Ha ocupado diferentes cargos en el PCC y UJC. Delegada al V Congreso del PCC. Municipio: Santo Domingo

Luis Ramón Cárdenas García
Universitario. Presidente del Consejo Popular Cifuentes Este. Comenzó su vida laboral en 1971 a 1972; Carpintería Cifuentes. De 1975 a 1986: UJC Municipal. De 1986 a 1992 Miembro del Buró Municipal del PCC. De 1992 a 1995: Director del Sector Cooperativo y Campesino, en Cifuentes. De 1995 a 1996: Granja de Cultivos Varios Cifuentes. 1996 hasta la fecha: Presidente del Consejo Popular Cifuentes Este. Fue elegido Delegado del Poder Popular en 1995 hasta la fecha. Municipio: Cifuentes

Nilo Ramón Castañedo Cancio
Universitario. Director Centro de Bioactivos Químicos de la UCLV. Inició su trayectoria laboral en 1970 en la UCLV. Se ha mantenido en este centro y ha ocupado diferentes cargos de dirección. Director de la Escuela de Química, Vicedecano de la Facultad de Ciencias y Director del Centro de Bioactivos Químicos desde su fundación en 1990 hasta la fecha. Ingresó en la AJR en 1961, en las patrullas juveniles en 1961, en la UJC en 1962. En todas las organizaciones políticas ocupó diferentes responsabilidades. En 1985 cumplió misión en Nicaragua. Municipio: Ranchuelo

Mabel Pérez Díaz
Estadística. Presidenta del Consejo Popular 10 de Octubre.
Comenzó en el año 1985 en el Combinado Textil de Santa
Clara. En 1987 pasó a funcionaria en el Comité Municipal de
FMC. En 1997 se desempeñó como Organizadora de ese
organismo, alcanzando resultados satisfactorios en su esfera y
en la vinculación con la base; permaneciendo en el cargo hasta el año 2000.
Organizadora de Bloque de la FMC. Pertenece a las BPD desde su fundación.
Municipio: Ranchuelo

María Magdalena Díaz Hernández
Universitaria Secretaria General Comité Provincial FMC en
Villa Clara. Obtuvo el título de Maestra Primaria y se graduó de
Licenciada en Historia y Ciencias Sociales en 1978. Inició su
vida laboral en una Escuela Primaria del Municipio de Placetas.
De 1978 a 1986 se desempeñó como profesora de ESBU en
Caibarién. En 1986 pasa a Segunda Secretaría de la FMC en el municipio. En
1988 ocupa responsabilidades en la dirección provincial de la FMC. Desde
1999 es miembro del Comité Provincial del PCC. Municipio: Camajuaní

Rolando Ladrón de Guevara González
Museología. Director Museo Municipal Placetas. Comenzó en
1972 como J' de Taller y Mantenimiento de la Fábrica Alfredo
Santande. Ingresó a la UJC 1972 como miembro del Comité
Municipal y en el 1973 pasó a Cuadro Profesional. Trabajó en
la comisión de la organización del XI Festival Mundial de la
Juventud y los Estudiantes en 1978. En el año 1980 pasó a la Asamblea
Municipal del PP en Placetas. Presidió el Consejo Científico Municipal. Es
Miembro del Comité Municipal del PCC de Placetas. Municipio: Placetas

Marisol García Cabrera
Se graduó como maestra en 1978 y en 1985. Comenzó su vida
laboral en 1972 en diferentes centros de Placetas. En 1995 fue
elegida Miembro del Buró Municipal del PCC de Placetas. En
1998 fue elegida como Delegada del PP y en noviembre del
propio año la Asamblea Municipal del PP la elige como su
Presidenta, cargo que desempeña actualmente. En 1995 J' Grupo de Trabajo
del PCC. Desde 1998 Vicepresidenta del Consejo de Defensa Municipal. En
la UJC y el Partido ocupó responsabilidades de base y municipal. Municipio:
Placetas

Mercedes Luna Rodríguez
Dirigente. Se graduó de Maestra Primaria en el año 1983 y en el año 1991 alcanzó el nivel superior en Ciencias Penales. En el año 1984 ingresó en las filas del MININT, comenzó a laborar como Reeducadora de Menores. En 1989 pasó al Establecimiento Penitenciario de Mujeres, donde ocupó varias responsabilidades. Por su constancia en el trabajo, desde 1993 comienza a dirigir este centro, hasta la actualidad. En las filas de la UJC ocupó diferentes responsabilidades hasta pasar al Partido en 1992. Municipio: Santa Clara

José Ramón Ruiz Hernández
Médico. Director de Salud Provincial Villa Clara. Alfabetizador. De 1967-1973 realizó los estudios de Medicina. En 1974 comenzó a trabaja en el policlínico sur de Placetas, en 1987 ocupó el cargo de Director Municipal de Salud. En 1994 pasó a ocupar el cargo de Director de asistencia médica en la Dirección Provincial de Salud y a partir de 1999 ocupa el cargo de Director de Salud Provincial y Vicepresidente del Consejo de la Administración del Poder Popular. Actualmente es profesor asistente del ISCM y alcanzó el segundo grado en Administración de Salud. Internacionalista en Yemen. Municipio: Corralillo

Miguel Mario Díaz-Canel Bermúdez
Ing. Electrónico. Ocupación: 1er. Secretario del PCC en Villa Clara. 1982-1985 en las FAR. En 1986 cuadro de la UJC. Miembro del Buró Provincial. Primer Secretario del Comité Provincial en Villa Clara. Segundo Secretario del Buró Nacional UJC 1992-1993. Miembro del Comité Central del Partido y Diputado a la Asamblea Nacional Municipio Placetas

Orlando Rodríguez Pérez
Técnico Medio. Director de la ECOING # 26 Contingente "Campaña de Las Villas", que construyó el pedraplén Caibarién-Cayo Santa María. En su vida laboral se ha desempeñado como obrero de la construcción, jefe de brigada, obrero agrícola y altas responsabilidades como Director regional, segundo Director provincial y actualmente Integró la UJC e ingresó al PCC en 1970. Participó en la lucha en el Escambray. Miembro del CCentral del PCC. Diputado Municipio: Caibarién

Orlando Ramón Homez Bolaños
Ing. Químico. Presidente del Consejo Popular "Antón Díaz". 1980 a 1982 internacionalista en Etiopía. Al concluir trabaja como profesor y jefe de cátedra de asignaturas técnicas en el Instituto "Pedro María Rodríguez". En 1992 ocupó el cargo de vicepresidente del Consejo Popular "Antón Díaz", responsabilidad que ocupa hasta la fecha. Ingresó en la UJC hasta 1988, que ingresó en las filas del Partido. Municipio: Santa Clara

Teresa Monja Arteaga
Bióloga. Profesora del ISCF "Manuel Fajardo". Se incorporó al Destacamento Pedagógico "Manuel Ascunce Domenech". Secretaria General de Comité de Base de la UJC en la ESBEC 1ro. de mayo, y del IPU "Osvaldo Herrera". Militó en la UJC desde 1970, ocupando diversas responsabilidades como cuadro profesional en la UJC en el municipio Santa Clara y en el Comité Provincial. En 1984 se desempeñó como coordinadora de los CDR en el municipio. Ha ocupado múltiples responsabilidades en la UJC, los CDR, el PCC, la FMC, en Educación y Turismo. Municipio: Santa Clara

Osmel Pérez Negrín
12 grado. Vicepresidente de la CCS "Félix Dulzaides". Realizó los estudios primarios, secundarios y preuniversitarios con resultados satisfactorios. En 1996 fue elegido Miembro del Comité Municipal de la ANAP y en 1998 Miembro de su Buró No Profesional, responsabilidades que mantiene hasta la fecha. Desde 1996 es militante de la UJC. Fue seleccionado en los años 2000 y 2001 Vanguardia Nacional Campesino. Miembro del Comité Municipal de la UJC y de su Buró. Delegado de Circunscripción. Diputado por el municipio Quemado de Güines

Omar González Jiménez
Periodista. En 1961 fue alfabetizador. Redacrtor en 1974 de El Caimán Barbudo. En 1982 fue designado Subdirector del Centro de Promoción Cultural Alejo Carpentier. En 1985 Director del Canal 6 de la TV hasta 1989, que pasa a Viceministro de Cultura. Desde 1992 Presidente del Consejo Nacional de las Artes Plásticas, Presidente del Instituto Cubano del Libro y Presidente del ICAIC, cargo que desempeña en la actualidad. Delegado al V Congreso del PCC. Ha publicado varios libros. En 1978 obtuvo el Premio Casa de las Américas. Municipio: Cifuentes

Eduardo Antonio Rodríguez Rodríguez
Ingeniero Electrónico. Miembro del Buró Nacional de la UJC. Se graduó en la Facultad de Eléctrica de la UCLV. Fue cuadro profesional de la UJC. Ha sido promovido de forma ascendente a ocupar diferentes responsabilidades hasta Primer Secretario del Buró Provincial de la UJC en Villa Clara. Presidente Nacional de las Brigadas Técnicas Juveniles, Primer Secretario de la UJC en la Provincia La Habana. Es Diputado a la Asamblea Nacional del Poder Popular desde la 5ta. Legislatura. Municipio: Ranchuelo

Pedro Díaz Guerra
Universitario. Director EIA Manuel Ascunce Domenech. Inició en 1970 como profesor en la Secundaria Básica Fe Del Valle y Capitán Roberto Rodríguez. De 1973-1975 es educador y miembro del Comité de la UJC en Santa Clara, del 75-78 Jefe de oficina secreta del Comité Militar Provincial, de 1975 al 78 fue miembro de las FAR. De 1978-86 estuvo en los institutos Ernesto Guevara y Jesús Menéndez. Desde 1999 estuvo incorporado al Montaje del Proyecto de las Escuelas de Instructores de Arte de Villa Clara. Municipio: Santa Clara

Sergio Juan Rodríguez Morales
Ing. Agrónomo. En 1972 comienza a trabajar en el centro de mejoramiento de Semillas Agámicas (INIVIT). Jefe del Departamento de Investigaciones, así como Subdirector de Investigaciones desde 1984 hasta 1991 que pasa a Director del INIVIT, cargo que desempeña actualmente. Ha sido investigador Destacado a nivel de Instituto y a nivel de Ministerio, Destacado Provincial del Sindicato de las Ciencias por 10 años consecutivos y 3 veces Vanguardia Nacional. Municipio: Santo Domingo

Roberto López Hernández
Geógrafo. Primer Secretario del PCC en Santa Clara. En 1983 pasa a Director de la ESBU de Rancho Veloz, hasta 1987 que pasó a ser Secretario de la UJC en el municipio de Corralillo. Cumplió misión internacionalista en Angola. Desde 1990 desempeña diferentes responsabilidades en el Partido. Desde 1993 ocupa responsabilidad de 1er. Secretario del Partido en los municipios de Quemado de Güines, Sagua la Grande, Corralillo y Santa Clara. Desde hace varios años es miembro del Comité Provincial del Partido. Municipio: Santa Clara

José Antonio Alonso Monterrey
Universitario. Jefe del Departamento Político Partidista del Sistema Empresarial de las FAR. Ingresó a las MNR en 1962 y en 1963 a la UJC. Estudio en la ENIR Sierra Maestra. Pasó al Instituto Tecnológico Jesús Menéndez. En 1969 pasa de profesor de la Academia de las FAR General Máximo Gómez. En 1987 fue nombrado Segundo Jefe de la Dirección de Trabajo Político-Ideológico de la Dirección Política de las FARt en 1990 al frente de dicho órgano. Municipio: Manicaragua

Luis Saturnino Herrera Martínez
Médico. Director de Ingeniería Genética y Biotecnología. En el CENIC trabajó desde 1975 como colaborador de la Sección de Ciencias del Comité Central del PCC. Cuadro del PCC. En 1970 fundó el Laboratorio de Genética Microbiana del CENIC y en 1977 inició trabajos relacionados con la tecnología del ADN recombinante. En 1981 dirigió el proyecto de Interferón. Director de investigaciones del CIGB, así como Director de Producción, en 1999 pasó a ocupar la Dirección General del Centro de Ingeniería Genética y Biotecnología hasta la fecha. Municipio: Santa Clara

Víctor Bordón Machado
Universitario. Director de la Empresa ECOMETAL. Fue miembro del Partido Ortodoxo. Se relacionó con el M-26-7. en Las Villas. Al organizarse los Tribunales Revolucionarios de Apelación fue designado para presidirlos como 2do. Jefe de las mismas. Fue Jefe Nacional de Patrulla, Jefe de Disciplina de los Ómnibus Aliados, Jefe de Operaciones del CE Isla de Pinos, 2do. Jefe Dirección Ingeniería Estado Mayor. En 1968 Jefe del DAP de Oriente y en 1970 en Matanzas. Municipio: Santa Clara

Daniel Codorniú Pujals
Universitario. Viceministro del CITMA. Integró el Comité Nacional de la UJC entre 1977 y 1987. Profesor en la UCLV (1973-1983). En 1984 Vicedirector y Director Científico del Instituto de Investigaciones Nucleares. Al crearse en 1987 el Centro de Estudios Aplicados al Desarrollo Nuclear (CEADEN) fue designado a la Dirección del mismo. Vicesecretario de la Secretaría Ejecutiva para Asuntos Nucleares (SEAN) y en 1995 Presidente de la Agencia de Energía Nuclear hasta julio de 1997 en que fue promovido a Viceministro del CITMA. Municipio: Placetas

Joaquín Miguel Bernal Rodríguez
Universitario. Vice Jefe Departamento CC PCC. Vicepresidente de la FEU. Militante de la UJC en 1981. Internacionalista en Nicaragua. Miembro del Buró de la UJC, y miembro del Comité Municipal y Provincial de la UJC en 1985. Fiscal Jefe municipal en Ranchuelo. Cuadro Profesional del Partido Provincial para atender los Órganos Judiciales y estatales. Actualmente es Vice Jefe del Departamento del CC PCC. Diputado a la Asamblea Nacional del Poder Popular Municipio Santo Domingo

Martha Aida Cabrisas Alfonso
Ingeniera Eléctrica. Secretaria del Sindicato Nacional de la Ciencia. Su actividad laboral se inició en 1975 en el Ministerio de la Industria Química. En 1976 desempeña otras funciones en el MICONS y se destaca como dirigente sindical. En 1987 comenzó su actividad como cuadro profesional sindical. Es Diputada a la Asamblea Nacional desde la 3ra. Legislatura. Municipio: Encrucijada

Tomás Victoriano Cárdenas García
Universitario. Presidente Comisión de Órganos Locales Asamblea Nacional. Desde muy joven colaboró con el Movimiento 26 de Julio. Comenzó a trabajar como Contador. En la UJC ocupó diferentes funciones hasta Primer Secretario.
En 1969 ingresó al Partido y desempeñó diferentes responsabilidades hasta 1985 que fue promovido a Primer Secretario del Comité Provincial en Villa Clara. Desde 1976 es Diputado a la Asamblea Nacional del Poder Popular. Municipio: Camajuaní

Humberto Rodríguez González
Licenciado en Derecho. Presidente del INDER. En 1980 comenzó a trabajar como Asesor Jurídico de la Empresa Provincial de Comunicaciones. En 1986 resultó elegido miembro del Comité Ejecutivo de la Asamblea Municipal, en 1989 pasó a Vicepresidente y ese mismo año fue promovido a Presidente del Gobierno, en 1995 fue elegido Presidente de la Asamblea Provincial del Poder Popular en Villa Clara, cargo que desempeñó hasta noviembre de 1997 con resultados positivos. Fue electo miembro del Comité Central, siendo ratificado en el V Congreso del Partido. Es Diputado desde 1993. Municipio: Santa Clara

DIPUTADOS DE LA PROVINCIA DE

CIENFUEGOS

ELEGIDOS EN EL 2003

A LA ASAMBLEA NACIONAL

DEL PODER POPULAR

Julián Álvarez Blanco
Francisco Antonio Fernández Tamayo
Eugenio Luis Maynegra Álvarez
Alfredo Darío Espinosa Brito
Ramón Pez Ferro
Soledad Díaz Otero
Josefa Amarilys Pérez Santana
Valía Adolfina Stable Rodríguez
José Carlos Sardiñas Montalvo
Carlos Curbelo Yanes
Manuel Menéndez Castellanos
Ibrahim Castro Mendoza
Esperanza Del Rosario Ramírez Palma
Pablo Ramón Galván Vigo
Marilén Rodríguez Vázquez
Pedro David Morejón García
María Caridad Abreu Ruiz
Lázaro Miguel Zequeira Pérez
José Ramón Monteagudo Ruiz
Cándido Raúl González Quintana
Isis María Leyva Betancourt
Rolando Díaz González
Emerio García Lugo

Julián Álvarez Blanco
Universitario. Desde 1955 militó en el M-26-7- En 1959 se incorporó a las MNR. Trabajó en la Compañía de Electricidad. Director del Hospital de Río Cauto hasta 1965. Cumplió 3 misiones internacionalistas. Introdujo en Cuba la cirugía endoscópica. Designado en 1973 como J' de Sanidad Animal y Vegetal en el CC. Fue 2do. Jefe del Dpto. de Consumo y Servicios, Jefe del Dpto. de Salud Pública. En 1990 fue designado Viceministro del MINSAP. En 1994 es Director del CIREN. Miembro del Comité Central. Municipio: Aguada de Pasajeros

Francisco Antonio Fernández Tamayo
Universitario. Pianista concertista. Ha actuado en más de 30 países. Ha compuesto más de 200 obras, para cine, coros, ballets y televisión. Profesor del ISA. Colaboró con la UJC. Es militante del PCC desde 1974, delegado al V Congreso, y candidato al Comité Central. Diputado a la Asamblea Nacional del Poder Popular. Municipio: Cienfuegos.

Eugenio Luis Maynegra Álvarez
Universitario. Fundador de la AJR, la UJC y las MNR en Cienfuegos. Participó en el Escambray, Playa Girón y en la Crisis de Octubre. Fue del Secretariado Provincial de la UJC y la FEU Universitaria en Las Villas. Militante desde 1972. Internacionalistta en Angola. En 1976 miembro del Ejecutivo del PCC en Cienfuegos. En 1980, Jefe de Departamento de Industria Básica del CC, y miembro del CC. Diputado a la Asamblea Nacional del Poder Popular. Municipio: Cienfuegos.

Alfredo Darío Espinosa Brito
Universitario. Trabajó en el Hospital Héroes de Playa Girón, y en el Gustavo Aldereguía Lima, y se desempeñó durante 29 años como Jefe de Servicio de Medicina Interna, fue fundador de la Unidad de Cuidados Intensivos e Intermedios, fundador de la Docencia Médica Superior en la Provincia y es Investigador Principal. Desde 1993 es Diputado a la ANPP, pertenece a la Comisión de Salud de dicha Asamblea y del PARLATINO y Miembro de la Junta de Gobierno de las Sociedades Cubanas de Medicina Interna y Geriatría. Es Héroe Nacional del Trabajo, otorgado por el Consejo de Estado en el 2001. Municipio: Lajas

Ramón Pez Ferro
Universitario. Perteneció a la Juventud Ortodoxa. Asaltante del Cuartel Moncada. En 1959 se incorporó a las MNR. Trabajó como profesor, y luego Secretario Organizador del Sindicato Nacional de Artes y Espectáculos. Embajador de Cuba en Jamaica y en Turquía, Asesor del Consejo de Estado. Fue Secretario General de la OSPAAL. Militante del PCC desde 1969 y Diputado a la Asamblea Nacional desde 1986, y presidente de su comisión de Relaciones Internacionales. Municipio: Rodas

Soledad Díaz Otero
Universitaria. Directora del Observatorio Nacional CITMA. En 1959 se incorporó a la AJR y a la UES. Es fundadora de la UJC e las Milicias Estudiantiles. Alfabetizó en Oriente. Es militante del Partido desde 1967. Ha sido profesora universitaria. Directora del INCA. Directora del Plan Global de Ciencia y Técnica. Miembro del Comité Nacional de la FMC. Municipio: Cumanayagua

Josefa Amarilys Pérez Santana
Universitaria. Secretaria CTC Cienfuegos. Pertenece al Consejo Nacional de la CTC desde 1990. Fue Vanguardia Nacional de la FEEM. Delegada al III Congreso de la UJC. Militante del PCC. Municipio: Palmira

Valía Adolfina Stable Rodríguez
Profesora Escuela Militar Camilo Cienfuegos. En el 2002 fue Vicepresidenta de la Asamblea Municipal del Poder Popular de Cienfuegos. Ha recibido diversos reconocimientos y distinciones. Municipio: Cienfuegos.

José Carlos Sardiñas Montalvo
Superior. Presidente Asamblea Municipal del Poder Popular. En 1984 fue profesor del Politécnico Pedro Sotto Alba. En 1987 pasa al municipio Los Arabos, Matanzas, a la Empresa Pecuaria GUSEV. Ha ocupado otras responsabilidades en diferentes Empresas del MINAGRI y el MINAZ hasta 1999. Posteriormente Director de Industrias Locales en el territorio hasta el 2001. En el 2002 fue Director de la UBE . Fue miembro del Comité Municipal del PCC desde 1996 hasta 1999. Municipio: Aguada

LOS CULPABLES

Carlos Curbelo Yanes
Superior. Presidente Asamblea Municipal Poder Popular. Comenzó a laborar en 1986 en la Empresa Pecuaria Tablón. En 1997 en que fue elegido como Vicepresidente de la Asamblea Municipal y en el X Período fue elegido su Presidente. Ha tenido una destacada participación en las labores de organización, dirección y construcción de viviendas afectadas por el huracán "Lili" y por el "Michelle" en los municipios de Cumanayagua, Cruces y Aguada. Ha impulsado las tareas relacionadas con la Revolución Educacional. Municipio: Cumanayagua

Manuel Menéndez Castellanos
Ingeniero Industrial. Primer Secretario PCC Provincial. Comenzó en 1972 en la Empresa Eléctrica de Ciudad de La Habana. Posteriormente trabajó en la Empresa de Proyectos del MINBAS y en el SNTQME. Fue miembro del Comité Nacional de la CTC hasta 1993, fue promovido a 1er. Secretario provincial del PCC de Cienfuegos. Miembro del Comité Central. Diputado a la Asamblea Nacional del Poder Popular desde 1998. Municipio: Cienfuegos.

Ibrahim Castro Mendoza
Medio Superior. Presidente Consejo Popular Santiago de Cartagena. Comienza su actividad laboral en 1985 en el CAI 5 de Septiembre donde se desempeñó como Económico hasta 1986, laboró en una CPA y en la Empresa de Comercio y Gastronomía hasta 1995. Ha participado en las Asambleas Municipales y Provinciales del PCC en el año 1998, en el VI Congreso de la UJC, en el II Encuentro Nacional de Cooperativas. Es miembro de la Asamblea Municipal del Poder Popular desde el VI Mandato y Delegado a la Asamblea Provincial. Municipio: Rodas

Esperanza Del Rosario Ramírez Palma
Superior. Secretaria FMC Municipal. Inició su trayectoria laboral en 1979 en Mayarí Arriba, Holguín. En 1981 laboró en diferentes centros educacionales de Villa Clara hasta que en 1993 pasó al municipio de Cruces, como directora zonal. En el 2000 es promovida a Secretaria General de la FMC Municipal. Militante del PCC desde 1993. Es miembro no profesional del Buró del PCC Municipal desde 1998. Municipio: Cruces

LOS CULPABLES 283

Pablo Ramón Galván Vigo
Superior. Director de Escuela Primaria. Alfabetizador. Comenzó en 1969 en la Primaria Octavio García, en 1972 en la primaria Jesús Villafuerte a cargo de los pioneros. Desde 1975 hasta la fecha se ha desempeñado como director de varios centros educacionales en el territorio. Integró las Milicias Estudiantiles a raíz de la Crisis de Octubre. Municipio: Cienfuegos

Marilén Rodríguez Vázquez
Superior. Metodóloga de Computación Municipal. Desde 1981 bibliotecaria en la ESBU Ramón Balboa. Subdirectora del Palacio de los Pioneros hasta 1992. En 1993 pasó a Directora de la Casa de Cultura Benny Moré hasta 1998. De 1980 a 1999 fue animadora cultural del Museo Benny Moré. En 1999 pasó a Metodóloga de la Red de Información. Se desempeñó como Secretaria de la FMC en su delegación y Bloque. En 1995 ingresó a las filas del PCC, ocupando responsabilidades en su núcleo. Fue Secretaria de su Sección Sindical. Municipio: Lajas

Pedro David Morejón García
Superior. Vicepresidente Consejo Admón.Mpal. Profesor de secundaria en Aguada de Pasajeros. Director de ESBU y ESBEC. En 1989 pasó al IPI Arturo Almeida. En 1994 fue promovido inspector del MINED Municipal. De 1995 a 1997 se desempeñó como Secretario Organizador de la CTC Municipal y en 1997 a Secretario del Consejo de la Administración del Poder Popular Municipal de Abreus. De 1975 hasta 1978 fue Secretario del Comité de Base de la UJC y ha ocupado diferentes responsabilidades como Secretario de núcleo, desde 1989 hasta la fecha. Municipio: Abreus

María Caridad Abreu Ruiz
Superior. Presidenta Asamblea Municipal del Poder Popular. Maestra primaria desde 1972 en Cienfuegos. Directora del Museo Municipal en Palmira, en 1990 a Instructora del PCC Municipal y posteriormente Directora de la Escuela Municipal del PCC. Ratificada en 1992 como Directora del Museo y en 1997 Presidenta de la Asamblea Municipal. Diputada a la Asamblea Nacional. Miembro del Consejo de Estado. Ingresó al PCC en 1985. Municipio: Palmira

Lázaro Miguel Zequeira Pérez
Medio Superior. Coordinador de los CDR Provincial. Comenzó a laborar en 1977 en diferentes ESBU, hasta el curso 1979. Internacionalista en Angola hasta 1983. Cursó la Escuela Nacional de Cuadros del MINED. Fue promovido a Director Municipal de Cultura, Vicepresidente de la Asamblea Municipal del Poder Popular en Aguada de Pasajeros. Ingresó a las filas de la UJC en 1976 y en 1988 a las filas del Partido. Municipio: Cumanayagua

José Ramón Monteagudo Ruiz
Universitario. Primer Secretario del PCC Municipal. Comenzó en 1986 en la Empresa Pecuaria "La Vitrina, de Manicaragua", luego en la brigada de autoconsumo del CAI Ciudad Caracas. En 1992 pasó a cuadro del PCC. Ha ocupando diferentes responsabilidades, como Miembro del Buró Provincial del Partido y Primer Secretario en el municipio de Cienfuegos, cargo que ocupa actualmente. Es Delegado a la Asamblea Provincial del Poder Popular desde 1998. Municipio: Cienfuegos

Cándido Raúl González Quintana
Ingeniero Industrial. Director Provincial de Trabajo y Seguridad Social. Campesino. Comenzó a trabajar en el año 1972 en el MINTRAB, cumpliendo diferentes responsabilidades. En la actualidad se desempeña como director de la Dirección Provincial de Trabajo y Seguridad Social. Cumplió Misión Internacionalista militar en Angola de 1978 a 1980. Municipio: Cienfuegos

Isis María Leyva Betancourt
Superior. Secretaria General del Sindicato Provincial de la Salud. Comenzó a laborar en el Policlínico de Cartagena en 1990 como Psicóloga, con la responsabilidad de docencia médica de postgrados en la Especialidad de MGI. En 1991 se traslada al Policlínico de Palmira, además de prestar servicio en el centro comunitario de Salud Mental del municipio de Cruces. En el año 1994 es promovida como Directora del Centro, en 1998 Vicedirectora Docente y coordinadora de los proyectos del territorio de la Dirección Municipal de Salud. En el 2001 es designada para Secretaria Provincial SNTS. Municipio: Abreus

Rolando Díaz González
Superior. Vicepresidente Consejo de la Admón. Provincial. Comenzó su vida laboral en la Dirección Provincial de Viviendas, desempeñándose como Subdirector técnico-productivo hasta 1991 que fue promovido al cargo de Presidente de las BTJ, función que desempeñó hasta noviembre de 1994. Pasó a trabajar en el PCC Provincial como funcionario. En marzo de 1997 pasó de la Empresa Provincial de Mantenimiento y Construcción a la Subdirección Técnica-Productiva, labor que desempeñó hasta 1998 cuando fue promovido a Director de dicha Empresa. A finales del 2001 fue promovido a Vicepresidente del CAP hasta la actualidad. Municipio: Cruces

Emerio García Lugo
Superior. Presidente Asamblea Municipal Poder Popular. Comenzó a laborar con solo 13 años en 1968 como maestro rural del CAI "Antonio Sánchez". Desde el año 1970 se ha desempeñado en diferentes responsabilidades en diversos centros educacionales del territorio y a instancia municipal hasta Director. Posteriormente en 1992, siendo delegado del Poder Popular, fue elegido Presidente de la Asamblea Municipal de Abreus y en 1994 pasó a ser el Primer Secretario del PCC en dicho municipio. Luego en 1998 fue elegido Vicepresidente de la Asamblea Provincial del Poder Popular, cargo que desempeñó hasta recientemente en que fue electo Presidente de la Asamblea Municipal en Cienfuegos. Municipio: Cienfuegos

DIPUTADOS DE LA PROVINCIA DE

SANCTI SPIRITUS

ELEGIDOS EN EL 2003

A LA ASAMBLEA NACIONAL

DEL PODER POPULAR

María Josefa Peña Hurtado
Jesús René Ortíz Barón
Zaida Lucrecia Gómez González
Raúl Rodríguez Cañizares
Juan Antonio Borrego Díaz
Lourdes Gourriel Delgado
Mercedes Martín Nazco
Juan Antonio Díaz Pérez
Lidia Esther Rodríguez Gómez
Ramón Osvaldo Martínez Rodríguez
Néstor Rafael Borroto González
Pedro Águila Cabezas
Magalys de Jesús Ramírez Pláceres
Norberto Carpio Calzada
Eusebia Ramona González Proenza
Martha RosaRodríguez Valero
Miguel Enrique Bernal Valdivia
Francisco Soberón Valdés
María Elena Santos Gelabert
Ramón Rodríguez Curvelo
Carlos Torres Suco
Agustín Lage Dávila
Armando Emilio Pérez Betancourt
Carlos Rafael Fernández Olmos
Lucía Díaz Pérez

María Josefa Peña Hurtado
Universitaria. Presidenta del Consejo Popular "La Loma". Fue maestra hasta el año 1987. En Educación ha ocupado diferentes responsabilidades en escuelas y municipios. Ingresó en la UJC en 1974. Ingresó al PCC en 1987. Pertenece a las MTT. Internacionalista en Angola. Delegada por el Municipio de Yaguajay.

Jesús René Ortíz Barón
Universitario. De 1978 a 1993 fue profesor y metodólogo de Biología, inspector de educación. Miembro del Buró Municipal del PCC. De 1995 a 1997 Presidente de la Asamblea Municipal del Poder Popular, posteriormente fue Vicepresidente y presidente de la Asamblea Provincial. Municipio Yaguajay.

Zaida Lucrecia Gómez González
Universitaria. Primera Secretaria del Comité Municipal del PCC Sancti Spíritus desde el 2000. De 1971 a 1988 fue maestra, luego subdirectora de escuela. Ingresó en la UJC en 1975. A partir de 1988 fue cuadro profesional del PCC municipal y provincial. Ha recibido reconocimientos, distinciones y codecoraciones. Municipio: Sancti Spíritus

Raúl Rodríguez Cañizares
Universitario. Presidente de la ANAP Provincial. De 1974 a 1980 fue maestro primario, y luego director de escuela. Delegado a la Asamblea Provincial del Poder Popular entre 1978-1981. Segundo Secretario municipal de la UJC en Taguasco, y miembro del buró provincial, de 1979 a 1983. Vicepresidente de los Pioneros. Cuadro del PCC municipal y provincial. Delegado por el Municipio de Taguasco

Juan Antonio Borrego Díaz
Universitario. Director del Periódico Escambray desde 1992. Hasta 1990 trabajó para Radio Sancti Spíritus. Fue sub director del periódico Escambray y corresponsal del Periódico Granma. Ingresó a la UJC en 1982 y en 1994 en el PCC. Actualmente es miembro del Comité Provincial del PCC. Por su lealtad política ha recibido diversos reconocimientos, distinciones y condecoraciones. Municipio: Cabaiguán

Lourdes Gourriel Delgado
Medio Universitario. Director del Equipo de Béisbol. Se inició como pelotero en las Series Nacionales en 1976. Ha sido líder de bateo e integró varias veces el Equipo Nacional de Béisbol. Seleccionado entre los 100 mejores atletas cubanos del Siglo XX. Ha sido entrenador y director de equipos juveniles y provinciales. Municipio Trinidad

Mercedes Martín Nazco
Universitaria. Oficinista Tabaquería Alberto Mansito. Maestra hasta 1995. Fue militante de la UJC desde 1975. En 1990 ingresó al PCC, actualmente es la Secretaria de su centro. Colaboradora de la Escuela Municipal del PCC y miembro de su Comité Municipal. Ha recibido diferentes reconocimientos. Municipio: Taguasco.

Juan Antonio Díaz Pérez
Universitario. Primer Secretario del Comité Provincial del PCC Sancti Spíritus. Trabajó hasta 1988 en la Empresa Militar de Transporte Centro. Luego pasó a la Delegación Provincial del MINAZ. De 1993 a 1994 fue director del CAI Azucarero FNTA, en Trinidad, pasando posteriormente a Primer Secretario del Comité Municipal del PCC en Trinidad, y luego en Sancti Spíritus. Internacionalista en Angola. Municipio: Trinidad.

Lidia Esther Rodríguez Gómez
Universitario. Presidenta CPA Nueva Unión Fomento. Fue cooperativista contratada. Militante de la UJC desde 1987. Militante del PCC desde 1997. Jefa de Pelotón y Primer Teniente de la Reserva. Miembro del Buró Municipal de la ANAP. Municipio: Fomento.

Ramón Osvaldo Martínez Rodríguez
Universitario. Secretario General Comité Provincial CTC. Funcionario del MINED desde 1969. En 1975 fue elegido secretario regional del sindicato de la Educación, y miembro del Secretariado Provincial de la CTC. En 1987 ascendió a Segundo Secretario Provincial de la CTC. Es integrante del Consejo y Comité Nacional de la CTC, Diputado a la Asamblea Nacional del Poder Popular y miembro del Buró Provincial del Partido desde 1991. Municipio: Jatibonico.

Néstor Rafael Borroto González.
Universitario. Presidente Asamblea Municipal del Poder Popular. Desde 1982 fue maestro, y en 1985 promovido a Subdirector de Educación Municipal. De 1993 a 1997 fue Director Municipal de Educación. Ingresó a la UJC en 1977. En 1997 adquirió la militancia del Partido. Presidente y coordinador de zona de los CDR . Municipio: La Sierpe.

Pedro Águila Cabezas
Universitario. Jefe Granja Autoconsumo CAI Ramón Ponciano. Obrero desde 1966. En 1967 pasó a la Comisión de Pioneros del Escambray. En 1987 lo designaron Jefe de la Granja Ganadera. De 1989 a 1993 funcionario de la Asamblea Municipal del Poder Popular. Es miembro de las MTT. Municipio: Fomento.

Magalys de Jesús Ramírez Pláceres
Técnico Medio. Presidenta Consejo Popular "La Purísima" desde 1992. Alfabetizadora. Maestra voluntaria. Maestra primaria desde 1966. En 1971 se graduó en Idioma Francés y posteriormente se graduó en Economía. Fue Secretaria en el Banco Popular de Ahorro. Diputada a la Asamblea Nacional. Municipio: Trinidad.

Norberto Carpio Calzada
Universitario. Presidente Asamblea Municipal del Poder Popular desde 1996. Cuadro de la UJC municipal desde 1980, y en 1984 promovido a funcionario de su Comité Provincial. Cursó la Escuela del Konsomol en la URSS en 1985. Militante del PCC, y funcionario del comité municipal. Diputado a la Asamblea Nacional. Municipio: Trinidad.

Eusebia Ramona González Proenza
Universitario. Defectóloga Dirección Municipal MINED. De 1994 a 1997 trabajó en diferentes centros educacionales. Ha sido miliciana. En 1977 se le otorgó la condición de militante de la UJC. Ingresó al PCC en 1995, en la actualidad es la Secretaria General de su núcleo del Partido. Por su trayectoria ha recibido diferentes distinciones, condecoraciones y reconocimientos. Municipio: Sancti Spíritus.

Martha Rosa Rodríguez Valero
Universitario. Funcionaria Ideológica del Comité Municipal del PCC En 1977 ingresó a la UJC, y fue Secretaria del Comité de Base. Laboró en la Empresa Pecuaria de Cabaiguán, 1986 a 1989. Profesora en el Politécnico Pecuario Roberto Rodríguez. Captada como cuadro del PCC. En 1999 fue Miembro del Buró del Partido. Municipio: Cabaiguán.

Miguel Enrique Bernal Valdivia
Universitario. Presidente Asamblea Municipal del Poder Popular. Fue dirigente de la FEEM y la FEU. Ingresó en la UJC en 1971 y en el PCC en 1995 en el Comité Municipal de Cabaiguán y el buró Municipal de Sancti Spíritus. De 1987 a 1989 fue profesor universtiario en Volgogrado, Rusia. Desde 1994, Decano del Instituto Universitario Pedagógico, y Director Municipal de Educación. Municipio: Sancti Spíritus.

Francisco Soberón Valdés
Universitario. Ministro Presidente del Banco Central de Cuba desde 1995. En 1961 ingresó en la AJR y comenzó a trabajar en el MINCEX. Entre 1964-1968 fue representante comercial en Canadá, Holanda e Inglaterra. En 1970 ingresó al PCC. Hasta 1978 estuvo en la Empresa Cuba-Fletes. Entre 1978 y 1994 trabajó fuera del país. Municipio: Sancti Spíritus.

María Elena Santos Gelabert
Universitarao. Inspectora del CAI Uruguay. En 1975 ingresó a la UJC y en 1992 al PCC. En el año 200 fue seleccionada vanguardia Nacional del Sindicato Azucarero. Ha recibido condecoraciones y reconocimientos. Municipio: Jatibonico.

Ramón Rodríguez Curvelo
Universitario. Jefe de la Dirección de Seguridad Pública. En 1977 ingresó al Batallón de Seguridad Personal. En 1982 fue instructor policial en Centro Habana. En 1988, Especialista de la PNR y en 1989 Ayudante Jefe de la PNR, y Jefe de Seguridad Pública de la capital. En 1997 estudió seguridad pública en China y designado 2do. Jefe de la Dirección de Seguridad Pública. En 1998 fue Director del Instituto Universitario Capitán San Luis. Municipio: La Sierpe.

Carlos Torres Suco
Universitario. Miembro del Buró Nacional de la UJC. Se inició como Profesor del ISP "Silverio Blanco", de Cabaiguán. Desde 1989 fue presidente OPJM, Miembro del Buró municipal de Cabaiguán, del Buró Educacional de Sancti Spiritus. Primer Secretario UJC Provincial. Coordinador de las Tribunas Abiertas. Municipio: Cabaiguán.

Agustín Lage Dávila
Universitario. Director del Centro de Inmunología Molecular. Investigador y Profesor de Ciencias Médicas. Realizó estudios de postgrado en el Instituto Pasteur de París. Es miembro del Comité Central desde el IV Congreso y Diputado a la Asamblea Nacional. Municipio: Yaguajay.

Armando Emilio Pérez Betancourt
Universitario. Jefe del Grupo de Perfeccionamiento Empresarial. En 1970 se incorporó a las FAR. Fue director de la Empresa Militar Industrial Centro Metalúrgico de las FAR. Director de la Fábrica de fusiles Moncada, y Jefe de la Industria Militar. En 1987 2do Jefe de Organización y Planificación del MINFAR. Militante del PCC. Municipio: Sancti Spíritus

Carlos Rafael Fernández Olmos
Universitario. Metodólogo Municipal MINED. Perteneció a la AJR desde 1961, pasó a la UJC en 1965. Hasta 1972 fue profesor del Instituto Tecnológico de la Caña, y luego trabajó en la Dirección Provincial del MINED Las Villas. Ingresó al PCC en 1970. Municipio: Sancti Spíritus.

Lucía Díaz Pérez
Universitaria. Decana Facultad de Ciencias Médicas desde el 2001. Fue Médico de la Familia hasta 1991. En 1996 pasó a vicedirectora municipal de Asistencia Médica, y un año después a directora provincial de Atención Primaria. En 1991 fue Vanguardia Nacional del Sindicato de la Salud. Ingresó a la UJC en 1978, fue miembro de su Comité Provincial, y al PCC en 1990 ocupando diferentes responsabilidades de dirección y en la actualidad es miembro del Comité Provincial. Ha recibido diferentes distinciones, condecoraciones y reconocimientos. Municipio: Sancti Spíritus.

DIPUTADOS DE LA PROVINCIA DE

CIEGO DE AVILA

ELEGIDOS EN EL 2003

A LA ASAMBLEA NACIONAL

DEL PODER POPULAR

Alfredo Taboada Martínez
Reynaldo Cobo Hernández
Mirtha Manzanares Bautista
Raúl Victorio Pérez Carmenate
Omar Abreu Valdivia
Trifina Fernández Mora
Felicia Margarita de León Pazo
Edildo Luis Companioni Moreno
Martha Nelson Charles
Olga Rosa Gómez Cortés
Mitchell Joseph Valdés Sosa
Ernesto López Domínguez
Nilda Bárbara Rodríguez Castillo
Evelio Capote Castillo
Agustín Gregorio Arza Pascual
Nairobys Terry Segura
Gilda Rodríguez Rodríguez
Alberto Pastor Fernández Pena
Eneyda Yoanka Rodríguez Núñez
Norma Reyna Martín Jiménez
Tania Correa Lorenzo
Mayelín Ojeda Torres
Héctor Gregorio Rodríguez Almaral
Rider Cecilio López Utria
Josefa Rafael Abracero Torres
Julio Martínez Ramírez

Alfredo Taboada Martínez
Universitario. 1er. Secretario PCC. Desde 1978 profesor de Química, se graduó profesor de Secundaria Básica y en 1989 Licenciado en Educación. De 1982 a 1986 fue dirigente del MINED. Desde 1992 cuadro del PCC, miembro del Comité Provincial y de su Buró. Municipio: Ciego de Ávila.

Reynaldo Cobo Hernández
Universitario. Presidente Asamblea Municipal. De 1984 a 1996 trabajó en empresas Porcina y Avícola, en la delegación del MINAGRI, y desde 1999 Vicepresidente de Administración Municipal. Fue delegado de Circunscripción y vicepresidente de la Asamblea Municipal: Ciego de Ávila.

Mirtha Manzanares Bautista
Universitaria. Subdirectora Educación Municipal. Se inició en Instituto "Martínez Brito". Ingresó en el PCC. En 1989 se trasladó para el "Antonio Luaces", y después a la Dirección Municipal de Educación. Cursó la escuela municipal del PCC en 1988. Municipio Venezuela.

Raúl Victorio Pérez Carmenate
Lic. Contabilidad y Finanzas. Presidente Asamblea Municipal Ciro Redondo. Cuadro estudiantil. Entre 1979-1982 estuvo en las FAR como sargento mayor electricista. Delegado de Cincunscripción Popular desde 1983. Diputado a la Asamblea Nacional. Municipio: Ciro Redondo.

Omar Abreu Valdivia
Universitario. Rector del Pedagógico desde 1989. Delegado al V Congreso del PCC y al XV Festival Mundial de la Juventud. Delegado a Congresos Internacionales de Pedagogía en 1997, 1998 y 2001. Delegado a congresos de Historiadores de Cuba. Municipio: Ciego de Ávila

Trifina Fernández Mora
Universitaria. Secretaria General Sindicato Civil de la FAR. Ex presidenta de la FEEM. Cuadro municipal y provincial de la UJC. Ingresó en el PCC en 1984. Profesora en la Escuela Militar Camilo Cienfuegos. Miembro del Comité Nacional FMC, y de la CTC. Municipio: Ciro Redondo.

Felicia Margarita de León Pazo
Universitaria. Directora Escuela Especial Mariana Grajales desde 1998. Maestra en educación de adultos hasta 1979. Luego, sub de primaria y seminternado. Pasó a la Dirección Municipal como entrenadora y metodóloga. Responsable zonal de Defensa, y de organizaciones de masas. Fue electa delegada del Poder Popular. Municipio: Baraguá.

Edildo Luis Companioni Moreno
Universitario. 1er. Secretario PCC Provincial. Maestro desde 1989. Graduado de la "Ñico López". Cuadro de la UJC en el municipio y la provincia. En 1986 al Buró del PCC en Ciego de Ávila. En 1992, 1er. Secretario municipal. En 1992 pasó al Buró Provincial del PCC. Miembro del Comité Central y Diputado a la Asamblea Nacional por Ciego de Ávila.

Martha Nelson Charles
Técnico Estomatóloga. Directora Municipal de Cultura. Procede del sector de la Salud. Miembro del ejecutivo del sindicato. En 1987 ingresó a la UJC. En 1994 pasó al PCC, y en el 2000, al Buró del Partido. Estudia Contabilidad y Finanzas. Delegada por el Municipio Bolivia.

Olga Rosa Gómez Cortés
Universitaria. Secretaria General Sindicato Trabajadores de la Cultura desde 1997. Desde 1962 miembro del Comité Provincial UJC en Camagüey. Entre 1964-1968 fue profesora de secundaria. Luego ocupó cargos de dirección en el MINED. En 1976 pasó al Comité Provincial del PCC. Elegida miembro suplente del CC en el III Congreso. En el XVI Congreso de la CTC elegida al Secretariado Nacional. Municipio: Venezuela.

Mitchell Joseph Valdés Sosa
Médico. Director Centro Neurociencia. En 1961 integró la AJR y en 1964 la UJC. En 1972 pasó al CNIC, allí integró el PCC. Presidente de la Empresa Neuronic S.A. Jefe del Grupo Nacional de Neurofisiología del MINSAP. Desde 1993 es Diputado a la Asamblea Nacional. Ha recibido varios reconocimientos y condecoraciones. Municipio: Morón

Ernesto López Domínguez
Universitario. Presidente del ICRT. Fundador de la AJR y MNR. Participó en Playa Girón y la Crisis de Octubre. De 1963 a 1965 Jefe de Abastecimiento de Ciego de Ávila. Cuadro provincial de la UJC y miembro del Comité Nacional. De 1972 a 1976 fue dirigente del EJT. Internacionalista en Etiopía y Angola. De 1983 a 1984 Jefe Político en el Ejército Occidental. Fue Vicepresidente del ICRT. Municipio: Baraguá.

Nilda Bárbara Rodríguez Castillo
Técnico Medio. Presidenta Consejo Popular Orlando González desde 1992. Desde 1962 trabajó en empresas pecuarias. En 1972 ingresó a la UJC, y en 1986 al PCC. En 1989 administradora de panadería. En 1993 delegada a la Asamblea Provincial del Poder Popular. Fundadora de las MTT. Delegada por el Municipio Majagua.

Evelio Capote Castillo
Primario. Jefe Contingente de Construcción. En 1958 se incorporó al Ejército Rebelde en el III Frente Oriental y estuvo en las FAR hasta 1969. En 1987 dirigió la construcción del Pedraplén a Cayo Coco. Ha participado en Congresos de la CTC y en el IV y V congresos del PCC. Héroe de la República de Cuba. Diputado por el Municipio Morón.

Agustín Gregorio Arza Pascual
Universitario. Presidente Asamblea Provincial. Maestro desde 1974. Dirigente en la FEEM y la UJC. De 1976 a 1979 presidente provincial de la FEU y miembro del Consejo Nacional. Miembro del buró Municipal y Provincial del PCC. De 1992 a 1997 delegado de Cincunscripción y vicepresidente de la Asamblea Provincial. Municipio: Majagua.

Nairobys Terry Segura
Psicóloga y Periodista TV Avileña. Dirigente estudiantil. Desde 1991 militante de la UJC. En 4to. y 5to. años fue miembro del Comité UJC de la Facultad de Ciencias Sociales de la Universidad. En 1998 comenzó en la Emisora Provincial de Radio y luego a la Televisión Avileña. En el 2001 militante del PCC. Internacionalista en Honduras. Delegada por el Municipio Florencia

Gilda Rodríguez Rodríguez
Universitario. Jefa Fiscalía Provincial. Dirigente estudiantil. Ingresó en 1971 a la UJC. En 1996 elegida al Comité Provincial del Partido y en 1999 delegada a la Asamblea Provincial del Poder Popular, y presidenta de la Comisión de Asuntos Jurídicos y Económicos. Municipio Bolivia.

Alberto Pastor Fernández Pena
12o grado. Locutor TV Avileña. De 1981 a 1987 laboró en la dirección provincial de Deportes, y de Cultura. De 1987 a la fecha, en Radio Surco, y en el telecentro avileño. Miembro de la UJC provincial. Desde 1993 Diputado a la Asamblea Nacional del Poder Popular, activo en varias comisiones. Municipio Ciego de Ávila.

Eneyda Yoanka Rodríguez Núñez
Universitaria. Jefa departamento Ideológico PCC Provincial. Desde 1988 miembro del buró municipal de la UJC, en Venezuela, directora del Palacio de Pioneros. Fue primera secretaria provincial de la UJC. Promovida en 1993 a cuadro del PCC en Ciego de Ávila. Municipio Ciego de Ávila

Norma Reyna Martín Jiménez
Técnico Medio. Directora de Salud Municipal. Se inició en 1974 en el Hospital de Morón, luego en Chambas. De 1976 a 1981 militó en la UJC. Ingresó al Partido en 1981. Ha sido Delegada de Cincunscripción, y de la Asamblea Provincial del Poder Popular. Municipio: Chambas.

Tania Correa Lorenzo
Universitario. Presidenta Tribunal Supremo Municipal. Es militante del PCC. Fue elegida miembro del Comité Municipal del PCC por dos períodos consecutivos. Actualmente es Diputada a la Asamblea Nacional del Poder Popular y Delegada de Circunscripción desde 1996. Es Miembro de la Comision de Atención y Prevención del municipio, integrante del grupo de trabajo municipal de atención a los Órganos de Justicia Laboral de Base. Fue seleccionada delegada destacada en el 2000, cuadro destacado en el 2001 por la asamblea del Poder Popular. Ha recibido varias condecoraciones y reconocimientos. Municipio: 1ro. de Enero.

Mayelín Ojeda Torres
Estudia Derecho. Coordinadora Municipal CDR. Cuadro profesional de los CDR desde 1992. Militante de la UJC. En 1997 ingresó al PCC. Delegada al V Congreso de los CDR en 1998. Miembro del Comité Municipal del PCC desde 1999 y del Comité Provincial de los CDR desde 1998. Delegada por el Municipio Florencia.

Héctor Gregorio Rodríguez Almaral
Universitario. Narrador Deportivo. Integró en 1960 la AJR. Narrador y comentarista deportivo del ICRTa partir de 1983. Electo diputado a la Asamblea Nacional del Poder Popular en 1993 y Vicepresidente de la Comisión de Deporte, Salud y Medio Ambiente del Parlamento. Pertenece al Comité Municipal de los CDR. Municipio: Ciego de Ávila.

Rider Cecilio López Utria
Universitario. Secretario General CTC Provincial. En 1969 ingresó a las FAR y pasó a la CJC. En 1980 electo al Poder Popular Provincial. En 1984 al PCC como cuadro. De 1992 a 1994 1er. Secretario del PCC en Baraguá. En 1994 elegido Secretario General del SNTAF y promovido a la CTC. Miembro del buró Provincial del PCC, y diputado por el Municipio Morón.

Josefa Rafael Abracero Torres
Universitaria. Vicepresidenta del ICRT. Trabajó en el INRA. Fundadora del PURSCde la FMC, CDR, MNR y ANAP. De 1964 a 1969 funcionaria del Banco Nacional de Cuba en Camagüey. En Camagüey fue Miembro del Comité Provincial del PCC y de los CDR. Miembro del Comité Nacional de la FMC. Delegada por el Municipio 1ro. de Enero.

Julio Martínez Ramírez
Universitario. 2do. Secretario del Comité Nacional de la UJC desde 1997. Desde 1987 ha sido cuadro político en la UJC. Desde 1993 miembro del buró Provincial PCC Ciego de Ávila. Delegado al V Congreso del Partido. Actualmente es miembro del Comité Central del PCC. Ha recibido varios reconocimientos y condecoraciones. Municipio Chambas.

DIPUTADOS DE LA PROVINCIA DE

CAMAGÜEY

ELEGIDOS EN EL 2003

A LA ASAMBLEA NACIONAL

DEL PODER POPULAR

Walkiria Fernández Valdés
Francisco Durán Harvey
Pedro Miret Prieto
Susana Lee López
Elba Martínez Amador
Nilo Lázaro Vázquez García
Luis I. Gómez Gutiérrez
Margarita Véliz Ríos
Irma T. Consuegra Viamontes
Eusebio Gómez Sánchez
Nieves López Ruiz
Martha Arias Carrasco
Clemente R. Barba Alonso
Armando Leal Acosta
Pedra E. Valdés Pérez
Jesús A. García Collazo
René E. Guerra Huerta
Mayra De La Cruz Marrero
Javier E. López Pimienta
Cecilio A. Romero Álvarez
Xiomara Madrigal Betancourt
Eduardo López Leyva

Carlos A. Massid Castejón
Luis Álvarez Roldán
Isabel G. González Cárdenas
Osmani López Soto
Luis F. Ynchausti Rodríguez
Salvador A. Valdés Mesa
Vilma E. Naranjo Beltrán
Enrique J. Aguilar Gondar
Yoleydis Meléndez Antuña
Ana Ma. Rodríguez Oiz
Omar Almeida Martínez
Reynaldo S. Palacio Recio
Indira Ivón Andrés González
Iris Cruz Gómez
Magalys Pedrero Basulto
Anielka Fernández Monte
Aldo Morales López
José A. Castelló González
María T. Caballero Ribacova
Sergio Diego Vega Basulto
Faure Chomón Mediavilla
Belkis R. Varona Pérez
Norma I. Rodríguez Benítez

Walkiria Fernández Valdés
Universitario. Jefa Oficina Atención Ciudadanía MININT.
Asistió al Congreso de la Juventud Socialista y al que dio lugar
a la AJR, formó parte del Comité Organizador del Congreso
Latinoamericano de Juventudes. En 1961 fue designada a
trabajar en el MINCEX. En 1963 se incorporó al MININT,
donde ha permanecido hasta el presente, ocupando diferentes
responsabilidades y cargos de jefatura. Municipio: Minas.

Francisco Durán Harvey
Universitario. Segundo Secretario de la CTC Nacional.
Participó en la Limpia del Escambray. En 1961 delegado al
Congreso del SNTED y electo su Secretario General en
Camagüey hasta 1966. En 1971 nuevamente fue elegido
Secretario General del Comité provincial del SNTED y
posteriormente Director Provincial del MINED en Camagüey. En 1980 fue
electo miembro del Comité Provincial del PCC, en 1985 Secretario General
de la CTC hasta 1990. Municipio: Florida.

Pedro Miret Prieto
Universitario. Vicepresidente del Consejo de Ministros.
Participó en el asalto al Cuartel Moncada y en los preparativos
de la Expedición del Granma. Se incorporó al Ejército Rebelde
de Comandante. En 1959 ocupó el cargo de Subsecretario de
Defensa Nacional. Ha sido Ministro de varios sectores. Es
miembro del Consejo de Estado y del Comité Central del Partido desde su
constitución y fue electo miembro del Secretariado en su Primer Congreso. En
1983 fue promovido a Miembro del Buró Político hasta su IV Congreso. En
noviembre de 1976 fue elegido Diputado a la Asamblea Nacional del Poder
Popular y del Consejo de Estado. Municipio Camagüey.

Susana De La Caridad Lee López
Universitaria. Periodista del Periódico Granma y Funcionaria
del Consejo de Ministros. Se inició en el periódico Hoy. En
1966 pasó a Juventud Rebelde hasta 1981. En 1981 regresó al
periódico Granma, fue Jefa de Información entre 1986 y 1994.
Diputada de la Asamblea Nacional del Poder Popular desde
1993. Desde 1998 Secretaria de la Comisión Permanente de Asuntos
Económicos y Vicepresidenta del Grupo Parlamentario de Amistad Cuba-
China. Municipio: Camagüey.

Elba Martínez Amador
Universitaria. 2da. Jefa Dpto. Asesoría Jurídica del MINFAR.
En 1986 comenzó a trabajar como Fiscal Militar. En 1989 fue
promovida a Asesora Legal de la Jefatura de la DAAFAR.
Desde 1999 pasó a integrar el Departamento de Asesoría
Jurídica del MINFAR. Ingresó a la UJC en 1978 y fue
delegada al VI Congreso de la organización. Es militante del Partido desde
1993. Por su actitud y buenos resultados ha merecido numerosas
condecoraciones. Municipio: Najasa.

Nilo Lázaro Vázquez García
Universitario. Delegado del Ministro de la Industria
Azucarera. Fue del M-267, y del Ejército Rebelde como
Capitán. Organizados de las MNR. Jefe de Estados Mayores
de zafras y de la CJC. Desde 1967 fue miembro del Comité
Provincial del PCC y su Primer Secretario desde 1979 hasta
1993 que pasó a Jefe del Departamento Agroalimentario del CC PCC. En
1999 Delegado del Ministro en la industria Azucarera. En el II Congreso
elegido Miembro Suplente del CC y Miembro Suplente del Buró Político.
Desde 1976 Diputado a la Asamblea Nacional. Municipio: Vertientes.

Luis Ignacio Gómez Gutiérrez
Universitario. Ministro de Educación. Inició en 1965 como
Director de la Escuela en la UCLV. Rector de la propia
Universidad. Ha participado en varias zafras azucareras, entre
ellas la del 70. En 1979 cumplió misión internacionalista y fue
Jefe de esta en Nicaragua hasta 1981. Se le otorgó el título de
Profesor Honoris Causa. En 1971 ingresó al PCC. Miembro del Comité
Provincial en Villa Clara. Participó en el II, IV y V Congresos del Partido.
Elegido miembro de su Comité Central en el IV Congreso. Municipio:
Guáimaro.

Margarita De La Caridad Véliz Ríos
Universitaria. Inspectora MINFAR. Ingresó en las FAR en
1966 como médico en unidades militares y hospitales,
posteriormente en el Instituto Superior de Medicina Militar.
Dirigente en la UJC y en el PCC, al que ingresó en 1974.
Nombrada en 1984 jefa de la Sección Política del Hospital
Militar y en 1999 del Instituto Superior de Medicina Militar. Miembro del
Comité Central del Partido en su III Congreso. 1987-1990 enlace en la
Secretaría del Ministro de las FAR.. Municipio Céspedes.

Irma Teresa Consuegra Viamontes
Medio Superior. Secretaria General del Sindicato Nacional de Trabajadores del Comercio y la Gastronomía. En 1976 comenzó en la Fábrica de helados de Camagüey. De 1980 a 1985 Profesora en la Escuela Vocacional, y especialista en la Empresa de Alimentación Colectiva. En 1987 Miembro del Secretariado del SNTCG de Camagüey, en 1989 a Miembro del Secretariado del Sindicato Nacional. Desde 1998 es Diputada a la Asamblea Nacional y candidata al Comité Central. Municipio: Camagüey.

Eusebio Gómez Sánchez
Abogado. Miembro del Buró del Comité Provincial. del PCC. Inició (1990) en el Bufete Colectivo de Guáimaro. En 1991 pasó a la fiscalía municipal de Sibanicú. En 1992 Fiscal Jefe del municipio. En 1993 promovido a cuadro del PCC, como Miembro del Buró, 1er. Secretario del Comité Municipal de Sibanicú y Vertientes. En dos mandatos fue elegido Delegado de Circunscripción Especial de Ceballos, en la provincia de Ciego de Ávila. Municipio: Sibanicú.

Nieves López Ruiz
Universitario. Presidenta Consejo Popular Las Parras. Maestra primaria y directora (1972) en la Escuela José Martí, en Jiquí. En 1972 Jefa de Equipo de Primaria y Secretaria General del Sindicato de Educación Municipal y Directora del Politécnico "Sabino Pupo". De 1976 a 1979 miembro del Comité Ejecutivo del Poder Popular Florida. En 1996 realizó estudios militares como Dirigente del Gobierno. Fundadora del Poder Popular. Ingresó al PCC en 1994. Delegada a la Asamblea Nacional por el Municipio: Florida.

Martha Arias Carrasco
Universitario. Maestra. De 1982 a 1985 en el internado Ignacio Agramonte. Fue delegada a la Conferencia Municipal del SNTED. En 1988 se incorporó al seminternado de Primaria Rescate de Sanguily, donde labora actualmente. Ha resultado cumplidora en todos los años. En 1989 resultó trabajadora ejemplar de la organización sindical. Ingresó a las filas de la UJC en 1976 a los 14 años y a las filas del PCC en 1992. Es actual Delegada de Circunscripción. En su trayectoria ha recibido diversos reconocimientos y distinciones. Municipio: Sibanicú.

Clemente Raúl Barba Alonso
Veterinario. Director Empresa Pecuaria Rectángulo. Inició en 1986 en la Empresa Pecuaria Rectángulo, fue Médico Principal en 1994. En 1997 Director de la Empresa Pecuaria Triángulo 4, hasta el año 2002. Ha desempeñado relevantes tareas en los Consejos de Defensa. En 1988, ingresó en las filas del Partido Comunista de Cuba. Le han sido otorgadas distinciones y condecoraciones. Delegado a la Asamblea Nacional del Poder Popular por el Municipio Guáimaro.

Armando Leal Acosta
Ingeniero Químico. Secretario Comité del PCC, CAI Brasil. Comenzó en 1986 en la Empresa de Fertilizantes. Ocupó importantes cargos administrativos. En 1993 se trasladó para el CAI Brasil para asumir la dirección de la recién construida Fábrica de Cera. En 1994 pasó a ocupar el cargo de Segundo Jefe administrativo del central. En 1976 ingresó a las filas de la UJC y en 1987 a las del PCC. Fue electo Delegado de Circunscripción en el actual mandato. Municipio: Esmeralda.

Pedra Esperanza Valdés Pérez
12° grado. Presidenta Consejo Popular Zona Martí. En 1963 comenzó como dependienta de bodega, en 1977 pasó a ser administradora. Delegada de Circunscripción en 1986 y en 1988 Presidenta del Consejo Popular. En 1989 miembro del Comité Ejecutivo del Poder Popular en Guáimaro. Diputada a la Asamblea Nacional del Poder Popular desde 1986, y del Grupo Parlamentario Cuba-Níger. Municipio Guáimaro.

Jesús Arturo García Collazo
Licenciado en Física. Presidente de la Asamblea Provincial del Poder Popular. En 1969 fue Profesor hasta 1972, que fue promovido a Subdirector. En 1973 a Director de Secundaria Básica, permaneciendo en este cargo hasta 1981, que fue designado Director Municipal del Sectorial de Educación en Esmeralda. En 1994 fue elegido Presidente del Poder Popular en el municipio y en 1996 promovido a Primer Secretario del Comité Municipal del Partido. En el año 1992 electo Delegado de la Circunscripción. En febrero de 1993 elegido diputado a la Asamblea Nacional. En 1998 Primer Secretario del PCC del municipio de Camagüey. Miembro del Comité y del Buró Provincial del PCC. Municipio Esmeralda.

René Eleodoro Guerra Huerta
Nivel Escolar: 9no. grado. Ocupación: Jefe Mantenimiento Aeropuerto "Ignacio Agramonte". En 1962 dulcero. En 1967 mecánico en Talleres de los Ferrocarriles. En el 2001 pasó al Aeropuerto Internacional "Ignacio Agramonte"; labora actualmente en el área de mantenimiento. Desde 1967 ha realizado significativos aportes a la economía del país, como integrante de la ANIR. Fue invitado al II, III, IV y XII Forum Nacional como ponente, alcanzando la condición de Destacado. Municipio: Camagüey.

Mayra De La Cruz Marrero
Ingeniera Química. Administradora del Central Panamá. Se inició en el Central Panamá en 1979, luego se desempeñó como Jefa de Laboratorio del Central Batalla de las Guásimas, retornando al Central Panamá, donde ocupó diversas. Es Miembro del Comité Municipal del PCC desde 1992 hasta el 2001 y fue Precandidata a Miembro del Comité Central en el V Congreso. Fue Miembro del Comité Nacional de la FMC en el mandato del VII Congreso de la organización. Municipio: Vertientes.

Javier Enrique López Pimienta
Universitario. Presidente Consejo Popular Altagracia. En 1980 era mensajero de Correos. En 1981 ingresó en la Escuela de Geología del Escambray. En 1984 al Establecimiento Cuba-RDA de la Empresa de Geología y ocupó varias responsabilidades en la organización juvenil. A partir de 1990 se desempeñó como Asesor Jurídico y Fiscal, en la Fiscalía Municipal. Es Delegado de Circunscripción desde el noveno mandato. Ingresó al PCC en 1993. Municipio: Camagüey.

Cecilio Abel Romero Álvarez
Ingeniero Mecánico. Presidente de la Asamblea Municipal del PP. Dirigente universitario. Se destacó en actividades deportivas, integró la preselección nacional de lucha libre en los Juegos Centroamericanos Universitarios en 1985. Comenzó su vida laboral en 1986 en el CAI Brasil. En el 1995 fue delegado de la circunscripción y posteriormente elegido como Presidente del Consejo Popular - Micro San Jacinto, de su municipio. En el año 1997 fue electo Vicepresidente de la Asamblea Municipal. En el año 1993 ingresó a las filas del PCC y fue delegado a la Asamblea Provincial del PCC en el año 2000. Municipio: Nuevitas.

Xiomara Alejandrina Madrigal Betancourt
Agrónoma. Administradora de Organopónico. Comenzó su vida laboral en la Empresa de Frutas Selectas, ocupó el cargo de Normalización, Metrología y Control de la Calidad durante 14 años. Ocupó el cargo de Secretaria General del Sindicato por varios años. Militó en las filas de la UJC desde 1983. Trabajó en la Empresa de Acopio. Participó en 5 zafras de cosecha de papa y 3 de café. Es miembro del Comité Provincial de la FMC. Municipio: Camagüey.

Eduardo López Leyva
Universitario. 1er. Secretario Comité Municipal del PCC en Camagüey. Profesor de Secundaria Básica. Internacionalista en Angola. Cuadro de la UJC en Vertientes y en 1988 cursó la Escuela Superior del Konsomol en la URSS. Ingresó al PCC en 1988. Fue promovido a la UJC Provincial ocupando diversas responsabilidades durante 10 años hasta 1er. Secretario en la Provincia. En 1996 fue promovido al PCC municipal. Municipio: Camagüey.

Carlos Andrés Massid Castejón
12° grado. Presidente CPA José Ramón Sánchez. Inició en 1984, como constructor y estibador, ocupó el cargo de Secretario de Sección Sindical. En 1987 pasó a una CPA hasta 1997. En esta entidad desempeñó las funciones de Organizador y Secretario General de la ANAP. Es Miembro del Buró y Comité Provincial de la ANAP en Santa Cruz. Por 3 mandatos mantuvo fue Delegado de Circunscripción. Ingresó a las filas del PCC en 1993, ocupó el cargo de Secretario del Núcleo de la CPA. Municipio: Santa Cruz.

Luis Álvarez Roldán
Químico. Presidente Asamblea Municipal del Poder Popular Camagüey. Comenzó en 1973, como profesor y más tarde nombrado Director del Pedagógico Sierra de Cubitas. Desde 1975-1994 fue Jefe de Cátedra de Cursos Dirigidos del PCC, Profesor del Politécnico de la Salud. Jefe de Cátedra de FOC, Metodólogo en Educación de Adultos. En 1995 Vicepresidente del Consejo de Administración Distrital "Cándido González" y en 1996 Presidente. En el 2000 Vicepresidente de la Asamblea Municipal. Municipio: Camagüey.

Isabel Graciela González Cárdenas
Universitario. Vicepresidenta de la Asamblea Municipal del Poder Popular. Desde 1985 maestra rural. En 1996 fue electa Secretaria General del Sindicato Municipal de Educación. En 1997 promovida a Secretaria General de la CTC del municipio, fue miembro del Comité Provincial de la CTC y de su Secretariado hasta mayo del 2001. Desde 1995 es Delegada de Circunscripción. Ingresó a las filas del PCC en 1993 y fue miembro de su Buró Municipal desde 1999 hasta el 2002. Municipio: Jimaguayú.

Osmani López Soto
12° grado. Presidente Consejo Popular 4 Caminos. Inició en 1984 como Técnico Agronómo en el Distrito Cañero, de Amancio Rodríguez, Internacionalista en Angola. Hasta el 1995 ocupó diferentes responsabilidades en entidades de la Agricultura. En 1996 elegido Delegado de Circunscripción y Presidente del Consejo Popular de 4 Caminos hasta la fecha. En 1997 fue elegido Diputado a la Asamblea Nacional. Desde 1984 ocupó diferentes responsabilidades en las tareas de la defensa. Municipio: Najasa.

Luis Fernando Ynchausti Rodríguez
Universitario. Funcionario de la Asamblea Provincial del Poder Popular. Comenzó en 1982 como Especialista Jurídico en el MINAGRI. De 1985 a 1993 ocupó diferentes responsabilidades hasta Presidente del Tribunal Municipal. Desde 1987 hasta 1994 fue Presidente de la Unión de Juristas en Camagüey. En 1992 Delegado de Circunscripción y en 1993 Diputado a la Asamblea Nacional. En 1994 Vicepresidente y en 1996 Presidente de la Asamblea Municipal hasta el 2002. Municipio: Camagüey.

Salvador Antonio Valdés Mesa
Agrónomo. 1er. Secretario Comité Provincial del PCC. Comenzó a laborar en 1959 como obrero agrícola, se incorporó a las MNR. Ocupó responsabilidades hasta1962 en la AJR hasta que integró la Comisión Nacional de las ORI. Trabajó en la construcción del PURSC. De 1964 a 1989 fue cuadro del PCC y sindical hasta 1990, simultaneó como Secretario del SNTF y 2do. Secretario de la CTC Nacional. En 1995 nombrado Ministro de Trabajo, hasta 1999. Integra el CC PCC desde el IV Congreso. Diputado a la Asamblea Nacional. Miembro del Consejo de Estado. Municipio: Santa Cruz del Sur.

Vilma Esmeralda Naranjo Beltrán
Bibliotecología. Administradora Unidad Pesquera Playa Florida. Bibliotecaria, hasta 1983. Pasó al Centro Escolar en Playa Florida. En 1988 a la Unidad Pesquera Playa. Desde el 2001 Administradora de la Unidad. Milita en los CDR y la FMC. Jefa de destacamentos Mirando al Mar. Ingresó al PCC en el 2001. Municipio: Florida.

Enrique Jesús Aguilar Gondar
Mecánico. Presidente Consejo Popular Juruquez -Bella Vista, Camagüey. De 1965 a 1994 Mecánico, y dirigente sindical, en construcción de obras de choque, y zafras del pueblo. Fundador de las MNR. Participó en Playa Girón y la Crisis de Octubre. En 1978 ingresó al PCC, como secretario de su núcleo. Municipio: Camagüey.

Yoleydis Meléndez Antuña
Contadora. Técnica en Planificación, en Vertientes. Secretaria General del Comité de base de la UJC. Delegada de circunscripción en 1995. Miembro del Grupo de Economía del municipio Vertientes. En 1996 pasó a la Dirección de Planificación Física. Es Secretaria General de la Sección Sindical. En 1999 pasó a la Dirección Municipal de Economía y Planificación. Municipio: Vertientes.

Ana Ma. Rodríguez Oiz
Bióloga. Rectora ISP "José Martí". Internacionalista en Angola. Comenzó en 1983 como responsable docente. En 1990 cursó el Centro de Superación para Cuadros del Estado, al concluir se incorporó a la Dirección Provincial de Educación, ocupando diferentes cargos.hasta 1996 en que pasó al ISP "José Martí", lugar donde también ha desempeñado diversas responsabilidades. Municipio: Sierra de Cubitas.

Omar Almeida Martínez
Universitrio. Económico UBPC Pepito Tey. Profesor en Sierra de Cubitas (1985). 1988-1992 Empresa de Servicios a la Población, y administrador de la Unidad de Refrigeración. 1996-1997 Secretario del SNTCG. Miembro del Comité del SNTAF. Militante del PCC desde 1998 y miembro del Comité Municipal. Delegado de Circunscripción. Municipio: Céspedes.

Reynaldo Silvio Palacio Recio
Universitario. J' de Cátedra de Armas de la Escuela de Preparación para la Defensa. Internacionalista en Angola. En 1976 pasó al mando de Unidades en los Ejércitos Occidental y Oriental. Ascendido a Teniente Coronel de las FAR. Cursó estudios en la Academia de Artillería Kalinin, ex URSS. Militante de los CDR, y del PCC desde 1978. Es actual Delegado de Circunscripción. Municipio: Camagüey.

Indira Ivón Andrés González
Universitaria. Realizó estudios universitarios en el ISP de Camagüey. Vicepresidenta de la FEU y su coordinadora Provincial. Participó en el VI Congreso de la FEU y de la OCLAE. Es militante de la UJC desde 1995 y en 1998 fue electa Delegada a la Asamblea Provincial del Poder Popular, participando activamente en la Comisión de Educación, Cultura y Medio Ambiente. Municipio: Camagüey.

Iris Cruz Gómez
Bióloga. Directora Provincial de Cultura. Laboró desde 1971 en la Escuela Militar Vocacional de Camagüey, y en 1978 en el ISP. En 1989 Vicerrectora y en 1990 al buró del PCC Provincial, y directora de la Escuela del PCC. De 1996 a 1997 Secretaria de la Asamblea y luego Rectora del Instituto Superior Pedagógico. En 1978 ingresó al PCC y al Comité Provincial desde 1985. Diputada por el Municipio: Santa Cruz del Sur.

Magalys Pedrero Basulto
Ingeniera Riego y Drenaje. Administradora Organopónico Julio A. Mella. Se inició en 1990 en la Empresa de Cultivos Varios de Camagüey, y los Organopónicos en 1993. Fue Secretaria General del Comité de Base de la UJC y en el año 2000 ingresó en las filas del PCC. Municipio: Camagüey.

Anielka Fernández Del Monte
Agrónoma. Secretaria General del Comité Municipal FMC Florida. Desde 1991 Ingeniera en la Empresa Municipal de Cultivos Varios. En 1994 cuadro de la FMC y del Secretariado Municipal. Desde el 2000 miembro del Comité Nacional de la FMC. Ingresó al PCC en 1994, y en 1998 al Comité Municipal del PCC. Municipio: Florida.

Aldo Morales López
Universitario. Miembro Buró Municipal UJC, Sierra de Cubitas En 1991 comenzó a laborar en el municipio de Minas, como Maestro Primario, integrándose al Contingente de Maestros Rurales. En 1995 laboró en el Seminternado Forjadores del Futuro, en Sierra de Cubitas. En ese curso resultó el Mejor Maestro, ocupó también la responsabilidad de Guía Base de Pioneros a nivel de centro. Municipio: Sierra de Cubitas.

José Amado Castelló González
Ingeniero. Delegado Provincial del CITMA. Profesor universitario desde 1977, militante del PCC 1978, como 1er. Secretario de la UJC del Centro. En 1983 Decano de la Facultad de Energética, y Profesor Auxiliar. Desde ese año es miembro del Consejo de la Administración Provincial. Por su trayectoria laboral, científica y revolucionaria se le ha otorgado diversos reconocimientos y distinciones. Municipio: Nuevitas.

María Teresa Caballero Ribacova
Socióloga. Vicedecana en Comunicación. Universidad de Camagüey. Desde 1980 trabaja en esa Universidad. Es asesora del Gobierno Provincial, y Secretaria de su Sección Sindical. Dirigente en los CDR y miembro del Comité Provincial de la FMC. Diputada Municipio Camagüey.

Sergio Diego Vega Basulto
Neurocirujano. Jefe de Neurocirugía del Hospital Provincial. Comenzó en el Hospital Provincial y luego en policlínicos. Ha sido Director de Salud profesor de Cirugía. En 1974 ingresó al PCC. En 1988 fue electo Diputado a la Asamblea Nacional. Municipio: Jimaguayú.

Faure Chomón Mediavilla
Universitario. Asesor del Presidente de la Asamblea Nacional del Poder Popular. Fundador del Directorio Revolucionario. Asaltante del Palacio Presidencial. Comandante Jefe del frente guerrillero Escambray. Embajador en la URSS y en Ecuador. Ministro de Transporte y Comunicaciones. 1er. Secretario del PCC en Las Tunas y miembro del Comité Central y del Secretariado. Diputado a la Asamblea Nacional del Poder Popular. Camagüey

Belkis Reynalda Varona Pérez
Universitaria J' Enfermeras del Hospital Militar de Camagüey. Inició su vida laboral en 1971, en el Hospital Militar de Camagüey. Se graduó en 1975 como Enfermera General, laborando hasta 1977 en el Hospital Naval. En 1972 ingresó a la UJC, ocupando diversas responsabilidades en la base. Desde 1977 trabaja en el Hospital Militar de Camagüey Ingresó al PCC en 1982. Es actual Delegada de Circunscripción y Diputada a la Asamblea Nacional. Municipio: Camagüey

Norma Irene Rodríguez Benítez
Veterinaria. Presidenta Asamblea Municipal, Minas. Comenzó en la Empresa Pecuaria Minas. De 1984 a 1987 laboró en Empresas de Ciego de Ávila. Vicepresidenta de la Asamblea Municipal del Poder Popular. Ingresó al PCC en 1985. Desde 1995 es miembro del Comité Municipal y de su Buró desde el 2000. Municipio: Minas

DIPUTADOS DE LA PROVINCIA DE

LAS TUNAS

ELEGIDOS EN EL 2003

A LA ASAMBLEA NACIONAL

DEL PODER POPULAR

José Luis Justo Villamil
Juan Rafael Ruíz Pérez
Kenia Serrano Puig
Pablo Oden Marichal Rodríguez
Rodolfo Benito Jiménez Polanco
Alfredo Jordán Morales
Osvaldo Domingo Fernández Delgado
Vitalina Rosa Álvarez Torres
Omar Ramadán Reyes
Iris de los A. Mejías Ramos
Aleida Best Rivero
Aczara Medina Suárez
Aniuska R. Licea González
Juan Carlos Ayala Báez
Juan Eliades Ortiz Echevarría
Luz Marda Arrieta Hechavarría
Vladimir Amat Moro
Pedro Jiménez Espinosa
Jose Luís Fernández Yero
Enrique Humberto Ávalo Bosch
Víctor Díaz Ramírez
Osvaldo Pérez Vega
Víctor Rodríguez Carballosa
Eduardo Carbonell Couso
Wilson Morell Sosa
Ramona Curbelo Hernández
Orlando I. Escobar Ávila

José Luis Justo Villamil
Universitario. Sec. General del Sindicato de Marina Mercante, Puerto y Pesca desde 1988. Desmovilizado de las FAR en 1972. Miembro de la UJC y del Sindicato. En 1980 elegido Secretario Provincial del Sindicato de Trabajadores de Marina Mercante y luego miembro del Comité Nacional. Delegado al XVI, XVII y XVIII congresos de la CTC. Diputado a la Asamblea Nacional Municipio Las Tunas.

Juan Rafael Ruíz Pérez
Universitario. Jefe Dirección del MINFAR desde 1999. En 1964 ingresó al SMO y decidió permanecer en las FAR. En 1970 pasó a la Dirección de Organización y Personal. Internacionalista en Etiopía. Ingresó al PCC en 1975. Graduado de la escuela de guerra "General Máximo Gómez". Delegado por el municipio Amancio

Kenia Serrano Puig
Universitaria. Miembro del Buró Nacional de la UJC. Dirigente estudiantil en la FEEM y la FEU. En 1996 fue designada Presidenta de la OCLAE. En 1998 Miembro del Buró Provincial de la UJC en Las Tunas. Fue Directora de Editorial Abril. Municipio: Las Tunas.

Pablo Oden Marichal Rodríguez
Universitario. Clérigo de la Iglesia Episcopal y presidente del Consejo de Iglesias de Cuba. Militó en el Partido Ortodoxo. Graduado de Teólogo en el Seminario Evangélico de Matanzas. Sacerdote de la catedral episcopal de La Habana y las parroquias de Cárdenas, Matanzas, Los Arabos y Bolondrón. Ex rector del Seminario Evangélico de Matanzas. Municipio: Las Tunas.

Rodolfo Benito Jiménez Polanco
Universitario. Secretario General del Sindicato Nacional de Hoteleria y Turismo. Dirigente sindical desde 1976. Desde 1984 miembro del Consejo Nacional de la CTC. En 1989 Sec. General del Sindicato del Comercio y la Gastronomía. Delegado en el III y IV Congresos del PCC y desde el XII hasta el XVIII Congresos de la CTC. Diputado a la Asamblea Nacional Municipio Puerto Padre.

Alfredo Jordán Morales
Universitario. Ministro de la Agricultura. Fue obrero agrícola; dirigente de la UJC; presidente de la Organización de Pioneros. Delegado al II, III y IV Congresos de la UJC. 1er Secretario del PCC en Santiago de Cuba, y 1er Secretario del PCC en Las Tunas. Es miembro del CC desde 1985, y 1991 del Buró Político. Municipio: Jobabo.

Osvaldo Domingo Fernández Delgado
Universitario. Presidente Asamblea Municipal de Amancio. Fue director municipal de educación, vice y presidente de la Asamblea Municipal. En 1986 ingresó al PCC. Delegado por el Municipio Amancio.

Vitalina Rosa Álvarez Torres
Universitaria. Desde 1985 maestra y dirigente de Educación. En 1999 Secretaria de la Asamblea Municipal del Poder Popular en Puerto Padre; en el 2000, Vicepresidenta y en el 2001 Presidenta hasta hoy. Miembro del comité provincial de la FMC, vicepresidenta del Consejo de Defensa Municipal y Jefa de Grupo de la Economía. Municipio: Puerto Padre.

Omar Ramadán Reyes
Universitario. Secretario General CTC Prov. Las Tunas. En 1966, maestro agrícola. En 1968 ingresó a la CJC. En 1980 pasó a la Dirección Provincial de Educación. En 1989 fue electo secretario del Sindicato Provincial de Educación y en 1991 del Secretariado de la CTC Provincial. Es miembro del buró provincial del PCCC. Delegado a su V Congreso Diputado a la Asamblea Nacional y Presidente del Grupo Parlamentario Amistad Cuba-Líbano. Municipio: Manatí.

Iris de los A. Mejías Ramos
Enseñanza Media Superior. Miembro Secretariado FMC Mcpal. Dirigente estudiantil. Comenzó a trabajar en la Empresa de Servicios a la Población en 1995, luego fue Promotora Cultural, y del Secretariado de la FMC para el Trabajo Comunitario en el Municipio Colombia. En el año 2000 recibió reconocimientos como Mejor Promotora Cultural, y como Delegada de circunscripción al declararse su barrio en la 3ra. etapa de Mi Comunidad en Pie de Lucha. Municipio: Colombia

Aleida Best Rivero
Universitaria. Profesora. Maestra desde 1964. Ingresó en la AJR y luego en la UJC. Pasó al MINED Municipal. Elegida delegada y miembro del Comité Ejecutivo del Poder Popular. En 1986 pasó al Secretariado Provincial de los CDR. En 1989, pasó al Instituto Superior Pedagógico. En 1985 ingresó al PCC. Diputada por el Municipio Las Tunas.

Aczara Medina Suárez
Doctora en Pediatría. Ocupación: Jefa PAMI Salud Prov. Las Tunas. Dirigente estudiantil y en la UJC. Ha participado en foros científicos, y en congresos nacionales e internacionales. Representó al MINSAP ante la OMS en Suiza. Delegada por el Municipio Jesús Menéndez.

Aniuska R. Licea González
Universitaria. Directora Provincial de Justicia desde 1999. Vanguardia Nacional en 1990. Fiscal Municipal en 1992. A partir de 1996 ocupó responsabilidades en la Fiscalía Provincial. Delegada al XIV Festival Mundial de la Juventud y los Estudiantes y en el Congreso de la Unión Nacional de Juristas de Cuba. Municipio: Las Tunas.

Juan Carlos Ayala Báez
Universitario. Coordinador Provincial CDR. Maestro primario. 2do. Secretario municipal de la UJC. De 1987 a 1991 cuadro de la UJC Provincial y Primer Secretario. Miembro del buró municipal del PCCC. En 1993 cuadro profesional del PCC en Las Tunas. En 1995 promovido a funcionario del Comité Provincial del PCC. Municipio: Colombia.

Juan Eliades Ortiz Echevarría
Universitario. Presidente Consejo Popular Bartle. Fue maestro en la CJC. Héroe Nacional en la Zafra de 1970 y presidente municipal de los Pioneros. En esta etapa recibió reconocimientos por su labor en Educación y los sellos Educador Ejemplar. Ingresó al PCC en 1975. En 1995 fue nominado como delegado y elegido como Presidente del Consejo Popular, cargo que ocupa actualmente. Obtuvo la Bandera Toma de Las Tunas y Diplomas por los resultados del trabajo comunitario. Actualmente es Vicepresidente de la Zona de Defensa. Municipio: Las Tunas

Luz Marda Arrieta Hechavarría
Universitaria. Presidenta Consejo Popular Rosendo Arteaga. Ocupó diversas responsabilidades en la UJC. Fue delegada a su II Congreso. Vicepresidenta de la Zona de Defensa. Miembro del Consejo de Defensa Municipal y Jefa de la Comisión de Evacuación. En los CDR y la FMC ha ocupado cargos desde la base hasta las instancias municipal y provincial. Delegada al V Congreso de los CDR y al VI de la FMC. Vanguardia Nacional de los CDR en 1999 y 2000. Ingresó al PCC en 1976. Ds delegada a la Asamblea Municipal del Poder Popular y desde 1997 es Presidenta del Consejo Popular. Municipio: Jobabo.

Vladimir Amat Moro
Enseñanza Media Superior. 1er. Sec. PCC Municipio de Puerto Padre. En 1984 fue llamado al SMG. Vanguardia de las FAR en 1985 y 1986. Ingresó a la UJC en 1982, y cuadro profesional de la juventud en el municipio de Jesús Menéndez. Participó en el V y VI Congresos de la UJC. Cuadro del PCC municipal comoInstructor, Miembro del Buró y Primer Secretario desde 1995 hasta el 2000. Es Miembro del Comité Provincial del PCC y de su Buró Ejecutivo. Municipio: Puerto Padre

Pedro Jiménez Espinosa
Ingeniero Químico. 1er. Secretario PCC Provincial Las Tunas. Dirigente estudiantil, militante de la UJC. Se inició en 1985 como Técnico en el CAI Perú. Internacionalista en Angola. Ingresó al PCC en 1988 y participó en el V Congreso. En 1993 fue Miembro del Buró y 1er. Secretario del PCC en Jobabo, 1er. Secretario en Puerto Padre, Miembro del Buró Provincial. Municipio: Las Tunas-

Jose Luis Fernández Yero
Universitario. Miembro de la AJR. Trabajó en el CENIC, introduciendo el novedoso sistema Ultra Microanalítico (SUMA). En 1986 fue promovido a Director del Centro de Inmunoensayo. Bajo su dirección el Centro ha obtenido significativos resultados, como el establecimiento de una red de 167 laboratorios de diagnóstico SUMA en el país. Cuadro Destacado del Estado en 1998. Miembro de la Academia de Ciencias de Cuba, de la Sociedad Latinoamericana de Pesquisaje Neonatal y Miembro de Honor de la Sociedad Cubana de Higiene y Epidemiología. Municipio Majibacoa

Enrique Humberto Ávalo Bosch
Enseñanza Superior. Jubilado. Colaboró con el M-26-7. Fundador de las MNR. Trabajó en el INRA. En 1969 fue promovido a Secretario del PCC en Manatí. En 1976 fue elegido Presidente de la Asamblea Provincial del Poder Popular en Las Tunas. Diputado desde la Constitución de la Asamblea Nacional. En 1981 dirigió la inversión del Central Majibacoa, ocupando el cargo de Subdirector. Municipio: Puerto Padre

Víctor Díaz Ramírez
Estomatólogo. Ex profesor de Historia. Cumplió el SMG, y en 1985 internacionalista en Angola. Después de graduarse en 1993, comenzó como Estomatólogo en la Clínica del Cerro de Caisimú donde labora actualmente. Ingresó al PCC en 1994 y ha tenido responsabilidades como Secretario General del Núcleo, Miembro del Comité Municipal y Miembro no Profesional del Buró Municipal en Manatí. Municipio: Manatí.

Osvaldo Pérez Vega
Estomatólogo. Presidente Asamblea de Las Tunas. Dirigente estudiantil, miembro de la FEU. Militó en la UJC donde ocupó diferentes cargos. Ingresó al PCC en 1985, ascendido al buró Municipal Jesús Menéndez. Comenzó a ejercer como Estomatólogo en Jesús Menéndez. En 1986 ascendió a Jefe del Dpto. en la Clínica Dental, luego director del Policlínico, del municipal de Salud, Presidente de la Asamblea Municipal del Poder Popular, Vicepresidente del Consejo de la Administración Provincial y Vicepresidente de la Asamblea Municipal del Poder Popular de Las Tunas, cargo que ocupa actualmente. Municipio: Las Tunas.

Víctor Rodríguez Carballosa
Universitario. Vicepresidente Asamblea Provincial. Comenzó en 1980, en la Empresa de Estructuras Metálicas de Las Tunas. En 1982 obtuvo la condición de Cuadro Destacado a nivel de Empresa, de Ministerio, y en el 2001 resultó Cuadro Destacado del Gobierno en la provincia. Vanguardia Provincial y Nacional. Delegado a la Asamblea Provincial del Poder Popular, y Vicepresidente de la Asamblea Provincial desde 1998. Ingresó al Partido en 1984, en 1996 fue elegido Miembro no Profesional del Buró Ejecutivo Provincial. Fue Delegado directo al V Congreso del PCC y fue elegido miembro de su Comité Central. Municipio: Las Tunas

Eduardo Carbonell Couso
Universitario. Director IPVCE "Luis Urquiza". Profesor de Historia y docente desde 1970 en la ESBU "Carlos Marx." Jefe Departamento del IPE Provincial desde 1977 hasta 1984. Pertenece a la Comisión Provincial de Cuadros del MINED. Se ha destacado en la investigación científico-pedagógica, recibiendo la condición de Innovador Destacado Nacional. Fue Delegado al XV Congreso de la CTC. Fue Delegado al V Congreso del PCC. Municipio Jesús Menéndez.

Wilson Morell Sosa
Economista. Director CAI "Antonio Guiteras", Las Tunas. En 1981 especialista de planificación de una Empresa Cañera en Granma. Se trasladó a Las Tunas en 1982 como inversionista en la Delegación Provincial del MINAZ. En 1984 fue nominado Jefe de Auditoría, de Finanzas, Subdelegado de Economía, Director del CAI Majibacoa. Milita en el PCC desde 1984. Municipio Puerto Padre.

Ramona Curbelo Hernández
Enseñanza Media Superior. Presidenta Consejo Popular Gastón. Comenzó su vida laboral en 1973 en el Departamento de Recursos Humanos de un distrito cañero en Majibacoa. En 1989 fue promovida a Organizadora del Buró CAI Majibacoa y desde 1990 es Presidenta del Consejo Popular de Gastón. Participó en el 3er. Congreso de la UJC. Es fundadora del Poder Popular. En 1976 Diputada a la Asamblea Nacional del Poder Popular. Fue Delegada al VII Congreso de la FMC. Milita en el PCC desde 1987. Municipio: Majibacoa.

Orlando I. Escobar Ávila
Universitario. Presidente Consejo Popular. Técnico en Mecanización desde 1972 y 2do. Jefe de Maquinaria del CAI "Jesús Menéndez", Jefe de la Brigada Especial Compleja desde el 2000 y Presidente del Consejo Popular del Batey. En 1970 participó en la zafra de los 10 millones en el CAI Perú, en 1976 movilizado en el CAI Argentina, y en 1978 en el CAI Argelia Libre. Internacionalista en Nicaragua en 1990. En tres mandatos ha sido elegido delegado del Poder Popular. Municipio Jesús Menéndez.

DIPUTADOS DE LA PROVINCIA DE

HOLGUÍN

ELEGIDOS EN EL 2003

A LA ASAMBLEA NACIONAL

DEL PODER POPULAR

Dolores Lobaina Estévez
Aracelis Rojas Leyva
Aida Leonor Oro Lau
Alberto Olivera Fis
George Pupo Pupo
Julio Méndez Rivero
Ángel García Sarmiento
Danuris Infantes Calzadilla
Juan Carlos Cobas Cobiella
Eduardo Díaz Hernández
María Lorenzo Martínez
Eduardo Concepción Morales
Oilda Cardoso Mulet
Blanca Nieves Nieto Fabié
Isidora Gordon Benjamín
Manuel Jalván Blanco
Juvenal Mariño Rodríguez
Fernando Robles Proenza
Dania Portelles Cobas
Neuris Barzaga Laffitte
Idelisa Laffita Leyva
Ana Gainza Zamora
Esnérido Sánchez Pérez
Jorge Guasch Estévez
Susana Caballero Pupo
Juan Antonio Pruna Amer
Luis Velázquez Pérez

Olivia Pupo Mulet
Micaela Meriño Oliva
Luciano Rosales Hernández
Raimundo Navarro Fernández
Carmen González Aguilera
Vivian Rodríguez Gordín
Lázaro Barredo Medina
Jorge Leyva Pérez
Osvaldo Reyes Mestre
Benito González Lafforte
Jorge Luis Sierra Cruz
Josefa Pifferrer Gómez
Yanelis Martínez Herrera
Fernando Arrojas Cowley
Pura Avilés Cruz
Erlinda Ortiz Perdomo
Jorge Guerrero Almaguer
Violeta Mesa Castillo
Osvaldo Martínez Martínez
Carlos Fernández Gondín
Roberto González Planas
Marcos Portal León
Ramón Espinosa Martín
José Millares Rodríguez
Joselín Sánchez Hidalgo
Olvis Bonell Quintana
Rubén Martínez Puente

Dolores Dalia Lobaina Estévez
Técnico Medio. Gerente TRD. En 1976 inició su vida laboral como maestra de educación de adultos hasta 1978, que pasó a trabajar como administradora de la Farmacia de Frank País, posteriormente se trasladó para Mayarí desempeñándose como Directora Técnica en la farmacia Piloto. En 1989 fue promovida para ocupar el cargo de instructora política del PCC Municipal de Mayarí. Municipio: Mayarí

Aracelis De La Caridad Rojas Leyva
Universitario. Presidenta del Consejo Popular Cristino Naranjo. En 1986 terminó la Licenciatura en Educación. La vida laboral la inició en la farmacia de Cristino Naranjo, posteriormente pasó a trabajar como oficinista en Acopio hasta 1976, que comenzó en Educación donde fue profesora, Jefa de cátedra y Directora, en 1994 pasó a Divulgadora Municipal de Educación hasta 1997 que resultó electa Delegada al Poder Popular de Cristino Naranjo, donde se encuentra actualmente. Municipio: Cacocum

Aida Leonor Oro Lau
Química. Directora Hilandería de Holguín. Inició su vida laboral en el Instituto Pedagógico de Holguín, hasta 1980 que se trasladó para el Instituto de Perfeccionamiento Educacional. En 1986 fue promovida a Subdirectora Municipal de Educación, hasta que resultó electa Delegada a la Asamblea Municipal del Poder Popular y fue promovida al Comité Ejecutivo, como Secretaria de este Órgano de Gobierno. En 1992 retornó al sector de Educación como Subdirectora de la ESBU "Atanagildo Cajigal". Ha sido Cuadro Destacado de la Unión Textil y del MINIL. Municipio: Gibara

Alberto Olivera Fis
Universitario. Director General del Grupo Empresarial de la Construcción en Holguín. Fue instructor del PCC en el municipio de Holguìn, siendo promovido a la instancia provincial como Jefe de Sección para atender las obras de Ingeniería y Arquitectura. Fue miembro del Comité Ejecutivo del Poder Popular Provincial. En 1993 fue elegido Vicepresidente de la Asamblea Provincial del Poder Popular y Diputado a la Asamblea Nacional, hasta 1998, fecha desde la que se desempeña como Delegado del MICONS en la provincia. Municipio: Holguín

George Pupo Pupo
Técnico Medio. Campesino de la CPA "José Piña". Su vida laboral la inició como Profesor de Educación Física y entrenador de béisbol. En la actualidad es campesino de la CPA José Piña, es productor de avanzada y seleccionado en varias ocasiones Destacado por sobrecumplir sus planes de producción. Es militante del Partido Comunista de Cuba y ocupa el cargo de Secretario General de su núcleo. Es delegado de la circunscripción. Municipio: Calixto García

Julio Méndez Rivero
Universitario. Director Taller de Grabado. Instructor de Arte en varios municipios. Ha sido jurado en diversos eventos de Artes Plásticas. Como representante del Gobierno de Holguín viajó a Barcelona, España, de intercambio bilateral con diferentes ayuntamientos. Sus obras se encuentran en Colecciones Particulares de España, Brasil, México, Venezuela, Canadá, EE.UU., Alemania, Argentina, entre otros. Cumplió misión internacionalista en Angola. Municipio: Banes

Ángel García Sarmiento
Médico. Fue dirigente de la UJC desde 1970 a 1978 y fundador de la AJM. Pasó el SMA cursando escuelas de Jefe de Batería Antiaérea. De 1972 a 1978 estudió en la Universidad de Oriente graduándose de Médico. Posteriormente obtuvo la especialidad de II grado. Tiene varios cursos de postgrados. Cumplió misión internacionalista en Angola de 1976 a. Ha sido Delegado a la Asamblea Municipal de Holguín durante 3 mandatos. Municipio: Holguín

Danuris Infantes Calzadilla
Universitaria. Oficial del MININT. En 1992 se incorporó al MININT y actualmente es especialista de Menores. Durante su militancia en la UJC fue Secretaria General de su Comité de Base, ingresando posteriormente a las filas del Partido. Participó activamente en el 29 Taller Provincial sobre Estudios Martianos, así como en el 11no. y 12mo. Forum Provincial del MININT, presentando importantes trabajos. En el año 2000, participó en el Taller Regional sobre el esclarecimiento del Delito. Recibió la Distinción Servicio Distinguido y el Sello 23 de Agosto. Municipio: Holguín

Juan Carlos Cobas Cobiella
Ingeniero de Riego. Presidente Asamblea Municipal Poder Popular. Comenzó su vida laboral después de pasar 6 meses en las FAR, en la provincia de Granma como especialista en Explotación de Equipos de Riego. En 1987 cumplió misión internacionalista en la República Popular de Angola. A su regreso se incorpora a trabajar en el Instituto de Proyectos Azucareros donde desempeña el cargo de proyectista. En 1992 se incorporó movilizado permanente en el Contingente 28 de Enero. Es delegado actual de la circunscripción. Municipio: Holguín

Eduardo Díaz Hernández
Universitario. Presidente Asamblea Municipal Poder Popular. Profesor en el Politécnico "10 de Octubre". Jefe de cátedra, Jefe de Destacamento, Subdirector de Internado, Subdirector Docente. Fue dirigente sindical, así como de la UJC. Jefe de Enseñanza Técnica y Preuniversitaria en el municipio y terminó el curso del 2001 como Director del IPUEC "Capitán San Luis", luego realizó el entrenamiento en el Politécnico de Economía como director. Posteriormente fue promovido, primero a Vicepresidente de la Asamblea Municipal. Municipio: Banes

María Eugenia Lorenzo Martínez
12o grado. Recepcionista Hotel Atlántico. Integró las filas de la UJC desde 1989 hasta 1997. Ocupó cargos de dirección como Secretaria del Comité de Base y del Comité UJC del Motel, fue miembro no profesional del Comité Municipal de la UJC. En 1997 pasó a integrar las filas del PCC donde ha sido Secretaria del Núcleo. Secretaria General de su sección sindical. Delegada del Poder Popular de la Circunscripción 52. Está incorporada a los CDR y a la FMC. Municipio: Banes

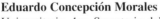

Eduardo Concepción Morales
Universitario. 1er. Secretario del PCC del municipio de Moa. Comenzó en el municipio de Moa en la ECI No. 3 Construcción Fábrica de Refrescos de Sagua de Tánamo, en la construcción de la P/N "Ernesto Che Guevara" (Planta Cobalto) y también en Las Camariocas. Ha ocupado diversas responsabilidades en el PCC. En el 2002 resultó electo 1er. Secretario del Comité Municipal del PCC en Moa. Cursó la escuela básica de cuadros "José Martí" en Santiago de Cuba. Municipio: Moa

Oilda Cardoso Mulet
Universitario. Directora Escuela Primaria. Maestra primaria. En 1981 fue estimulada con un viaje a la URSS y desde 1981 hasta 1983 cumple misión Internacionalista como maestra en la Angola. Al cumplir la misión continúa en la escuela José Martí hasta 1994 que es elegida delegada y pasa a ocupar diferentes cargos en la Asamblea Municipal hasta 1998 que regresa al Ministerio de Educación, laborando como maestra en la escuela Camilo Cienfuegos. Municipio: Antilla

Blanca Nieves Nieto Fabié
Técnico Medio. Presidenta del Consejo Popular Alcides Pino. En el año 1958 colaboró con el Ejército Rebelde, siendo mensajera en la localidad de Palma Soriano. En diciembre de 1974 se trasladó a residir a esta provincia donde trabajó como Administradora de la Unidad La Mina, además de otros centros. Laboró además en la tienda Hanoi, unidad que atiende a los vanguardias. Actualmente es Presidenta del Consejo No. 1 Alcides Pino. Municipio: Holguín

Isidora Gordon Benjamín
Universitaria. Secretaria General del Sindicato Provincial de la Salud. Internacionalista en Angola. Secretaria General del Buró Sindical del Hospital V. I. Lenin. En 1995 fue promovida a Secretaria General de Sindicato Provincial de la Salud. Desde 1987 es Miembro del Comité Provincial del PCC en Holguín, Miembro del Consejo Nacional de la Central de Trabajadores de Cuba. Fue Delegada Directa al IV Congreso del PCC, al XVIII Congreso de la CTC, al VI, VII y VIII Congresos del Sindicato de la Salud. Municipio: Mayarí

Manuel Jesús Galván Blanco
Médico Especialista. Inició su trayectoria laboral en el Hospital Pediátrico "Pedro Soto Alba". Se trasladó para el "Guillermo Luis Fernández". Ha ocupado responsabilidades administrativas y en la UJC y el PCC, donde es Secretario General del Comité del PCC en dicha institución médica, simultaneando sus responsabilidades como médico especialista en obstetricia. Cumplió misión internacionalista en Saharauí. Es ratificado delegado de su circunscripción y candidato a delegado a la Asamblea Provincial del Poder Popular. Municipio: Moa

Juvenal Mariño Rodríguez
Universitario. Secretario General de la CTC Provincial. Comenzó su actividad laboral en el PCC municipal de Holguín. Cursó estudios de OTS. En 1978 comenzó a trabajar en la fábrica 60 Aniversario de la Revolución de Octubre, ocupando diferentes responsabilidades. En 1991 pasó a ser Cuadro Profesional de la UJC como Secretario del Buró Municipal hasta 1983 que lo designaron Jefe del Departamento de Organización y Sistema de Empresas. En 1984 fue promovido al Sindicato Provincial Metalúrgico. En 1985 en la Conferencia Provincial fue elegido Secretario General hasta 1995 que pasó a ocupar la responsabilidad de Secretario General de la CTC. Municipio: Frank País

Fernando Daniel Robles Proenza
Universitario. Director de la Escuela de Trabajadores Sociales. Profesor de ingeniería de la Universidad de Holguín en 1983 y Miembro del Comité UJC. En 1985 militante del PCC. En 1988 Vicedecano Docente de la Facultad de Ingeniería y Secretario General del Comité de la Universidad y Miembro del Comité Municipal del PCC de Holguín. En el 2002 Director de la Escuela Formadora de Trabajadores Sociales de Holguín. Municipio: Antilla

Dania Elena Portelles Cobas
Ingeniera Industrial. Vicepresidenta Consejo de Administración Provincial. Dirigente de la FEU y la UJC. Trabajó en 1989 en la fábrica de Calzado "Jesús Argüelles". En 1998 fue nombrada Subdirectora Técnica de la empresa. En 1999 Directora de la Empresa Provincial de Industrias Locales Varias. Viajes oficiales a China, Canadá y Hong Kong y España. Municipio: Sagua de Tánamo

Neuris José Barzaga Laffitte
Economista. Delegado del MINTUR. Es Licenciado en Economía. Inició en 1993, en el BNC en Nicaro. Jefe de la Sección Operativa en la empresa René Ramos Latour (1984-1989). De 1989 a 1992 Jefe de Fuerza de Trabajo de la Escuela Turística, y subdirector de Recursos Humanos. En 1994 pasó a la División Islazul de Director. Ingresó al Partido en el año 1994 donde fue elegido Miembro del Comité Provincial y desde el 1998 es Diputado a la Asamblea Nacional. Municipio: Holguín

Idelisa Laffita Leyva
Universitario. Coordinadora CDR Municipal. En 1985 se graduó en el Instituto Superior Pedagógico "José de la Luz y Caballero" de Licenciada en Educación Primaria. Maestra primaria. Milita en el PCC desde 1992, en la dirección del Núcleo y al frente del equipo de Opinión del Pueblo. Ha ocupado diferentes responsabilidades en las organizaciones de masas. Es Delegada de su circunscripción. Municipio: Urbano Noris

Ana Elisa Gainza Zamora
Universitaria. Presidenta de Consejo Poder Popular. Desde 1965 hasta 1966 trabajó en el Central El Salvador en Guantánamo. De 1966 a 1967 en la Columna Cien Años de Lucha en Manzanillo. En 1969 pasó a la Escuela Provincial del PCC en El Caney de las Mercedes. En 1971 recibió el 1er. curso de Profesores de Defensa Civil en la escuela del PCC en La Habana. Fue secretaria del núcleo del PCC, delegada de Circunscripción y Presidenta del Consejo Popular de Juan Vicente. Municipio: Mayarí

Esnérido Octavio Sánchez Pérez
Universitario. Director Empresa División Mambisa General Calixto García. En 1970 cuadro de la UJC en Oriente, como 1er Secretario de Velasco, Calixto García y Holguín. En 1982 al Buró Provincial de la UJC. En 1986 Presidente del Consejo Provincial de la Sociedad Patriótico Militar. En 1989 1er. Vicepresidente del Consejo Nacional. En 1992 Director de la Empresa de la Industria Alimenticia de Las Tunas, Director Provincial de Deportes. En 1996 jefe del Grupo Provincial de Proteínas, hasta 1997 cuando fue designado Jefe del Frente Mambí de Arroyo Seco, y 2do. Jefe. Municipio: Calixto García

Jorge Luis Guasch Estévez
Graduado de Filosofía en Bulgaria, y postgrado en la ex URSS. Director Escuela Provincial del PCC. Fue profesor de la secundaria Ivo Sanamé. En 1971 director de la secundaria básica Frank País. En 1972 cuadro profesional del Partido, y director Docente de la Escuela Regional en Pinares de Mayarí.
A partir de 1979 se incorporó a la Escuela Provincial del Partido de Holguín como profesor y Jefe de Cátedra de Filosofía. Diputado a la Asamblea Nacional. Municipio: Holguín

Susana Virgen Caballero Pupo
Técnico Medio. Especialista en Comercio. Dependiente de alimentos hasta 1978. En 1965 integró los CDR y la FMC. Integró el Comité Municipal de la FMC en 1982. Participó en el Encuentro Nacional de Trabajadores Sociales y el VI Congreso de la FMC. Diputada a la Asamblea Nacional, delegada a la Asamblea Provincial. Municipio: Rafael Freyre

Juan Antonio Pruna Amer
Ingeniero eléctrico. Director Unión Eléctrica. Desde 1979 fue ingeniero eléctrico en Adiestramiento, director de la Básica Eléctrica de Las Tunas, Viceministro del MINBAS. En 1994 Delegado a la Asamblea Provincial del Poder Popular y de su Consejo de Administración. En 1973 ingresó en la UJC, 2do. Secretario del Comité de la UJC del MINBAS. Militante del PCC provincial desde 1983, y Municipal en el Mariel. Municipio: Mayarí

Luis Clodovaldo Velázquez Pérez
Neurofisiólogo. Director del Hospital Ataxia. Ingresó en el 1er Contingente de Ciencias Médicas. Fue Delegado directo al V Congreso del Partido. Ha participado en todos los Forum de Ciencia y Técnica. Ha sido Vanguardia Nacional en varias ocasiones. Municipio: Báguano

Olivia Pupo Mulet
Universitario. Periodista en Radio Angulo. Se inició en el combinado cárnico Felipe Fuentes. Desde 1967 trabaja en la emisora provincial Radio Angulo. Interventora de pequeños comercios. Miliciana, Alfabetizadora, maestra voluntaria, Secretaria de la FMC. Desde 1985 delegada de la circunscripción y delegada a la Asamblea Provincial del Poder Popular.. Municipio: Holguín.

Micaela Virgen Meriño Oliva
Química. Vicepresidenta Consejo Popular Centro Norte. Profesora desde 1967 en la escuela de Enfermería y en la Vocacional Camilo Cienfuegos. Graduada en 1974 de la escuela del PCC. Profesora, subdirectora y directora en Holguín del Centro de Reeducación de Menores. Municipio: Holguín

Luciano Adalberto Rosales Hernández
Universitario. Presidente de la CCS "Pedro Blanco". Perteneció a la UJC. Se desempeñó como jefe de cátedra en el IPA, participó en varias movilizaciones agrícolas. Participó en 1999, en el Evento de Dirección Científica en la Provincia. Cursó la Escuela Nacional de la ANAP. Fue seleccionado Vanguardia Nacional de la ANAP. Su CCS fue sede del acto Nacional por el 17 de Mayo por los resultados alcanzados integralmente. Es Militante del PCC y Miembro del Comité Provincial. Municipio: Gibara

Raimundo Navarro Fernández
Médico. Secretario General SNTS.. Comenzó su vida laboral en 1988 y hasta 1990 laboró en el consultorio médico de la familia de Montes Grandes, en el municipio de Majibacoa. En 1980 recibió la militancia de la UJC y fue miembro del Comité Municipal de la UJC y delegado al VI Congreso de esta organización. Es miembro del Comité Nacional de la CTC. Municipio: Holguín

Carmen González Aguilera
Médico. Se integró al destacamento de Ciencias Médicas Carlos J. Finlay en la FCM "Mariana Grajales", manteniendo una activa participación en las tareas de la UJC. Su vida laboral la inició en el poblado de Blanquizal, en Velasco, ejerciendo su servicio social por espacio de 2 años. Luego hizo la especialidad en Medicina General Integral, ocupando el cargo de Jefe Grupo Básico de trabajo. Desempeñó diferentes cargos en el Programa Materno Infantil en el área. Resultó cederista y federada destacada en 1999 a nivel de zona. Municipio: Gibara

Vivian Rodríguez Gordín
Química. Vicepresidenta Asamblea Municipal Poder Popular. Inició su vida laboral en el año 1988, desempeñando diferentes cargos entre ellos: Subdirectora de Administración, Jefe de Grupo en el Perfeccionamiento Empresarial, hasta 1999 en que pasó a ser Jefa de Negocios y posteriormente Jefa del centro de Desarrollo Industrial de la Laterita, en el municipio de Moa, hasta su elección como Vicepresidenta de la Asamblea Municipal. Ha participado en eventos de investigación anuales con resultados positivos. Es delegada ratificada del 10mo. mandato, es muy querida y respetada por todos sus vecinos Municipio: Moa

Lázaro Barredo Medina
Periodista. De 1961 a 1969 en las FAR. Luego corresponsal del periódico Juventud Rebelde en Matanzas y en 1970 corresponsal en Oriente. Integró la redacción del periódico, llegando a subdirector. Militante del Partido y antes de la UJC, fue delegado al IX Festival Mundial en Berlín. Como periodista ha participado en numerosos eventos nacionales políticos y económicos. Fue vicepresidente de la UPEC miembro del Comité Ejecutivo de la FELAP. Diputado y vicepresidente de la Comisión de Relaciones Exteriores de la ANPP. Municipio Calixto García

Jorge Leyva Pérez
Técnico Medio. Campesino. Inició su vida laboral en el año 1991 como jefe de una Vaquería de las FAR hasta 1996. Trasladado para la Empresa de Fundición de Hierros y Aceros, más tarde Jefe de una Ladrillera donde fue seleccionado para la División Mambisa como Jefe de Finca. Actualmente labora en CCS "Jesús Menéndez" en Los Sitios Desde 1999 es Presidente de CDR Municipio Holguín

Osvaldo Reyes Mestre
Ing. electrónico. Presidente Asamblea Municipal. Profesor de Electrónica en el Politécnico de Boyeros, Ciudad de La Habana. Desde 1992 se desempeña como Administrador del Sub-Centro Eléctrico de Holguín. Miembro del Buró Municipal del PCC en Frank País. Participó en la Zafra de la Dignidad como Jefe del Batallón por la Victoria "Ernesto Che Guevara". Ha participado en diferentes eventos, como: Congreso Internacional de Estudiantes celebrado en La Habana en 1988, VIII y IX Forum Nacional de Estudiantes Universitarios de Ciencias Técnicas. Es Diputado a la Asamblea Nacional desde 1998. Municipio Frank País

Benito González Lafforte
Universitario. Presidente del Consejo Popular Naranjo Agrio. Comenzó su vida laboral en 1972 en el II Frente, permaneciendo allí hasta 1977, que fue trasladado para Las Tunas donde continuó como maestro primario. Integró el Contingente Voluntario Salvador Agüero. En 1978 pasó a la dirección municipal como maestro, inspector y director de una unidad docente y director de centros internos ESBEC. En 1996 fue elegido Delegado. Municipio Sagua de Tánamo

Jorge Luis Sierra Cruz
Universitario. 1er. Secretario del Comité Provincial del PCC. Presidente de la FEU en Holguín. En 1980 profesor en el ISTH. En 1987 fue promovido a cuadro de la UJC, como Secretario General del Instituto. Resultó En 1989 2do. Secretario de la UJC en Holguín y en 1991 Primer Secretario. En 1992 pasó al Partido Municipal, en 1993 electo Primer Secretario y en 1994 Primer Secretario de la Provincia. Invitado al IV y V Congresos del PCC donde fue elegido al Comité Central y al Buró Político. Diputado a la Asamblea Nacional del Poder Popular. Municipio: Holguín

Josefa Greta Pifferrer Gómez
Universitaria. Jefa sala de análisis del MINAZ. En 1966 profesora de Física. Desde 1969 hasta el 1980 trabajó en la Empresa Comandante "René Ramos Latour". De 1980 hasta la fecha labora en la Delegación Territorial del MINAZ. Delegada a la Asamblea Provincial del Poder Popular, Presidenta de la Comisión Agropecuaria y Miembro de su Comité Ejecutivo. Ha ocupado diferentes cargos en el PCC. Miembro del Comité Municipal en Holguín y desde 1999 Miembro del Buró Provincial del PCC. Municipio: Cacocum

Yanelis Martínez Herrera
Universitaria. Presidenta de la OCLAE. Militante de la UJC desde 10mo. grado. Ingresó a la FEU en 1996 en la Universidad de Camagüey: Secretaria General de la UJC de su facultad y Presidenta de la FEU de la universidad. Delegada al Congreso Nacional de Juristas. Participó en el 7mo. Congreso de la UJC, en el 6to. de la FEU y en el XII y XIII de la OCLAE. En el 2000 electa miembro del Secretariado Nacional de la FEU y actualmente es la presidenta de la OCLAE. Municipio Holguín

Fernando H. Arrojas Cowley
Ingeniero Electrónico. Director del Instituto Central de Investigación Digital. Ha desempeñado responsabilidades en el ICID y en el Instituto Nacional de Computación INSAC. Ha sido importante en la producción de equipos de alta tecnología para la salud, como el CARDIOCID y el DOCTUS. Diputado a la Asamblea Nacional del Poder Popular desde el año 1993, en la Comisión de Educación, Cultura, Ciencia y Tecnología. Municipio: Báguanos

Pura Concepción Avilés Cruz
Médica. Perrteneció al Directorio Revolucionario. Durante Girón movilizada en el Hospital Oncológico, y en la Crisis de Octubre en Marianao. Miembro del primer Batallón Femenino Internacionalista en Angola. De 1977 a 1998 fue Miembro del Comité Provincial de la CTC y del Sindicato de la Salud. Miembro del Comité Provincial y Nacional del Sindicato de la Ciencias. Diputada a la Asamblea Nacional desde el año 1993. Municipio: Holguín

Erlinda Pilar Ortiz Perdomo
Universitaria. Directora Círculo Infantil. En el año 82 se graduó en la especialidad de círculos infantiles. Impartió clases en las montañas de Ságua de Tánamo. A los dos años se trasladó para Guamuta, en Quintilio de Zayas y posteriormente pasa al IPE como profesora de Educación Artística. Continuó sus actividades docentes en el círculo infantil "Sonrisas de Birán". Actualmente se encuentra laborando en el Círculo Infantil, del municipio de Cueto. Fue miembro del Comité Municipal del PCC y de la FMC. Delegada de su circunscripción. Municipio: Cueto

Jorge Luis Guerrero Almaguer
Universitario. Jefe de Dirección de Cuadros del MINFAR. Participó en el Escambray. En 1961 se gradúa de Jefe de unidad de artillería. Movilizado en la Crisis de Octubre al Ejército Oriental. Jefe de Operaciones de Artillería de la División 62 hasta 1966. Luego, otras responsabilidades en la especialidad de artillería del Estado Mayor del Ejército Oriental. En 1972 es profesor del Curso Básico Superior de Guerra. En 1980-1986 fue Primer Sustituto de la Secretaría del Ministro de las FAR. Internacionalista en Angola. Municipio: Banes

Violeta Mesa Castillo
Ing. Química. Directora del CAI "Loynaz Hechavarría". De 1981 a 1984 Metróloga en el CAI Loynaz Hechavarría. Promovida a Jefa del Departamento de NMCC. De 1994 a 1998 dirigió la Sala de Control y Análisis. Es Jefa del Consejo de Defensa del CAI. Desde 1998 Diputada a la Asamblea Nacional del Poder Popular. En 1999 fue Delegada al VII Congreso de la FMC. Es Miembro del Comité Municipal y Provincial del PCC desde el 2000. Municipio Cueto

Osvaldo Martínez Martínez
Universitario. Director del Centro de Investigaciones de la Economía Mundial (CIEM). Profesor de Economía en la Universidad de La Habana. 2do Jefe del Depo de Economía Política de la UH. En 1979 fue designado Subdirector del CIEM. Asistió a las Cumbres Iberoamericanas. Delegdo al III y IV Congreso del PCC. Diputado a la Asamblea Nacional desde 1993. Colabora desde 1982 con Fidel Castro. Municipio Sagua de Tánamo

Carlos Fernández Gondín
Universitario. Viceministro Primero del MININT. Perteneció al Ejército Rebelde. Miembro de las FAR. Participó en operaciones contra alzados en Oriente y en Girón. Segundo Jefe de la Misión Militar en Angola. En 1978 Jefe de la Contra Inteligencia Militar. En 1989 pasó a viceministro primero del MININT. Miembro del Comité Central. Municipio: Rafael Freyre

Roberto Ignacio González Planas
Universitario. Ministro de Informática y Comunicaciones. Dirigente en Antillana de Acero. Inversionista del Desarrollo Siderúrgico del Norte del Oriente. Viceministro de Desarrollo Técnico, Viceministro Primero, y Ministro del Ministerio de la Industria Sideromecánica. Diputado a la Asamblea Nacional por el Municipio Holguín

Marcos Javier Portal León
Ingeniero químico. Ministro de Industria Básica. Miembro del Consejo de Estado. Perteneció al Comité Nacional de la UJC. Formó parte del Equipo de Coordinación y Apoyo al Comandante en Jefe. Miembro del Comité Central. Miembro del Buró Político. Diputado a la Asamblea Nacional desde 1976. Municipio Mayarí.

Ramón Espinosa Martín
Graduado de la Academia Voroshilov, de la URSS. Jefe del Ejército Oriental. Se incorporó las fuerzas guerrilleras en la Sierra del Escambray. Perteneció a las FAR. Dirigió tropas en Angola. Jefe de la Misión Militar en Etiopía. Es general de Cuerpo de Ejército. Miembro del Buró Político del PCC. Diputado por el Municipio: Holguín

José Manuel Millares Rodríguez
Universitario. Ministro de Finanzas y Precios. En 1952 comenzó en los Almacenes Ultra, luego miembro de la firma de Contadores Públicos Latour y Pino. Movilizado cuando Playa Girón y la Crisis de Octubre. Trabajó en el MINCIN y en la JUCEPLAN. En 1969 fue Viceministro de Minería y Metalúrgica. De 1974 a 1980 Vicepresidente de JUCEPLAN. En 1980 Ministro de la Industria Ligera. En 1985 Viceministro del Comité Estatal de Finanzas, y luego del Ministerio de Finanzas y Precios. Desde 1973 es militante del PCC. Diputado a la Asamblea Nacional Municipio Moa

Joselín Sánchez Hidalgo
Abogado. Presidente del Tribunal Provincial. Trabajó en los bufetes colectivos de Holguín. En 1992 Juez y Presidente del Tribunal Popular. En 1996 pasó a Presidente de la Sala Segunda Penal del Tribunal Provincial. En 1998 Cuadro del PCC provincial. Municipio Urbano Noris

Olvis Bonell Quintana
Técnico Medio. Instructor de PCC Municipal. Ingresó al PCC en 1994. Internacionalista en Angola. Delegado al VI Congreso de la UJC y primer secretario en Bayamo. Delegado al Poder Popular por el municipio Báguanos

Rubén Martínez Puente
Universitario. Director de la Unión Agropecuaria Militar. Integró la guerrilla en el Frente Oriental Frank País. Se mantuvo en las FAR. Graduado en 1961 como piloto. Fue Jefe de bases aéreas. Movilizado en Angola. En 1984 sustituto del Jefe del Ejército Oriental para la DAAFAR y en 1986 primer sustituto del jefe de las tropas de la DAAFAR. En noviembre de 1987, fue promovido al cargo de sustituto del Ministro de las FAR y Jefe de las tropas de la DAAFAR, responsabilidad que desempeñó hasta 1998 en que es designado Director de la Unión Agropecuaria Militar. Es Miembro del Comité Central del Partido y Diputado a la Asamblea Nacional del Poder Popular. Municipio Gibara

DIPUTADOS DE LA PROVINCIA DE

GRANMA

ELEGIDOS EN EL 2003

A LA ASAMBLEA NACIONAL

DEL PODER POPULAR

Adrián Gorgozo Suárez
Carlos Jiménez Yero
Iris Betancourt Téllez
Javier Labrada Rosabal
Ciro Carmona Flores
Roberto Fernández Martínez
José L. Rodríguez García
Jesús Infante López
Teovaldo Paz Venega
Juan Pérez Lamas
Nelson Rodríguez Corría
Antonia Cámbara Isacc
Romárico Sotomayor García
Julio Casas Regueiro
Zhenia Ferrer Mora
Manuel Ríos Medina
Madelín González Figueredo
Luis Ramírez Villazana
Leonardo Tamayo Núñez
Roberto Verrier Castro
Alfredo Mendoza Morales
Margarita Martínez Álvarez

Rafael Acosta Hidalgo
Luis Suárez Reyes
Yanetsy Terry Gutiérrez
José Leyva García
Víctor Naranjo Peña
Roberto Arias Palomino
Alfredo López Valdés
Carlos Arturo López Guerra
Carlos Leyva Figueredo
Danay Saavedra Hernández
Miguel Núñez Castillo
Eugenio Ríos Sotto
Ortelio Moreno Enamorado
Glicerio Verdecia Sala
Guillermo García Frías
Lázaro Expósito Canto
Leonardo Andollo Valdés
Rafaela García Leyva
Juan Del Castillo Frías
Irina Domínguez Romero
Rubén Romero Alarcón
Cándido Reyes Reyes

Adrián Pedro Gorgozo Suárez
Universitario. Presidente de la Asamblea Municipal de Bayamo. Profesor en 1975, ocupando diferentes responsabilidades en educación. En 1997 fue designado Secretario del Consejo de la Administración en Bayamo hasta el 2001 cuando es promovido a Secretario del Consejo de la Administración Provincial. Actualmente es Presidente de la Asamblea Municipal del Poder Popular de Bayamo. Es miembro de la Asociación de Pedagogos de Cuba. Participó como ponente en Pedagogía 1999. Es militante del PCC desde 1991. Municipio: Bayamo

Carlos Ladislao Jiménez Yero
Economista. Director Provincial de Acueducto. En 1972 comenzó a trabajar en el DAP, como Dibujante Topográfico en la ciudad de Bayamo. En 1973 se desempeñó en la Subdirección Hidráulica como jefe de Departamento de Programación y Control y Jefe de Establecimiento de Riego y Drenaje; en 1984 fue promovido a Vicedirector. En 1976 ingresó en el PCC, organización donde al igual que en la UJC ha ocupado diferentes cargos. Es Delegado a la Asamblea Provincial del Poder Popular. Municipio: Campechuela

Iris Betancourt Téllez
Veterinaria. Delegada Territorial del Ministerio de la Ciencia. Dirigente estudiantil. Ingresó a la UJC en 1966. Profesora en la Unidad Docente "William Soler" de Bayamo. Laboró en el Instituto Superior de Ciencias Agropecuarias de Bayamo. En 1994 pasó a Directora del Instituto de Investigaciones Agropecuaria "Jorge Dimitrov". Desde 1993 es la coordinadora del Polo Científico Productivo. Ingresó al PCC en 1978, y fue delegada al V Congreso. Diputada a la Asamblea Nacional. Municipio: Buey Arriba

Javier Labrada Rosabal
Universitario. Miembro del Buró Nacional de la UJC, atiende los programas de Maestros Emergentes y Trabajadores Sociales. Dirigente estudiantil y de la UJC. Miembro de la FEEM y de la FEU. Fue miembro de la ODUCC. Participó en los Juegos Centroamericanos en Guatemala 1990, en la Universiada Mundial de Inglaterra en 1992 y Honduras 1993. Secretario de la UJC en el ISCA de Bayamo, 2do. Secretario del Comité Provincial de la UJC. Municipio: Jiguaní

Ciro Carmona Flores
12° grado. Presidente Consejo Popular Aeropuerto Viejo. Comenzó de albañil. En 1968 pasó el SMG hasta 1971. Militante de la UJC en 1970. Participó en las zafras del pueblo. Laboró en Mabay como organizador de la UJC municipal como Jefe del Sector Obrero de Bayamo. Jefe Administrativo y Subdirector Técnico en la Empresa Pasteurizadora de Granma. En 1981 pasó a administrador de la fábrica de queso y mantequilla La Hacienda hasta 1995. Delegado a la Asamblea Provincial del Poder Popular y Vicepresidente de la Comisión Organizadora Local. Fue seleccionado Cuadro Destacado del Estado. Municipio: Bayamo

Roberto Fructuoso Fernández Martínez
Universitario. Secretario General de la CTC en Granma. Maestro primario, miembro de la Sección Sindical y miembro del Secretariado Municipal del SNTECD. Fue promovido al movimiento sindical como miembro del Secretariado de la CTC en Granma. Miembro del Buró Provincial del PCC y del Consejo Nacional de la CTC. Cursó la Escuela Nacional de Cuadros Sindicales y la Escuela Provincial del PCC. Ha asistido al V y VI Congresos del SNTECD, a los XVI, XVII y XVIII Congresos de la CTC. Municipio: Jiguaní.

José Luis Rodríguez García
Universitario. Ministro de Economía y Planificación. Profesor de economía en la Universidad de La Habana. Fue director del CIEI, subdirector del CIEM. Ministro-Presidente del Comité Estatal de Finanzas. Ministro de Finanzas y Precios. Ministro de Economía y Planificación. Vicepresidente del Consejo de Ministros. Miembro del Consejo de Estado. Diputado a la Asamblea Nacional Municipio: Bayamo

Jesús Antonio Infante López
Químico. Vicepresidente Asamblea Provincial del Poder Popular Granma. Comenzó en Educación. En 1988 fue Vicepresidente y Presidentede la Asamblea Municipal de Media Luna. Miembro del Consejo Provincial de Defensa. Internacionalista en Angola. Milita en las filas del PCC desde 1979. Fue Miembro del Comité Municipal del PCC en Media Luna, elegido delegado al V Congreso del PCC. Es Diputado a la Asamblea Nacional del Poder Popular desde 1993. Municipio: Media Luna

Teovaldo De La Paz Venega
9no grado. Recogedor de Desechos Sólidos. 1968a 1972 fue recogedor de café. En 1972 pasó el SMG. En 1977 fue Recogedor de Desechos Sólidos en la Empresa de Comunales de Bayamo. Vanguardia Nacional en 8 ocasiones. Dirigente sindical, miembro del Secretariado Provincial y Nacional de la CTC y del Comité Nacional del Sindicato de la Administración Pública. Asistió a tres Congresos de la CTC y a 3 del Sindicato de la Administración Pública. Es Delegado a la Asamblea Provincial de Granma y Diputado a la Asamblea Nacional. Municipio: Bayamo

Juan Pérez Lamas
Agrónomo. Delegado Territorial del MINAGRI Granma. Tornero en el puerto pesquero. Pasó el SMG. En 1981 comenzó en la Empresa Cultivos Varios y pasó la escuela de la UJC. En 1989 fue nombrado jefe de granja, en 1992 Jefe de Agrotecnia, en 1993 Director. Ingresó al PCC en 1990, actualmente es miembro del Comité Central. En 1999 fue seleccionado Cuadro Destacado del Estado cubano. Municipio Cauto Cristo

Nelson Rodríguez Corría
Neurocirujano. Hospital "Carlos Manuel de Céspedes", Bayamo. Inició su trayectoria laboral como Director de Medicina Escolar en Yara y en 1981 ocupó el cargo de Director Municipal de Salud en Guisa. En 1987 se incorporó al Hospital Carlos Manuel de Céspedes como neurocirujano, hasta la fecha. Cumplió misión médica internacionalista desde 1996-1998 en la República de Ghana. Es Miembro no Profesional del Buró Provincial del PCC y de su Comité en Granma. Ha sido seleccionado Vanguardia Nacional. En la Batalla de Ideas ha tenido activa participación como orador en tribunas abiertas efectuadas en Bayamo. Municipio: Bayamo

Antonia Cámbara Isacc
Geógrafa. Jefa de Cátedra y Dirigente Sindical en la ESBEC de Buey Arriba y en la ESBEC Omar Torrijos. En reiteradas ocasiones ha sido seleccionada Mejor Trabajadora del Centro y propuesta Vanguardia Nacional. Ingresó a las filas del PCC en 1988. Participó como delegada a la Conferencia Municipal de la CTC previa al XVIII Congreso y Delegada a las Conferencias Municipal y Provincial de su sindicato. Delegada al IX Congreso del SNTECD. Municipio: Buey Arriba

Romárico Vidal Sotomayor García
Universitario. Jefe de la Dirección Política del MININT. Participó en la lucha clandestina y en el Ejército Rebelde. Se mantuvo en las FARJefe de Compañía, Batallón, Brigada, División y Jefe del Estado Mayor del Ejército Oriental. De 1990 a 1997 Viceministro del MININT para el Orden Interior, del 1998 al 2000 jefe de la PNR, y luego de la Dirección Política del MININT. Fundador del PCC y de los CDR. Miembro del Comité Central del PCC. Internacionalista. General de División de las FAR. Municipio: Bartolomé Masó

Julio Casas Regueiro
Universitario. Viceministro 1ro. de las FAR. Combatió con Raúl Castro en el II Frente Oriental. Estuvo en la PNR y en el MINFAR. Internacionalista en Etiopía, jefe del Ejército Oriental, sustituto del Ministro de las FAR desde 1981, Jefe de la DAAFAR. En 1988 Sustituto del Ministro de las FAR para la Actividad Económica. En 1990 promovido a 1er sustituto del Ministro de las FAR. General de Cuerpo de Ejército. Delegado al III, IV y V Congresos del PCC. Miembro del Comité Central y del Buró Político. Diputado a la Asamblea Nacional Municipio: Manzanillo

Zhenia Elena Ferrer Mora
Abogada. Fiscal Provincial. En 1993 jefa de los procesos penales en la Fiscalía Municipal de Bayamo, y sustituta del Fiscal Jefe. En el 2000 fue nombrada Vice-fiscal Jefe del Municipio. Es miembro de la UNJC, pertenece al Consejo Provincial y Junta Directiva de esta organización en la provincia. Vanguardia Nacional del Sindicato de la Administración Pública en los años 1996,1998, 1999, 2000, 2001 y Mejor Jurista a nivel Nacional del quinquenio 95-2000. Municipio: Bayamo

Manuel Antonio Ríos Medina
Universitario. Secretario General del Sindicato de la Industria Ligera. Especialista Construcción de Equipos en la Empresa Textil Sakenaff. En 1988 elegido Secretario General del Sindicato de Trabajadores Textiles en la provincia de Granma. Fue Delegado al V Congreso del SNTIL, donde integró el Comité Nacional del Sindicato y fue elegido Miembro de su Secretariado. Delegado a Congresos de la CTC. Miembro del Secretariado Nacional de la CTC. Diputado a la Asamblea Nacional Municipio: Bayamo

Madelín González Figueredo
Psicóloga. Especialista en Psicología del Deporte. Inició su trayectoria laboral en 1994 en el Departamento Provincial de Selección del MININT. Desde 1996 trabaja en el Centro Provincial de Medicina del Deporte. Ha sido seleccionada Vanguardia Nacional y Provincial. Ha trabajado el deporte escolar y juvenil, es profesora e instructora adjunta de la Facultad de Cultura Física. Es Delegada de circunscripción. Municipio: Bayamo

Luis Manuel Ramírez Villazana
Pedagogo. Escribiente del Juzgado municipal de Bayamo. En la actualidad es metodólogo inspector. Internacionalista en Angola como combatiente y asesor en la Campaña de Alfabetización. Delegado de circunscripción desde 1990 y es Diputado a la Asamblea Nacional. Municipio: Bayamo

Leonardo Tamayo Núñez
Media Superior. Cuadro del MININT. Fundador del PCC. En 1957 se incorporó al Ejército Rebelde bajo las órdenes del Che. Al triunfo de la Revolución fue designado Jefe de su escolta y su ayudante personal. Cumplió junto al Che misiones internacionalistas en las campañas de África y Bolivia. A esta última se incorporó en noviembre de 1966, participando en numerosas acciones combativas. Fue uno de los guerrilleros sobrevivientes de la guerrilla. Regresó a Cuba en 1968, incorporándose al MININT donde ha ocupado diferentes responsabilidades. Municipio: Yara

Roberto Siro Verrier Castro
Universitario. Presidente de la ANEC y de la Asociación de Economistas de América Latina y Vicepresidente de la Asociación de Economistas del Caribe. Ocupó diferentes responsabilidades en la Universidad de Pinar del Río, en el Comité y en el Buró provincial del PCC, como funcionario en el Comité Central y en la Asociación de Economistas. Es miembro del Grupo de Expertos de la Economía Cubana de la Academia de Ciencias desde 1999. Fue invitado al V Congreso del Partido y a los XVII y XVIII Congresos Obreros. Participó en Nueva York en 1997 en las sesiones del Consejo Económico y Social de Naciones Unidas, en el Forum del Milenio, en la Cumbre de Desarrollo Social en Ginebra, en el 2000, así como en el Forum y la Cumbre de Financiamiento al Desarrollo en Monterrey, México, en el 2002. Municipio: Guisa

Alfredo Mendoza Morales
Físico. 1er Secretario Comité Municipal del PCC de Pilón. Profesor de Física, Jefe de Cátedra y secretario del Comité de UJC en Campechuela. Director de la ESBEC. En 1997, egresado de la Escuela Provincial del PCC. Instructor del PCC, Miembro del Buró, parte del grupo de Control y Ayuda provincial del PCC en Granma. Posteriormente fue promovido como 1er. Secretario del Partido en Guisa. Es militante del PCC desde 1985. Municipio: Pilón

Margarita Martínez Álvarez
Licenciada en Defectología. Especialista en Oligofrenopedagogía. Directora del Centro de Diagnóstico y Orientación Municipal. En 1979 fue Secretaria Docente en la escuela "Carlos Paneque", de 1980 a 1985, funge como Directora, luego pasó a Inspectora de Cuadros en Educación de 1985 a 1986. Fue seleccionada obrera ejemplar en varias etapas. De 1990 hasta 1991 fue Directora del Seminternado "Camilo Cienfuegos". ngresó al PCC en 1992. Participó en el VI Congreso en 1995 de la FMC. Municipio: Bartolomé Masó

Rafael Victoriano Acosta Hidalgo
Licenciado en Educación Primaria. Vicepresidente Asamblea Municipal Niquero. Comenzó su trayectoria laboral en 1976 en la escuela "Roberto Ramírez Delgado" hasta 1987, que pasó a dirigir la Escuela de Oficios "Roberto Ramírez", del municipio de Niquero, labor que realiza hasta la fecha. Desde 1992, miembro del Comité Municipal del PCC y Presidente de la Comisión de Apelaciones y Reclamaciones. Municipio: Niquero

Luis Carlos Suárez Reyes
Filólogo. Profesor Centro de Superación de la Cultura Granma. Editor de la revista Santiago. Elegido precandidato al Festival de la Juventud y los Estudiantes, Mejor Docente. Vanguardia Nacional desde 1998 hasta el 2001 y propuesto para el 2002, y seleccionado Profesor Principal del Grupo de Estudios Culturales, Presidente Filial Fundación "Nicolás Guillén", Director de la Revista Ventana Sur, Vicepresidente UNEAC en Granma. Delegado al VI Congreso de la UNEAC. Municipio: Yara

Yanetsy Terry Gutiérrez
Universitaria. Presidenta de la Asamblea del Poder Popular Pilón. Inició su vida laboral en 1999 en la ESBU Vitalio Acuña Núñez y en el año 2000 Metodóloga de Humanidades en el municipio de Pilón; actualmente es la Presidenta de la Asamblea Municipal del Poder Popular. En 1992 ingresó a la UJC y en el 2000 al PCC. Desde 1999 es Miembro del Buró y Comité Municipal de la UJC. Municipio: Pilón

José Antonio Leyva García
Contador. Presidente Asamblea Provincial del Poder Popular, Granma. Inició como obrero del central Frank País. En 1964 pasó al SMG. Desde 1994 Presidente de la Asamblea Provincial del Poder Popular en Granma. Ingresó al PCC en 1968. Miembro del Comité Provincial del PCC en Granma y del CC desde 1991. Es Diputado a la Asamblea Nacional del Poder Popular y Delegado a la Asamblea Provincial. Municipio: Guisa

Víctor Rubén Naranjo Peña
12° grado. Vicepresidente Asamblea Municipal de Cauto Cristo. En 1972 pasó a la ANAP. En 1989 pasó a dirigir el organismo en Bayamo, en 1991 el Sector Campesino en Cauto Cristo, de 1995 a 1999 en Acopio, y en este mismo año pasó a atender el Sector Campesino en la Granja Mártires de Artemisa. Municipio Cauto Cristo

Roberto Arias Palomino
Pedagogo. Presidente Asamblea Municipal de Manzanillo. Maestro desde 1980. Instructor de la UJC en 1986. En el 2001 promovido a funcionario provincial del PCC. Municipio: Manzanillo

Alfredo Zacaría López Valdés
Universitario. Ministro de la Pesca. En 1975 se graduó de ingeniero y se incorporó a trabajar en la Planta Eléctrica de Santa Lucía, en Pinar del Río. Fue seleccionado administrador y director en varias oportunidades. En 1982 ingresó al PCC, delegado al IV y V Congreso, miembro del Comité Provincial del PCC en Ciudad de La Habana. Es Diputado a la Asamblea Nacional del Poder Popular desde 1993. Fue seleccionado Cuadro Destacado del Estado en 1997. Municipio Río Cauto

Carlos Arturo López Guerra
Universitario. Presidente de la Asamblea Municipal del Poder Popular en Media Luna. Maestro primario y lider sindical. En 1995 fue elegido Delegado de base de su circunscripción y Vicepresidente de la Asamblea Municipal. Se le otorgó la condición de militante del PCC en 1984, siendo miembro de su Comité Municipal de 1990 a 1993, ocupando la responsabilidad de Presidente de la Comisión de Evaluación, Sanciones y Apelaciones. Participó en la clausura del II Congreso del PCC. Municipio Media Luna

Carlos Eduardo Leyva Figueredo
Medicina. Dirigente estudiantil. Ingresó en lla UJC en 1991 y al PCC en el 2001. En el cumplimiento del SMG resultó vanguardia en tres períodos de instrucción y fue secretario del Comité de Base. Inició la carrera universitaria en el año 1997 en la Facultad de Ciencias Médicas de Granma. Miembro del Comité Provincial de la UJC, de la Comisión Organizadora del VI Congreso Nacional de la FEU y Miembro del Consejo Nacional de la FEU. Fue delegado al VI Congreso de la FEU, XII Congreso OCLAE, XV Festival Mundial de la Juventud y los Estudiantes. Municipio Bayamo

Danay Saavedra Hernández
Médico. Miembro del Secretariado Nacional de la FEU. Médico de la Familia. Se destacó por sus resultados docentes e investigativos, perteneciendo al Movimiento de Excepcional Rendimiento desde segundo año. Fue delegada al XV Festival Mundial de la Juventud y los Estudiantes. Fue seleccionada Graduada Integral. Actualmente es miembro del Secretariado Nacional de la FEU y estudia la Especialidad de Medicina General Integral, atendiendo un Consultorio del Médico de la Familia en el municipio de Centro Habana. Municipio Manzanillo

Miguel Antonio Núñez Castillo
Universitario. Presidente Consejo Popular Las Mil Nueve, Río Cauto. Inició su vida laboral en 1981 en el municipio de Buey Arriba, en la escuela primaria Mártires de Viet Nam. Desde 1991 hasta 1994 trabajó en la escuela "José Antonio Echeverría" en Guamo, municipio de Río Cauto, donde es promovido a presidente del Consejo Popular de Las Mil Nueve, logrando resultados positivos en el trabajo con las masas, atención a la población y a los electores de la zona. Miembro del CDR. Municipio: Río Cauto

Eugenio Ríos Sotto
Universitario. Presidente Consejo Popular El Caney, Bartolomé Masó. Inició su vida laboral en 1983 como profesor en el Politécnico de Media Luna. A partir de 1992 se desempeñó como colaborador de la Dirección Municipal de Educación de Bartolomé Masó. En 1993 comenzó como Jefe de Cátedra del IPUEC "Nené López", como obrero fue seleccionado varios cursos profesor más destacado de su asignatura. Ingresó en el PCC en 1992, fue miembro del Comité Municipal del Partido. Bartolomé Masó.

Ortelio Agustín Moreno Enamorado
Técnico Medio. Presidente Consejo Popular No. 10, Manzanillo. Inició su vida laboral en 1982 en el Dpto. de Radio y TV, en 1983 fue llamado al cumplimiento del SMG, regresó a su centro de trabajo y alcanzó magníficos resultados por lo que alcanzó la condición de Vanguardia Nacional del Sector de Comunicaciones en 1986. Es Delegado de Circunscripción. Fue Precandidato a Diputado y Delegado a la Asamblea Provincial durante varios mandatos y miembro de comisiones permanentes en el municipio y en la provincia fue destacado como el mejor secretario en estos niveles. Ingresó al PCC en 1992. Municipio: Manzanillo.

Glicerio De La Cruz Verdecia Sala
12o grado. Administrador UBPC 28 de Enero. Trabajador agrícola En la granja viandera de Veguitas realizó diferentes funciones como: Jefe de Maquinaria, Jefe de Producción, Jefe del Cultivo del Plátano hasta 1988 que fue promovido como Administrador de la Granja No. 1 de la Empresa "Paquito Rosales". Desde 1994 funge como Administrador de la UBPC 28 de Enero alcanzado la condición de Vanguardia Nacional desde 1996 hasta la actualidad. Se incorporó a las filas del PCC en 1966, siendo actualmente miembro de su Comité Provincial. Municipio: Yara.

Guillermo García Frías
Universitario. Director Empresa Nacional para la protección de la Flora y la Fauna. El primer campesino en incorporarse al Ejército Rebelde. Fue jefe del III Frente Oriental como Comandante. Jefe del Ejército de Occidente, Vicepresidente del Consejo de Estado y Ministros, Ministro de Transporte. Miembro del Comité Central del PCC y su Buró Político. Comandante de la Revolución. Héroe de la República de Cuba. Municipio Niquero

Lázaro Fernando Expósito Canto
Maestro Primario. 1er. Secretario del Comité Provincial del PCC Granma. Maestro en la primaria Conrado Benítez. A partir de 1973 ocupó responsabilidades en Educación, hasta 1981 que fue elegido Miembro del Comité Ejecutivo del Poder Popular en Caibarién. En 1984 ocupa los cargos de Vicepresidente y Presidente. En 1994 fue promovido a Primer Secretario del PCC en Santa Clara hasta el 2001 que es promovido a Primer Secretario del PCC en Granma. Es Presidente del Consejo de Defensa Provincial. En el V Congreso del PCC fue elegido Miembro del CC. Diputado a la Asamblea Nacional desde 1993. Municipio: Manzanillo

Leonardo Ramón Andollo Valdés
Nivel Superior. 2do. Jefe del Estado Mayor General. Ingresó en las Milicias Nacionales Revolucionarias en 1961. En 1961 fue designado a la Sección de Ingeniería del Estado Mayor General de las FAR. Cursó estudios en la antigua ex URSS. En 1977 fue internacionalista en Etiopía. En 1978 fue nombrado Jefe de Ingeniería del Ejército Occidental. Es nombrado Segundo Jefe del Estado Mayor General, Jefe de la Dirección de Operaciones, cargo que desempeña en la actualidad. Es militante del PCC desde 1967. Municipio: Bayamo

Rafaela García Leyva
Universitaria. Maestra en el centro escolar "Conrado Benítez García", en el año 1976, donde labora. Educadora Ejemplar. Ingresó en las filas del PCC en 1987. Es Delegada de su circunscripción y miembro de la comisión permanente Educación, Cultura y Deporte. Municipio: Jiguaní

Juan Del Castillo Frías
12o grado. Presidente de la CPA Omar Rivero Fonseca. En 1973 fue seleccionado Cuadro Profesional del Distrito de la ANAP de Cayo Espino. Promovido a Presidente Municipal de la ANAP en La Demajagua. En 1975 Jefe del Dpto. de Organización de la ANAP Regional en Manzanillo, en 1976 fungió como Presidente de la ANAP de Manzanillo, en 1978 Secretario de la ANAP Provincial de Granma, donde ocupó los cargos de Vicepresidente, Secretario de Producción, Funcionario para atender la actividad de cuadro. Es militante del PCC desde 1975. Delegado por el municipio Manzanillo

Irina Domínguez Romero
Universitaria. Vicedirectora Extensión Universitaria del Pedagógico Blas Roca Calderío. Comenzó su vida laboral en 1983 en el ISP de Manzanillo como profesora, hasta 1993 que es designada Jefa del Dpto. de Marxismo, en 1998, Directora del Dpto. de Extensión Universitaria y en la actualidad Vicedirectora del Instituto. Ha obtenido múltiples postgrados y participado en distintos eventos científicos. Miembro de la Sociedad de Estudios Martianos. Ingresó al PCC en 1992. Municipio: Manzanillo

Rubén Marino Romero Alarcón
Técnico Medio. Presidente Consejo Popular San Ramón. Inició su vida laboral en 1970 como Técnico de Inseminación Artificial y Auxiliar de Veterinaria en Manzanillo Banes-Holguín. Miembro Profesional del Comité Ejecutivo del Poder Popular de Campechuela, Jefe de Brigada de Tráfico de la Empresa Azúcar y Agropecuario, Subdirector Comercial de Comercio y Gastronomía del municipio, Director de la Empresa de Pan y Dulce. Ingresó a las filas del PCC en 1978. Es fundador del Poder Popular. Internacionalista en Angola. Municipio Campechuela

Cándido Reyes Reyes
Universitario. Comenzó su vida laboral como obrero agrícola en 1967. Obtuvo la condición de Mejor Joven de la UJC en 1970. De 1971 a 1980 tuvo diferentes responsabilidades en la UJC, durante el año 1986 fue Subdirector de Salud Pública en Guisa, de 1986 a 1992 Vicepresidente del Poder Popular en el mismo municipio y a partir de 1992 hasta la fecha ocupa la responsabilidad de Presidente del Poder Popular. Participó en forma permanente en las zafras de 1968 a 1971. Ingresó en el PCC en 1980 y es Vicepresidente del Consejo de Defensa Municipal. Municipio: Guisa

DIPUTADOS DE LA PROVINCIA DE

SANTIAGO DE CUBA

ELEGIDOS EN EL 2003

A LA ASAMBLEA NACIONAL

DEL PODER POPULAR

Juan Almeida Bosque
Fidel Castro Ruz
Abelardo Colomé Ibarra
Raúl Castro Ruz
Misael Enamorado Dáger
Fernando Vecino Alegret
Vilma Espín Guillois
José Balaguer Cabrera
Santiago Hechavarria Acosta
Rosa Lidia Torres León
Ángel Bedey Castañeda
Francisco Durán García
Alfredo Kelly Cutiño
Carlos Estrada Fong
Andrés González Coba
Adrián Fonseca Quesada
Luisa Rondón Cajigal
Carlos Cabal Mirabal
Pedro García Giró
Emma Iglesias Correa
Juan Mariño Chacón
Jorge Carballo Abreu
Froilán Vaillant Leyva
Rolando Yero García
Julio Jiménez Molina
Ramón González Aguilar

Felipe Sabari Caballero
Ernesto Suárez Méndez
Luis Ibáñez Arranz
Madelín Méndez Guía
Haydee Tabares Hernández
Virgen Alfonso Rodríguez
Norma González Marrero
Laris Corrales Robert
Juan González Batista
Ernesto Stivens Lagart
Sonia Durán Rojas
Alberto Lezcay Merencio
Luz Márquez Núñez
Martha Garzón De La Rosa
Armando Hart Dávalos
Míriam Reyes Castillo
Santiago Cleger Echemendía
Martha Hernández Romero
Manuel Baute Rosales
Diosdel Martiatu Ramos
Irene Ibis García Nelson
Juan José Rabilero Fonseca
Rosa Palomo Fernández
José Rodríguez Perera
Guillermo Mora García
Aníbal López Obregón

Juan Almeida Bosque
Universitario. Miembro del Buró Político, Vicepresidente del Consejo de Estado, Comandante de la Revolución. Delegado a la Asamblea Nacional del Poder Popular por el municipio Santiago de Cuba.

Fidel Castro Ruz
Universitario. Primer Secretario del CC del PCC. Presidente de los Consejos de Estado y de Ministros. Comandante en Jefe de las FAR. Diputado a la Asamblea Nacional del Poder Popular por el municipio Santiago de Cuba.

Abelardo Colomé Ibarra
Universitario. Ministro del Interior, Miembro del Buró Político. Vicepresidente del Consejo de Estado. Miembro del Consejo de Ministros. General de Cuerpo de Ejército. Diputado Municipio Contramaestre.

Raúl Castro Ruz
Universitario. 2do. Secretario del Comité Central del PCC. General de Ejército. 1er. Vicepresidente de los Consejos de Estado y de Ministros. Ministro de las Fuerzas Armadas Revolucionarias. Diputado Municipio: Segundo Frente.

Misael Enamorado Dáger
Universitario. Primer Secretario del PCC en Santiago de Cuba. Miembro del Comité Central y del Buró Político. Diputado a la Asamblea Nacional del Poder Popular. Municipio: Santiago de Cuba.

Fernando Carlos Vecino Alegret
Universitario. Ministro de Educación Superior. Diputado a la Asamblea Nacional del Poder Popular y Miembro del Comité Central del PCC. Municipio: San Luis.

Vilma Lucila Espín Guillois
Universitaria. Presidenta de la Federación de Mujeres Cubanas y Miembro del Consejo de Estado. Miembro del Comité Central del PCC. Diputada a la Asamblea Nacional Municipio: Santiago de Cuba.

José Ramón Balaguer Cabrera
Universitario. Miembro del Buró Político del Partido y del Consejo de Estado. Diputado a la Asamblea Nacional por el Municipio: Santiago de Cuba.

Santiago Rafael Hechavarria Acosta
Técnico Medio. Jefe de Brigada CAI Dos Ríos. Desde 1975 trabajó en el Departamento de fabricación y control técnico. Fue organizador del Buró Sindical. Delegado al XVIII Congreso de la CTC. Ingresó al PCC en 1980. Miembro del Comité Municipal, y Provincial. Internacionalista en Angola. Diputado municipio Palma Soriano.

Rosa Lidia Torres León
Superior. Secretaria General CTC Provincial. Técnica docente de Microbiología en la Escuela de Medicina Veterinaria hasta 1976. Histióloga en la Escuela de Medicina hasta 1989. 2da. Sec. del Sindicato Provincial de la Salud. En 1994 pasó al Secretariado Provincial de la CTC. Desde el 2000 Organizadora del Sindicato Nacional de la Salud. Delegada por el municipio Songo La Maya.

Ángel Agustín Bedey Castañeda
Universitario. Presidente Consejo Popular El Uvero. En 1991 era custodio en el hotel Los Galeones. En 1995 pasa a la Dirección Municipal de Trabajo y Seguridad Social como inspector. En 1997 fue elegido delegado del Poder Popular y a la vez Presidente del Consejo Popular de El Uvero, cargo que ocupa en la actualidad. Ingresó en 1993 a las filas del PCC. Fue seleccionado Vanguardia de las FAR y en el 2002 resultó cuadro destacado a nivel Provincial del Poder Popular. Diputado a la Asamblea Nacional del Poder Popular por el municipio Guamá.

Francisco Alberto Durán García
Médico. En 1976, en el hospital militar de Camagüey. En 1979 pasó al hospital provincial Saturnino Lora, de Santiago de Cuba. Promovido en 1978 a Vicedirector del Provincial de Epidemiología y Microbiología. En 1991 dirigió el Sanatorio del SIDA, en 1994 fue Rector del ISCM, y Director Provincial de Salud. Municipio: Guamá.

Alfredo Kelly Cutiño
Universitario. Director Politécnico Gerardo Álvarez. Inició su vida laboral en 1976 en la escuela "Abel Santamaría", en Zaza del Medio, desempeñándose como Director. De 1977 a 1986, laboró en la ESBU 30 de Noviembre, de Los Reinaldos, donde ocupó la responsabilidad de Jefe de Cátedra, Subdirector Docente y Director. En 1987 se trasladó para el Politécnico "Gerardo Álvarez Álvarez", de Los Reinaldos, ocupó cargos de Secretario Docente y Subdirector de Internado. Desde 1990 es el Subdirector del Centro. Municipio: Songo La Maya.

Carlos Alejandro Estrada Fong
Superior. Delegado del SIME. En 1986 comenzó sus estudios universitarios en el ISPJAM, graduándose en 1991 de Ingeniero Mecánico en Construcción de Maquinaria. En junio del 2000 ingresó al PCC. En 1991 inició la vida laboral en la Empresa de Equipos Industriales Marcel Bravo. En 1996 nombrado Director hasta el año 2000. Resultó Cuadro Destacado en la provincia de Santiago en 1996 y 1997; y en el 1999 Cuadro Destacado del Ministerio de la Industria Sidero-Mecánica. En el año 2000 fue Delegado del SIME en Santiago de Cuba. Municipio: Contramaestre.

Andrés González Coba
Universitario. Presidente Asamblea Municipal del Poder Popular. Comenzó su vida laboral en el año 1976 hasta 1983 como Profesor Jefe de Cátedra y Subdirector en la ESBEC "Gilberto Barón" y luego Inspector Municipal de Educación. A partir de 1984 hasta 1990 ocupó los cargos de Subdirector y Director de la Escuela Gilberto Barón. Ha tenido diferentes responsabilidades como Miembro del Comité Municipal del SNTEC. En 1997 fue elegido Presidente del Consejo Popular Maya Oeste, y en el propio año y hasta el 2001 fue Vicepresidente y Presidente de la Asamblea Municipal del Poder Popular. Municipio: Songo La Maya.

Adrián Fonseca Quesada
Estudiante. En la Enseñanza Primaria y Secundaria alcanzó resultados docentes satisfactorios y ocupó diferentes cargos en la organización pioneril. Presidió la FEEM en Bayamo e integró su Secretariado Nacional. Secretario General del Comité universitario del PCC y Presidente de la FEU. Municipio Santiago de Cuba.

Luisa Rondón Cajigal
Universitaria. Delegada de Ferrocarriles. Especialista en Explotación de Transporte. Pasó a Guantánamo como Especialista en Explotación en los talleres de Locomotoras hasta 1989, que fue promovida como Jefa de Estación Especial. En 1986 fue nombrada Jefa del Movimiento en la provincia de Guantánamo hasta 1998. En 1999 pasó a Jefa del Dpto. de Operaciones del CTOO, cargo que ocupó hasta febrero del 2001. Municipio San Luis.

Carlos Alberto Cabal Mirabal
Físico. Director de Biofísica Médica. En 1971 fue Jefe del Departamento de Física Electrónica en la Escuela de Física, Subdirector de la escuela y luego Director. Subdirector de la Unidad Docente de Moa; Decano de la Facultad de Física Matemática, jefe de grupo de RMN. Milita en el PCC desde 1976 y desde 1991 miembro del Comité Provincial. Delegado al IV Congreso del PCC y Delegado Directo al V Congreso. Ha participado como ponente y autor en más de 70 eventos científicos a nivel nacional e internacional. Desde 1993 es Diputado a la Asamblea Nacional del Poder Popular. Municipio: Santiago de Cuba.

Pedro Celedonio García Giró
Universitario. Director Provincial del INDER. De 1978 a 1985 fue entrenador y director de la Escuela de Deportes Municipal de Bayamo. Fue Director de la ESPA, y Vicedecano Económico de la Facultad de Cultura Física en Santiago de Cuba, Subdirector económico, Director General de la EIDE Orestes Acosta, Subdirector de la Actividad Deportiva en la Dirección Municipio: Palma Soriano.

Emma Lilia Iglesias Correa
Universitaris. Ocupación: Directora CAI Salvador Rosales. Miembro del Comité Provincial de la FMC en Santiago de Cuba y del Comité Nacional. En 1991 ingresó al PCC. En 1998 pasó a la Administración, del Municipio de Songo La Maya. Ha participado en eventos municipales y provinciales de la ATAC, ANIR y BTJ. Ha sido Vanguardia Provincial de la CTC y Delegada a la Asamblea Provincial del Poder Popular, en Santiago de Cuba. Municipio: Songo La Maya.

Juan De Dios Mariño Chacón
Medio Superior. Presidente del Consejo Popular. Dos Palmas. Obrero agrícola, pasó el SMG, luego trabajó como obrero industrial en el central Dos Ríos; luego custodio en la presa "Gilbert". Cuadro de la UJC, dirigente de la ANAP Municipal, Jefe de Café en el Sector Campesino, Director de la Empresa Forestal. Militante del PCC, internacionalista en Angola. Fue Delegado de Circunscripción. Municipio: Palma Soriano

Jorge Gonzalo Carballo Abreu
Universitario. Director General del Grupo Empresarial Químico Farmacéutico (QUIMEFA). Durante su vida estudiantil ocupó distintas responsabilidades en las organizaciones estudiantiles. En 1969 ingresó a la UJC como Secretario del Comité de Base y Secretario de la facultad de Tecnología de la Universidad Central de Las Villas. Participó en el IV Congreso del Partido y en el V Congreso. Es miembro del Consejo de Dirección del Ministerio desde 1980. Desde 1975 fue Ingeniero Electricista (OBE Camagüey), promovido hasta el cargo de Viceministro del Ministerio de la Industria Básica. Municipio: Mella.

Froilán Vaillant Leyva
Universitario. Presidente CPA 17 de Mayo. Een 1971, en el Instituto de Medicina Veterinaria en Palma Soriano. Al culminar el SMA, pasó a técnico en la Empresa Pecuaria "Mariano López" en Palma Soriano. En 1979 pasó a Jefe de la Sección de Mecanización de Ferrocarriles de Granma, hasta 1981 en que ocupó la responsabilidad de Jefe de documentación en la UJC Municipal de Palma Soriano. En 1985 pasó a Instructor de la UJC. En 1986 fue promovido a cuadro profesional del PCC, donde ocupó diferentes responsabilidades. En 1994, pasó a Presidente de la ANAP y en 1995 a Presidente de la CPA "17 de Mayo" en este territorio. Cumplió misión internacionalista. Municipio: Palma Soriano.

Rolando Yero García
Universitario. Miembro del Buró Provincial del Partido. En 1985 Fue Jefe de Retaguardia en la UM 1090, en Baraguá, luego planificador en el MINAZ en Santiago de Cuba y Granma. En 1996 promovido al Buró del Partido, en el municipio de Contramaestre, y luego Primer Secretario. Es Miembro de la ANEC y la ATAC desde 1985. Municipio: Contramaestre.

Julio Christian Jiménez Molina
Universitario. Vicepresidente Primero del INDER. Durante su etapa estudiantil fue deportista, participando en eventos nacionales e internacionales. Integró el Equipo Nacional de Baloncesto hasta ocupar distintas responsabilidades en la Dirección Nacional del INDER, otras instituciones y escuelas pertenecientes al deporte hasta agosto del 1997, que es designado Vicepresidente Primero del INDER. Fue militante de la UJC e ingresó al PCC en 1978. Municipio: Santiago de Cuba

Ramón Orlando González Aguilar
Medio Superior. Jefe del Batallón 30 de Diciembre. Participó en la constitución de los CDR, ANAP y fue jefe de alfabetizadores, como administrador en la Cooperativa. En la granja "Remigio Álvarez" participó en la construcción de la presa "Carlos Manuel de Céspedes" así como en zafras del pueblo. En 1959 ingresó en las Milicias Nacionales Revolucionarias y fue miembro de los Tribunales Populares. Secretario del PCC en los municipios de Dos Caminos y Contramaestre. Ha sido Delegado a la Asamblea Municipal del Poder Popular por 8 mandatos. Miembro del Comité Provincial del PCC. Municipio: Contramaestre

Felipe Sabari Caballero
9no. grado. Ponchero del CAI. Es fundador de la MNR y de los CDR. Miembro del Comité Provincial de los CDR. En 1970 ingresó al PCC; miembro de su Comité Regional y Municipal Dos Caminos y luego de San Luis. Es Secretario de la Sección Sindical. Desde 1978 es miembro del Comité Provincial de la CTC, delegado a la Asamblea Provincial y Diputado a la Asamblea Nacional. Municipio: San Luis

Ernesto Rubén Suárez Méndez
Universitario. Secretario Asamblea Nacional del Poder Popular. Trabajó en la Ciudad Escolar Camilo Cienfuegos. Fue cuadro profesional de la UJC. Pasó en 1968 a organizador del PCC y 2do. Jefe de la Sección Política del Tecnológico. En 1970 director del Instituto Tecnológico de Moa. Fue funcionario del PCC en Oriente. En 1976 elegido a la Asamblea Provincial del Poder Popular de Santiago de Cuba y miembro profesional de su Comité Ejecutivo. En 1981 fue promovido a Vicepresidente. Diputado a la Asamblea Nacional. Municipio: Palma Soriano

Luis Enrique Ibáñez Arranz
Universitario. Fue dirigente de la UJC y del PCC hasta 1992 que es promovido a Primer Secretario del municipio Julio Antonio Mella. En 1996 fue designado Vicepresidente del CAM hasta el 2001. Posteriormente, fue elegido Presidente de la Asamblea Municipal de Santiago de Cuba. Es Vice presidente del Consejo de Defensa municipal. Diputado a la Asamblea Nacional del Poder Popular por el municipio Santiago de Cuba.

Madelín Méndez Guía
Universitaria. Ocupación: Presidenta del Consejo Popular Los Olmos. Comenzó su actividad laboral en la Escuela Tecnológica Antonio Maceo Grajales, pasó a la Secundaria Luis M. Pozo y luego a la Orlando Carvajal. En 1995 pasó la Escuela Provincial de las Milicias; la Escuela Nacional de Jefas de Colectivo de Secundaria Básica. Desde 1995 al 2002, ha ocupado el cargo de Delegada y Presidenta del Consejo Popular Los Olmos. Diputada por el municipio Santiago de Cuba.

Haydee Tabares Hernández.
Instructora de la FMC Municipal. En 1985 se graduó de técnica de Laboratorio Clínico en el Politécnico de Santiago de Cuba. En 1999 cursó estudios en la Escuela Nacional de Cuadros de la UJC, y militó en la organización por 15 años. En 1999 ingresó en la Universidad de Oriente. Su vida laboral se inició en el Policlínico de Baire manteniendo una actitud destacada, resultó mejor trabajadora del centro y Vanguardia Provincial. Actualmente se desempeña como Instructora de la FMC Municipal y es miembro del Comité Provincial de la FMC. Municipio: Contramaestre

Virgen Alfonso Rodríguez
Universitario. Secretaria General FMC Provincial. Ingresó en el ISP de Santiago de Cuba, donde fue dirigente de la UJC en el Comité de Base y de la FEU. Participó como Delegada al XIV Festival de la Juventud y los Estudiantes y a su regreso fue promovida a Directora Municipal de Cultura en ese territorio. Se trasladó al municipio Songo-La Maya como Metodóloga de Español-Literatura desde 1991-1994. Al finalizar este año fue promovida a Cuadro de la FMC, donde se desempeña actualmente como Secretaria General de la provincia. Pasó la Escuela Provincial del PCC en el año 2002. Municipio: Santiago de Cuba.

Norma González Marrero

Técnico Medio en Economía. Presidenta Consejo Popular R. Reyes. Comenzó a laborar en 1984 como Profesora Obrero Campesina. Luego en el CAI azucarero Rafael Reyes. En 1996 promovida a Instructora de la Industria Azucarera en el Palacio de los Pioneros y encargada de actividades administrativas del CAI hasta el 2000 que fue ratificada como Delegada del Consejo Popular. Militó en las filas de la UJC. En 1996 ingresó al PCC. Delegada al XIV Festival Mundial de la Juventud y los Estudiantes. Municipio San Luis.

Laris Corrales Robert

Universitario. Primer Secretario del PCC Municipal. De 1981 a 1983 internacionalista en Nicaragua. Maestro en la escuela José Martí. En 1984 promovido Director de la Primaria Rubén Díaz hasta 1987, que ocupó el cargo de Metodólogo Inspector del MINED en Palma Soriano. En 1993 promovido a instructor del PCC y miembro del Buró de Palma Soriano. En 1997 Primer Secretario hasta el 2001. Miembro del Buró Ejecutivo Provincial. Municipio: Santiago de Cuba.

Juan Alfredo González Batista

Presidente de la Asamblea Municipal del Poder Popular. Licenciado en Matemáticas. Fue profesor y subdirector desde 1977 del Politécnico Giraldo Córdova Cardín. Fue Director del IPUEC "Águedo Morales" y del IPAI "Giraldo Córdova", siendo promovido a la Subdirección del MINED municipal. En 1997 pasó a miembro de la Administración. Posteriormente Vicepresidente de la Asamblea Municipal. Ingresó en el PCC en 1988, ocupando el cargo de Secretario General del Núcleo. En 1998 cursó la Escuela Superior "Ñico López" Municipio: Palma Soriano.

Ernesto Stivens Lagart

En 1984 ingresó al SMG en la U/M 3227 de la provincia de Holguín. Internacionalista en Angola y militantte de la UJC. Se incorporó en 1989 al ISMM de Moa a la especialidad de Ingeniería de Mina y se graduó en 1994. A partir de entonces se incorporó a la empresa nuevamente en el cargo que ocupa. Ostenta la medalla de Combatiente Internacionalista de 1era. clase, distinción Servicio Distinguido, medalla Victoria Cuba- Angola. Es miembro de la ACRC. Municipio: Santiago de Cuba.

Sonia Durán Rojas
Universitario. Metodóloga Provincial de Educación. En la Escuela Vocacional Antonio Maceo desde 1981 fue Jefa de Departamento de Literatura. En 1991 fue promovida a Metodóloga Provincial. Ha sido Presidenta de la Comisión de Ingreso a la Educación Superior desde el año 1991 hasta la fecha. Es Profesora Adjunta del ISP Frank País García. Recibió la Distinción por la Educación Cubana. Es Delegada de circunscripción. Municipio Santiago de Cuba.

Alberto Lezcay Merencio
Superior. Presidente de la Fundación Caguayo para las Artes Monumentales Aplicadas. Fundador de Tele Rebelde, donde se inició escenógrafo, y luego laborando en el taller de diseño y textos del DOR. En 1973 se graduó de Escultor en la Escuela de Arte, y en 1979 de la Academia "Repin" en Leningrado. Miembro de la UNEAC y de la Asociación Internacional de Artistas Plásticos. En 1981 pasó a Director del Taller Cultural en Santiago de Cuba y en 1982 dirigió el proyecto de la Plaza Monumento Antonio Maceo. Municipio: Santiago de Cuba.

Luz Mireya Márquez Núñez
Presidenta Consejo Popular Vista Alegre. En 1960 integró las Milicias Estudiantiles. Maestra Voluntaria. Licenciada en Literatura. De 1980 a 1988 Cuadro del Comité Municipal del PCC en Santiago de Cuba. Fue profesora en la Escuela Provincial del Partido Hermanos Marañón. Se incorporó a la FMC y CDR en 1960 ocupando diferentes responsabilidades. Fue miembro del Comité Municipal de los CDR y Delegada a su V Congreso. Fue Secretaria General del Comité del PCC en la Escuela Provincial del Partido hasta su jubilación. Municipio: Santiago de Cuba.

Martha Beatriz Garzón De La Rosa
Superior. Presidenta Consejo Popular 30 de Noviembre. Dirigente de la FEEM, la FEU, la FMC y los CDR. Profesora desde 1987. Participó en Eventos Científicos e Investigativos y Forum de Ciencia y Técnica. En 1987 fue organizadora de la CTC. Desde 1995 delegada del Poder Popular y Presidenta del Consejo Popular 30 de Noviembre. Diputada a la Asamblea Nacional Municipio Santiago de Cuba.

Armando Hart Dávalos
Universitario. Director de la Oficina del Programa Martiano. Fundador y coordinador nacional del M-26-7. Fue Ministro de Educación. Miembro del Comité Central y ex del Buró Político. Fue Secretario de Organización del PCC y secretario de las provincias de Camagüey y Oriente. Fue Ministro de Cultura. Es miembro del Consejo de Estado, Diputado a la Asamblea Nacional Municipio Santiago de Cuba.

Miriam Reyes Castillo
Veterinaria. Coordinadora Municipal de los CDR. Comenzó en la empresa pecuaria Mariano López Sánchez, de Palma Soriano. En 1991 pasó a trabajar como instructora del PCC, del municipio Mella, elegida Delegada de Circunscripción y Presidenta del Consejo Popular "21 de Abril". En 1987 ingresó al PCC como miembro del Buró Municipal. En el IV Congreso del PCC resultó elegida miembro del Comité Central. Municipio: Mella.

Santiago Cleger Echemendía
Medio Superior. Subdirector Municipal del MINED. Profesor de secundaria en Las Tunas y en Santiago de Cuba. En 1980 pasó a la Dirección Municipal. De 1992 a 1993 fue Director de la ESBEC Sevilla, y luego promovido a la Dirección Municipa del MINED. Durante el curso 1998-1999 trabajó en el equipo de Inspección de la Dirección Provincial de Educación, en que fue nombrado Subdirector Municipal. Actualmente es miembro del Comité del Partido en el Distrito "Abel Santamaría". Cumplió misión internacionalista. Municipio: Santiago de Cuba.

Martha Hernández Romero
Universitaria. En 1976 Maestra de la "Joel Jordán". Subdirectora y Directora de la escuela "Livia Governeaux". En 1985 Directora de la Escuela Especial "Guillermo Granados". En 1988 fue Directora del Seminternado "Raúl Gómez" hasta 1992 que pasó a ser Jefa de la Enseñanza Primaria del Municipio de Santiago de Cuba. En 1995 fue Metodóloga Provincial de Primaria. Desde 1996 hasta 1998 fue Jefa de la enseñanza primaria de la provincia. De 1999 hasta el 2000 pasó a ser Directora Municipal del MINED de Santiago de Cuba y en el año 2001 fue Drectora Provincial. militante del PCC desde 1989, y fue Miembro del Comité Municipal del PCC en Santiago de Cuba. Municipio: III Frente.

Manuel Baute Rosales
Medio Superior. Obrero Agrícola hasta 1970. Maestro en el municipio de San Luis. En 1976 Inspector de Enseñanza de Adultos y Subdirector de Educación Primaria en Arroyo Seco. En 1985 pasó a Director Municipal de Cultura. Desde 1997 es Delegado de Circunscripción y Vicepresidente del Consejo de la Administración. En 1999 fue electo Presidente de la Asamblea Municipal del Poder Popular. Militante del PCC desde 1988 y miembro del Buró Municipal desde 1999. Municipio: Segundo Frente.

Diosdel Martiatu Ramos
Enseñanza Superior. Graduado de la Academia de las FAR General Máximo Gómez. Ingresó en la Escuela Interarmas general Antonio Maceo, egresando en 1973 y fue destinado a la Brigada de Desembarco y Asalto. Internacionalista en África. Jefe de Compañía en el Ejército Occidental. En 1977 cursó la Academia de las FAR y luego estuvo en el Estado Mayor, y unidades del Ejército Oriental. Asumió mandos de tropas del Ejército Oriental. Ingresó al PCC en 1985. Municipio: Songo la Maya.

Irene Ibis García Nelson
Universitaria. Vicepresidenta de la Asamblea Municipal del Poder Popular. Comenzó en 1982, en el IPE Félix Pena, y trabajó en la Filial del BNC como Contadora, subgerente, y gerente en CADECA. Estuvo en la UJC a nivel de Comité de Base, Municipio y ProvinciaEn el PCC ha ocupado cargos de dirección. Fue Directora de BANDEC. Diputada a la Asamblea Municipal del Poder Popular. Miembro de la Comisión de Asuntos Económicos. Municipio: Santiago de Cuba.

Juan José Rabilero Fonseca
Médico. En 1978 fue director de policlínico en Santiago de Cuba, y ocupó responsabilidades en el sector de la salud. En 1980 internacionalista en Nicaragua. Ingresó al PCC en 1981. Jefe de Sección del Comité Provincial del PCC, Secretario de Distrito, miembro del Buró Municipal. En 1995 fue Coordinador Provincial de los CDR y en el V Congreso elegido Miembro del Secretariado Ejecutivo Nacional. En febrero del 2002, fue promovido a Vicecoordinador Nacional de los CDR. Municipio: Santiago de Cuba.

Rosa De Las Mercedes Palomo Fernández
Superior. Presidenta Consejo Popular "Guillermón Moncada".
Profesora de Inglés en la Escuela Militar Camilo Cienfuegos,
en Santiago de Cuba. Directora del preuniversitario Tony
Alomá, hasta 1987 que pasó como Secretaria Docente al
preuniversitario Otto Parellada. Cuadro de la FMC y
Vanguardia de las FAR. De 1995 a 1997 profesora en la ESPA Provincial, del
IPUM José A. Labrador Díaz. Delegada de circunscripción. Municipio:
Santiago de Cuba.

José Ángel Rodríguez Perera
Medio Básica. Comenzó a trabajar en un contingente
campesino en la Empresa de Frutales Santiago, hasta junio de
1977. Cumplió el SMG en el EJT de Ciego de Ávila. Militante
de la UJC en 1979. En 1980 comenzó a trabajar en la
cooperativa Sabino Pupo. Ingresó al PCC en 1978. Delegado
al VIII Congreso de la ANAP. Desde 1995 es Presidente del Consejo Popular
de Siboney. Diputado a la Asamblea Nacional del Poder Popular. Municipio:
Santiago de Cuba.

Guillermo Mora García
Médico. Presidente de la Asamblea Municipal del Poder
Popular. De 1987 a 1990 fue Director del Hospital Joaquín
Barrientos, de Santiago de Cuba. En 1991 pasa al Hospital
"Saturnino Lora" como médico y dirigente político hasta 1995
que fue designado Director Municipal de Salud Pública.
Cuadro Destacado del Estado a niveles Municipal y Provincial y Vanguardia
en el sector de la Salud. Ingresó al PCC en el año 1991, cumpliendo con las
tareas y actividades, fue Secretario General del Núcleo y miembro del Comité
Municipal. Municipio: III Frente.

Aníbal López Obregón
Capitán, oficial de Información del MININT. Licenciado en
1989 de Ciencias Penales y Especialista en Investigación
Operativa. En 1989 comenzó de Oficial Operativo en la
Unidad Provincial de Investigaciones Criminales para los
poblados El Cristo, El Caney y en la Prisión de Boniato. En
1998 fue elegido Delegado de circunscripción y Presidente del Consejo
Popular de El Cristo. En el año 2001 se reincorporó al MININT como Oficial
Operativo de la Sección Provincial Antidrogas. Militante del PCC desde 1999.
Municipio: Santiago de Cuba.

DIPUTADOS DE LA PROVINCIA DE

GUANTÁNAMO

ELEGIDOS EN EL 2003

A LA ASAMBLEA NACIONAL

DEL PODER POPULAR

Tatiana Minot de los Ángeles
Lorna Mirás San Jorge
Melquíades Brooks Lobato
Juan Miguel Herrera Miranda
Josefina Heredia Alcolea
Beatriz Jay Sarracén
Gilberto Romero Vinent
Anaris Martha Odio Mosqueda
Damaris Donatién Simón
Rolando Vélez Carrión
Enma Gago Pérez
Orlando Moragá Claro
Dionisio Rodríguez Sánchez
Damodar Peña Pentón
Ronín Fròmeta Matos
Luis Guillermo Fernández Guindo
Fernando Delima Rancoll
Pedro Azahares Cuza
José Felipe Cisneros Díaz
Claro Orlando Almaguel Vidal
Arnaldo Tamayo Méndez
Uberlinda Caballero Zulueta
Nieves Argelia Alemany Aguilera
Odalys Cutiño Favier
José Ramón Machado Ventura.
Juana Garrido Silot
Eugenio Pileta Matos
Dioscórides González Blanco
Ovil Russiell Leyva
Ramón Nelson Martínez
Nuria Pérez Delgado
Juan Carlos Robinson Agramonte

Tatiana Minot de los Ángeles
Universitario. Oficial Brigada de la Frontera. Se graduó de la Escuela Militar Camilo Cienfuegos. Militante de la UJC en 1987. Estudió en la Academia Naval Granma. En 1994, fue destinada al Ejército Oriental, comandante de una lancha Flecha. En 1997 es instructora política de la defensa antiaérea. Luego pasó a la Brigada de la Frontera. Estudia en la escuela de guerra General Máximo Gómez. Municipio: Niceto Pérez.

Lorna Mirás San Jorge
Presidenta Consejo Popular Costa Rica desde 1994. De 1980 a 1984 estudió Contabilidad. En 1977 ingresa al PCC. Delegada a la Asamblea del Poder Popular por tres veces. En 1999 fue Cuadro Destacado del Estado. Ha recibido méritos y reconocimientos. Municipio El Salvador.

Melquíades Brooks Lobato
Universitario. Secretario General CTC Guantánamo desde el 2001. Militó en la FEEM. En 1979 se graduó de la EPEF "Manuel Fajardo" de Santiago de Cuba. En 1993 fue elegido Secretario de la CTC Mcpal El Salvador. En 1999 miembro del secretariado provincial. En el 2000, Secretario de la CTC Mcpal Guantánamo. Delegado a la Asamblea Provincial del Poder Popular desde 1997. Municipio: El Salvador.

Juan Miguel Herrera Miranda
Universitario. Presidente Asamblea Mcpal del Poder Popular. Subdirector y Director de escuelas en Isla de la Juventud. En 1986 militante de la UJC. Director Mcpal. Educación y Vicepresidente del Consejo de Administración Guantánamo. Cuadro Destacado Provincial del MINED en 1999 y Cuadro Destacado del Estado y del Gobierno. Municipio: Guantánamo.

Josefina Heredia Alcolea
Universitaria. Presidenta Consejo Popular Sur Hospital. Dirigente estudiantil. Responsable de Educación, Deporte, Cultura y Ciencia del Poder Popular Guantánamo por 7 años. Ostenta, entre otras, la Distinción Servicio Distinguido en la Defensa, Certificado Fundador del Poder Popular, Medalla 23 de Agosto. Fue seleccionada Cuadro Destacado en la Provincia y del país. Municipio Guantánamo

Beatriz Jay Sarracén
Técnico Medio. Investigadora en la Dirección Prov. de Viviendas. Dirigente estudiantil y laboral. Secretaria de la UJC Regional. Ideológica de la FMC Municipal y Regional, funcionaria del PCC Provincial. Miembro del Secretariado Municipal de los CDR en Guantánamo. Desde 1989 delegada a la Asamblea Mcpal del Poder Popular, y desde 1998 a la Asamblea Provincial. Municipio Guantánamo.

Gilberto Romero Vinent
Universitario. Presidente Consejo Popular San Justo. En el ejército desde 1960. En 1965 internacionalista en el Congo con el Che. 1967 a 1970 internacionalista en Guinea Bissau. Sirvió en la Unidad 2545 de Guantánamo. Internacionalista en Angola, y en Etiopía en 1979. En 1981 cursó estudios en la Academia Superior de las FAR. Municipio: Guantánamo.

Anaris Martha Odio Mosqueda
Universitaria. Directora Policlínico de Urgencias. En 1981 ingresó en la UJC. Cumplió Servicio Social en Maisí. En 1991 laboró en el Policlínico "Asdrúbal López" y en 1995 en el Policlínico "Omar Ranedo". Jefa del Grupo Básico de Trabajo. Municipio Guantánamo.

Damaris Donatién Simón
Universitaria. Vicefiscal Jefa Municipal. Se inició en 1995 en la Fiscalía Municipal de Guantánamo. Designada Jefa del Grupo Penal. Cursó estudios de post-grados, de Idioma Inglés, Computación y Periodismo. Ingresó en los CDR y la FMC en 1986. Militante de la UJC y del PCC. Municipio Guantánamo.

Rolando Vélez Carrión
Universitario. Primer Secretario del Comité Provincial del PCC. En 1972 asesor regional de Educación Física en Mayarí Arriba. De 1980 a982 internacionalista en Angola. Director de la ESBU en Mayarí Arriba y luego del IPUEC en el II Frente. En 1992 pasó a Instructor del Mcpal del PCC, en II Frente y miembro del Buró Municipal. En 1998 rasladado al municipio de San Luis. Desde el 2001 Presidente del Consejo de Defensa Provincial en Guantánamo. Delegado en el VII Congreso del SNTECD y en el V del PCC. Municipio Guantánamo

Enma Gago Pérez
Universitaria. Directora Seminternado Conrado Benítez. Comenzó de maestra primaria en 1966. Desde 1974 Directora. Es Heroína del Trabajo de la República de Cuba, Orden II y III Grados Lázaro Peña, Hazaña Laboral, Distinciones 28 de Septiembre y 23 de Agosto. Delegada al VI y VII congresos del Sindicato de Educación, y al V de los CDR. Municipio Guantánamo

Orlando Moragá Claro
Universitario. Vicepresidente Asamblea Provincial Poder Popular. Pionero, dirigente de la FEEM y la FEU. En 1983 ingresó al Instituto Técnico Militar graduándose de oficial. Pasó al Batallón de Comunicaciones del Ejército Oriental. En 1995 Gerente Territorial de Telecomunicaciones de Cuba S.A. Miembro del Provincial del PCC desde 1999. Municipio: Guantánamo

Dionisio Rodríguez Sánchez
Universitario. Maestro Primario en 1977. Cursó las escuelas Provincial y Superior del PCC. Dirigente del MINED en Yateras. En 1987 pasó al PCC Municipal. En 1993 en que resultó electo Presidente de la Asamblea Municipal del Poder Popular. Delegado a la Asamblea Provincial del Poder Popular. Municipio Yateras.

Damodar Peña Pentón
Médico. Médico de la Familia en Acueducto, Guantánamo. En 1988 trabaja en el Policlínico del municipio de La Habana del Este. Dirigente de la FEU y de la UJC. En 1995 fue promovido al Buró Provincial del PCC en Ciudad de La Habana. Delegado al V Congreso del PCC. En abril del 2000 Embajador de Cuba en Guatemala. Promovido a Ministro de Salud Pública. Diputado a la Asamblea Nacional. Municipio Guantánamo.

Ronín Fròmeta Matos
Universitario. Presidente Consejo Popular Yacabo Arriba. Dirigente estudiantil. Maestro primario. Dirigente de la UJC en Imías. En 1988 fue metodólogo en Yacabo Arriba. En 1993 fue Delegado de circunscripción. Es Vicepresidente de defensa de Yacabo Arriba. Desde 1987 militante del PCC y miembro de la dirección de su núcleo desde 1995. Ha sido seleccionado Cuadro Destacado de la Provincia. Municipio Imías

Luis Guillermo Fernández Guindo
Técnico Medio. Director del CAI "Manuel Tames". Tecnólogo en el Central "Manuel Tames". Desde 1983 es administrador del Central Paraguay, y luego administrador Industrial del "Manuel Tames". Luego pasó al CAI "Argeo Martínez" y al "Manuel Tames" como Director. Ingresó al PCC en 1980, en el Buró Municipal. Municipio: Manuel Tames.

Fernando Delima Rancoll
Técnico Medio. Presidente Asamblea Municipal Poder Popular. 1982-1984 jefe de Servicios Comunales en Maisí. En 1984 cuadro de la UJC en Guantánamo, y del buró provincial para la esfera laboral. En 1989, cuadro del PCC en Guantánamo. En 1992 Vice presidente de la Admon. Mucpal Guantánamo, y de Manuel Tames. Diputado a la Asamblea Nacional de la Quinta Legislatura. Municipio Manuel Tames.

Pedro Azahares Cuza
Universitario. Presidente Asamblea Municipal del Poder Popular. Maestro en Imías, San Antonio del Sur, y Baracoa hasta 1991. En 1998 Instructor del PCC municipal, delegado de circunscripción, y Presidente del Consejo Popular de Playa. En 1999 es Vicepresidente de la Asamblea Municipal del Poder Popular. En 2001 pasó la Escuela Nacional de Cuadros "Ñico López". Municipio Baracoa.

José Felipe Cisneros Díaz
Universitario. Presidente de la Asociación Municipal de la ACRC, en Caimanera. En 1960 trabajó de meteorólogo en Pinares de Mayarí. De 1968 a 1997 en las FAR, como Tte Coronel. Miembro del Comité Mcpal PCC en Caimanera. Internacionalista en Angola. Vanguardia de las FAR. Municipio: Caimanera.

Claro Orlando Almaguel Vidal
Universitario. Jefe Logística del MINFAR. En 1961 se incorporó a las FAR, pasó la Escuela de Cadetes de Managua. Ingresó al PCC en 1966. De 1969 a 1972 en la Dirección de Servicios Técnicos de Tanques y Transporte. Segundo Jefe de la Retaguardia de las FAR, y Jefe de Retaguardia del Ejército Occidental. Internacionalista en Angola. Municipio Imías

Arnaldo Tamayo Méndez
Universitario. Jefe Departamento Relaciones Internacionales
MINFAR. En 1960 ingresó en la AJR. En 1961 cursó estudio
de pilotaje en la URSS. En 1967 ingresó en el PCC. En 1980
se convirtió en el Primer Cosmonauta de América Latina y el
Caribe. En 1982 Presidente de la Sociedad Patriótico-Militar
(SEPMI). Diputado a la Asamblea Nacional del Poder Popular desde 1980.
Ostenta el Título Honorífico de "Héroe de la República de Cuba" y la "Orden
Playa Girón". Municipio Baracoa.

Uberlinda Caballero Zulueta
Universitaria. Presidenta Consejo Popular El Silencio. De 1968
a 1992 fue educadora y dirigente. Delegada a la Asamblea
Provincial del Poder Popular. Militante del PCC, y miembro
del Comité Municipal del PCC. Educadora Ejemplar y la
Distinción 23 de Agosto de la FMC. Municipio Niceto Pérez.

Nieves Argelia Alemany Aguilera
Universitaria. Miembro del Secretariado Nacional de la FMC
desde 1990. En 1961 Maestra Primaria en el Caney de las
Mercedes. Alfabetizadora. En 1967 pasó como cuadro de la
FMC en la región oriental. Ha participado en los Congresos de
la FMC y del PCC. Diputada a la Asamblea Nacional del Poder
Popular y miembro de la Comisión de Atención a la Juventud, la Infancia y la
Igualdad de la Mujer. Preside el Grupo Parlamentario de Amistad con
Grecia.Municipio: Guantánamo.

Odalys Cutiño Favier
Universitaria. 1er. Especialista del MINFAR. Se graduó como
técnico medio en Agronomía. Pasó un curso de las Milicias de
Tropas Territoriales, egresando con el grado de subteniente de
la reserva. En 1987 fue designada para la Brigada de la
Frontera. En esta unidad se desempeñó inicialmente como Jefa
de pelotón de infantería femenino y luego como Jefa de Compañía. En esa
etapa alcanzó la militancia de la UJC y la condición de Vanguardia FAR por
tres años consecutivos. Desde 1992 trabaja como cuadro permanente de las
FAR. Es militante del PCC, donde ha desempeñado la responsabilidad de
Secretaria General del núcleo y miembro de Comité del Partido. Ha recibido
diversas condecoraciones. Municipio: Caimanera.

José Ramón Machado Ventura.
Doctor en Medicina. Miembro del Buró Político del Comité Central del PCC. Vicepresidente del Consejo de Estado. Fue Ministro de Salud Pública, y 1er. Secretario del PCC en Matanzas y Ciudad La Habana. Diputado a la Asamblea Nacional desde 1976. Municipio Guantánamo

Juana Garrido Silot
Universitario. Especialista en Planificación y Economía. Dirigente estudiantil y laboral. Ingresa al PCC en 1982. Actualmente es Secretaria de la Comisión Municipal de Crecimiento, Sanciones y Desactivación del PCC. Ha sido seleccionada Mejor Trabajadora en varias ocasiones. Ostenta la Distinción 23 de Agosto. Municipio: Baracoa

Eugenio Pileta Matos
12 grado. Presidente Consejo Popular de Vertientes. Realiza estudios de técnico fresador en el politécnico Vladimir I. Lenin, graduándose en 1983. En 1984 comienza su vida laboral como obrero agrícola. Es promovido en 1988 al trabajo de la UJC como instructor, en Maísi. Desde 1994 hasta la fecha se desempeña como presidente del Consejo Popular de Vertientes, Maísí. En el 2001 fue seleccionado Cuadro Destacado del Estado. Municipio: Maísí

Dioscórides González Blanco
Universitario. Coodinador Provincial de los CDR desde 1999. De 1970 a 1979 se desempeñó como Maestro Primario. En 1979 internacionalista en Angola. De 1988 a 1999 fue dirigente del PCC de Caimanera, Guantánamo y Maísi, en este último 1er. Secretario. Participó en el IV Congreso del PCC y fue Delegado al V de los CDR. Municipio: Maísí

Ovil Russiell Leyva
Universitario. Director ESBEC "Combate La Criolla". Se graduó en 1977 de la Escuela Formadora de Maestros "Raúl Gómez García". Trabajó en la ESBEC No. 103 de Maísí, y luego en la de Chafarina. En 1982 se traslada para su municipio de origen, San Antonio del Sur, y comienza en la ESBEC "Constantino Lores Alba". Delegado del Poder Popular en tres mandatos y ratificado en el actual. Municipio: San Antonio del Sur

Ramón Nelson Martínez
Universitario. Primer secretario comité provincial UJC. La trayectoria estudiantil la inicia en el año 1971 y culminó en el año 1990 como licenciado en Educación. Vicepresidente y miembro del consejo nacional de la FEU. En 1992 pasó a cuadro de la UJC. Ha participado en asambleas municipales y provinciales de la UJC. Se le entregó por parte del Consejo de Estado la medalla Abel Santamaría. Municipio: Baracoa

Nuria Pérez Delgado
Universitaria. Directora Hospital General Docente Agostinho Neto. Miembro del Buró de la FEEM en Guantánamo, del Comité de la UJC preuniversitaria, de la FEU y del Comité Provincial del Sindicato de la Salud. En 1978 comenzó de estomatóloga en la Clínica "Lidia Doce", y luego en el Hospital "Pedro Borrás" de La Habana, así como en el Pediátrico "Pedro A. Pérez". Del 88 al 96 se desempeñó como Funcionaria del PCC Provincial. Fue Cuadro Destacado a nivel de provincia en el 2001 Municipio: San Antonio del Sur.

Juan Carlos Robinson Agramonte
Licenciado en Matemática y Ciencias Sociales. Miembro del Buró Político del CC del PCC. Dirigente en la UJC a nivel de municipio y provincia, en Alquízar y La Habana. Internacionalista en Angola. En 1988 fue designado 1er. Secretario del PCC en Quivicán, y luego en el municipio de Guantánamo hasta 1994 en que es promovido a 1er. Secretario de esa provincia. Es trasladado con igual responsabilidad a Santiago de Cuba, hasta el 2001 en que comenzó a atender una esfera en el Buró Político del CC. Diputado a la Asamblea Nacional. Municipio: Yateras

DIPUTADOS DE LA PROVINCIA DE

ISLA DE LA JUVENTUD

ELEGIDOS EN EL 2003

A LA ASAMBLEA NACIONAL

DEL PODER POPULAR

Oslayda Duvergel Rodríguez
Alexis Leiva Machado
Roberto Fernando García Díaz
Orestes Ramón Flores Espinosa

Oslayda Duvergel Rodríguez
Veterinaria. Presidenta del Consejo Popular de Santa Fe. Técnica Veterinaria en la Isla de la Juventud. En 1997 pasó al Plan porcino de la Melvis. En 1998 y 1999 Vanguardia Municipal y Nacional del Sindicato de Trabajadores Agro pecuarios y Forestales. Ha ocupado varias responsabilidades en la FMC a nivel de Delegación y de Bloque, es Miembro No Profesional de su Secretariado y Comité Municipal. Desde 1999 fue electa delegada del Poder Popular, por dos mandatos. Presidenta del Consejo Popular de "Santa Fe" en el año 2002. Municipio: Isla de la Juventud

Alexis Leiva Machado
Artista Plástico. Profesor de dibujo, pintura, diseño y escultura en la escuela de Artes Plásticas Wilfredo Lam. Ha realizado 40 exposiciones personales y participado en 142 colectivas en Cuba y el exterior. Recibió la Orden por la Cultura Nacional en 1998, otorgada por el Ministerio de Cultura de la República de Cuba. Premio UNESCO para la promoción de las Artes, París, 1995, Gran Premio de la Bienal Kwang-ju. Sus obras se encuentran en varios importantes museos del mundo. Municipio: Isla de la Juventud

Roberto Fernando García Díaz
Ingeniero. 1er Secretario PCC Municipal. Cuadro profesional de la UJC y Profesor de la CUJAE. Miembro del Buró de la UJC, Secretario General de la Facultad de Transporte, 2do Secretario de la UJC en Marianao, Jefe de Departamento, Organizador y Segundo Secretario de la UJC Nacional. Miembro del Provincial del PCC en La Habana de 1992 a 1995, miembro del Comité Central del PCC desde 1991 y Diputado a la Asamblea Nacional. Municipio: Isla de la Juventud

Orestes Ramón Flores Espinosa
Universitario. En 1983 Delegado del Poder Popular, Miembro del Comité Ejecutivo, Presidente de la Comisión Económica de la Asamblea, en 1992 Vicepresidente de la Asamblea Municipal y del Consejo de la Administración, hasta 1997 en que fue electo como su Presidente y ratificado en los años 2000 y 2002. Desde 1998 es Diputado a la Asamblea Nacional y Miembro del Comité Municipal del PCC. Municipio: Isla de la Juventud.